읽고 / 공감하고 / 실천하는

내 맘대로 독서법

읽고 / 공감하고 / 실천하는
내 맘대로 독서법

초판 1쇄 인쇄 2018년 7월 20일
초판 1쇄 발행 2018년 7월 25일

저자 양우성
펴낸이 김호석
펴낸곳 도서출판 린
편집부 박은주
마케팅 오중환
관리 김소영

주소 경기도 고양시 일산동구 장항동 776-1 로데오메탈릭타워 405호
전화 02) 305-0210
팩스 031) 905-0221
전자우편 dga1023@hanmail.net
홈페이지 www.bookdaega.com

ISBN 979-11-87265-42-9 03320

읽고
공감하고
실천하는

내 맘대로 독서법

양우성 지음

도서출판 린

내 인생을 변화시킬 수 있었던 이유는 아내가 있었기 때문이다.

프.롤.로.그

안녕하세요. 평범한 독서가 양우성입니다.

독서를 통해 인생을 바꾸고 싶은 사람들을 위해 저처럼 평범한 사람도 독서를 통해서 바뀔 수 있다는 것을 몸소 체험하고 그것을 알려 드리고자 이렇게 글을 쓰고 있습니다.

남들처럼 살기 바라면서도 남들처럼 노력하지도 않고 결과만 바라고 사는 게 평범한 사람들의 삶이 아닐까 생각해 봅니다. 어떻게 아느냐구요? 제가 그랬기 때문입니다. 자신은 생각하지도 않은 채 그저 남 잘되고 잘 버는 모습을 보면 배가 아팠습니다. 왜 같은 사람인데 나만 이렇게 다른가? 하고 생각했습니다.

제가 평범하다고 말씀드린 이유가 있습니다. 저는 한 가정의 가장이자 한 아이의 아빠이자 한 여자의 남편입니다. 집은 없습니다. 처음부터 지금까지 처가에서 생활하고 있습니다. 학벌도 전문대 출신에 가진 거라곤 정말 몸뚱이 하나밖에 없습니다. 어디서나 볼 수 있는 사람입니다. 처가살이를 제외하면 지극히 평범합니다. 이런 평범함을 색으로 비유하

읽고 공감하고 실천하는 **내 맘대로 독서법**

자면 '회색'이 아닐까 생각합니다. 가장 평범하게 사용하는 색이니까요.

저는 책을 읽기 전 매일매일 술과 담배에 찌들고, 험한 욕설과 남 이야기를 하며 보냈습니다. 툭하면 나와 맞지 않는 사람들과 싸우려고 하는 전형적인 싸움닭이기도 했습니다. 그리고 매우 이기적인 인간이었습니다. 살아가야 한다는 핑계로 연봉 100만 원을 더 벌기 위해 회사를 옮겼습니다. 일명 메뚜기 족이었습니다. 무슨 직업이기에 그러냐구요? 건축입니다. 그때도 그랬지만 지금도 건축 일을 한다고 하면 힘들겠다고 생각하는 사람이 많습니다. 건축 일은 경제에 직접적으로 영향을 받기 때문에 월급은 늘 박봉이었습니다. 이렇게 말하면 박봉 아닌 사람이 어디 있냐고 하시겠죠. 자신의 연봉에 만족하는 사람은 없을 테니까요. 그런 연봉에 불평불만 가득한 사람만 제 눈에 보였습니다. 미래를 생각하고 어떻게 살아야겠다고 계획하는 사람은 제 주변에 없었습니다. 그런 삶이 평범한 사람들이 살아가는 삶이라고 생각하며 살았습니다. 책을 읽기 전 제 삶이었죠.

이런 제가 안타까웠는지 아내가 책을 권해 주었습니다. '책을 읽어야 인생이 달라진다.' '책을 읽어야 성공할 수 있다.' '책을 읽어야 현재에서 벗어날 수 있다.'는 말과 함께였죠. 그런데 '책만 읽으면 인생이 달라질 수 있을까?' 스스로에게 질문을 던졌습니다. 왜냐하면 제게는 답을 줄 수 있는 사람이 없었기 때문입니다. 그렇게 시작한 독서. 변화하리라는 기대감을 가졌지만 아무리 읽어도 변화는 없었습니다. 그저 눈만 아팠습니다. 책이 무거워 들고 다니기도 귀찮아졌습니다. 읽은 책은 기억해야 한다는데 책만 덮으면 아무것도 기억나지 않았습니다. 도대체 어떻게 읽었기에 책을 읽고 인생이 변하고 성공할 수 있었을까? 그런 궁금증을 갖고 독서로 성공한 사람들의 세미나에 다니기도 했습니다. 만 권을 읽은 사람, 3,000권을 읽은 사람, 1,000권을 읽은 사람들이 책을 읽고 인생의 변화를 겪고 지금은 성공한 인생을 살고 있다고 말했습니다. 그럼 나도 할 수 있겠다 싶어 제대로 된 독서를 해 보고 싶었습니다.

그렇게 독서 관련 방법은 모조리 따라 해 보았습니다. 결과는 참패였습니다. 그 이유를 알기까지는 시간이 필요했습니다. 읽고 따라 해 보고 내 것으로 만드는 과정이 필요했기 때문입니다. 그리고 알았습니다. 그것은 그들만의 방법이었다는 것을요. 그렇기에 따라 하는 독서법으로는 꾸준한 독서를 하지 못한다는 걸 알게 되었습니다. 자신만의 독서법이 있어야 좀 더 책과 가까워지고 늘 함께할 수 있다는 것을 알았습니다. 그리고 다시 시작했습니다. 독서 관련 방법을 다룬 책을 한 권 한 권 읽으면서 나와 맞는 방법을 찾기 시작했습니다. 그렇게 시작한 독서가 이제는 매일매일 한 권 이상 읽을 수 있는 습관으로 자리 잡게 되었습니다. 제 독서법이 이상할 수도 있습니다. 이건 제 방법일 뿐이니까요. 다른 사람에게는 맞지 않을 수도 있습니다. 그렇게 익힌 독서가 이제는 매일매일 한 시간 정도 책을 쓸 수 있는 힘을 주고 있습니다. 책만 읽고 변화할 수 있는지 궁금하다구요? 아닙니다. 변화할 수 없습니다. 책만 읽으면 할 수 없습니다. 책을 읽고 공감하고 실천해야 합니다. 한 번이라도 책에서 말하는 방법을 따라 해 보기를 바랍니다. 맞든 틀리든 그건 어디까지나 개인이 판단하는 기준일 뿐입니다. 그런 방법들을 통해 자신에게 맞는 독서법을 익히려면 반드시 시행착오가 필요합니다. 그래야 자신의 독서법을 만들고 변화를 맞이할 수 있으니까요.

이렇게 독서를 하면서 한 가지 의문이 들기 시작했습니다. 과연 그들이 읽었다는 책이 무엇이기에 인생을 바꾸는 전환점이 될 수 있었을까? 그래서 그들이 읽은 책을 찾아보기 시작했습니다. 하지만 찾을 수 없었습니다. 어디에도 기록되어 있지 않았기 때문입니다. 만 권, 3,000권, 1,000권을 읽어서 인생이 바뀌었다고 하는데 정말 그 책들을 읽은 것인지 아니면 개략적으로 그렇다는 것인지 알 수 없었습니다. 또한 언론매체나 자신들이 쓴 책에서 밝히는 권수가 제각각이었습니다. 무엇이 진실인지 알 수 없었습니다. 많은 책을 통해 인생을 변화시킨 것에는 존경을 표합니다. 다만 독자들을 현혹시키기 좋은 숫자가 왜 다른지 신뢰가 가지 않았습니다. 나중에야 이도 마케팅의 일부라는 것을 알았습니다.

그들의 성공 스토리를 깎아내리려는 게 아닙니다. 다만 숫자로 말하는 독서를 확인할 수 없었기에 그들이 말하는 인생의 책이 신뢰가 가지 않았을 뿐입니다.

　그러면 내가 직접 해 보자! 하는 생각으로 독서를 하고 서평을 올리기 시작했습니다. 제 블로그에는 제가 읽은 모든 책이 담겨 있습니다. 제가 어떤 책들을 읽어 왔는지 그런 책들에서 어떤 생각을 갖게 되었는지 저의 변화하는 과정을 보실 수 있습니다. 다만, 그 양이 많아 하나하나 읽기에는 버거울 수도 있습니다. 얼마나 되기에 이렇게 말하냐구요? 2,000권이 넘었습니다. 지금도 하루에 한 권 이상씩 올리고 있습니다. 네, 맞습니다. 권수는 크게 중요하지 않습니다. 그 책 안에서 무엇을 얻었는지가 중요하고 자신의 삶에 어떻게 반영했는지가 중요합니다. 하지만 책과 친해지지 않은 상태에서 책에서 말하는 것을 이해하고 받아들이고 변화시키는 것은 불가능합니다. 단지 책을 읽은 것과 책을 보며 내 삶을 투영해 보는 것의 차이는 큽니다. 또한 내가 읽은 책이 모두 도움이 되지는 않습니다. 그렇게 자신에게 맞는 책과 그렇지 않은 책을 모두 블로그에 올렸습니다. 힘들지만 하루도 빼먹지 않으려고 지금도 노력하고 있습니다.

많이 읽어야 비어 있던 자신의 그릇을 채울 수 있다고 생각합니다. 그 그릇이 넘칠 때가 비로소 제2의 인생을 살 수 있는 시기라 생각하기 때문입니다. 그러나 이 방법이 정답이라고 말하고 싶지는 않습니다. 앞서 말씀드린 것처럼 자신만의 독서법을 찾는 것이 중요합니다. 제가 찾은 답은 '다독'이었습니다. 밑줄은 치지 않습니다. 색깔 볼펜도 사용하지 않습니다. 모서리를 접거나 여백에 글을 쓰지도 않습니다. 그런데 어떻게 서평을 쓰느냐구요? 가능합니다. 저만의 독서법을 찾았기에 가능합니다. 읽고 생각하고 나를 투영시키고 느낀 점을 기억하기. 제 책을 읽어 보신다면 알 수 있을 것입니다.

제가 이 책을 쓴 이유가 있습니다. 이렇게 평범한 제가 책을 읽고 삶을 조금씩 변화시키며 살아가고 있다는 것을 보여 주고 싶은 것입니다. 상대방의 단점보다 장점을 보려고 노력하고 있습니다. 말을 내뱉기 전에 한 번 더 생각하려 노력하고 있습니다. 그렇게 변화되는 삶에서 '내가 잘하는 일, 내가 원하는 일, 내가 해야만 하는 일'을 하면서 살아가고 있는 모습을 보여 주고 싶습니다. 책만 읽으면 인생은 바뀌지 않습니다. 책을 읽고 생각을 해야 조금씩 바뀝니다. 그렇게 하나하나 차곡차곡 변화를 쌓아 가야 합니다. 인생의 변화는 한순간에 찾아오지 않습니다. 그만큼 시간이 필요합니다. 그 시간을 앞당기기 위해서는 책을 읽어야 하고 그 책 안에서 나에게 맞는 것을 찾아내야 합니다. 그래야만 '나는 누구인가?'에 대한 답을 얻을 수 있습니다. 살아가는 이유를 찾을 수 있습니다. 진정한 자신의 모습으로 거듭나기 위한 방법은 오직 '독서'밖에 없습니다. 변화에는 시간과 노력이 반드시 필요합니다.

그렇다면 제 인생이 어떻게 바뀌었는지 궁금할 것입니다. 전 지금 돈을 좇는 삶을 버렸습니다. 회사에서 나와 개인회사를 세워 독립했습니다. 그리고 저와 방향이 같은 사람들과 함께 법인회사도 설립했습니다. 어렵지 않았습니다. 그저 제가 한발 더 다가서기만 하면 되었습니다. 제가 하는 사업은 주로 강의와 컨설팅입니다. 또한 프로젝트 용역도 함께 수행하고 있습니다. 수입도 회사를 다닐 때보다 더 많습니다. 일주일에 3~4일만 출근해도 그게 가능합니다. 때로는 일주일에 이틀만 일할 때도 있습니다. 그래도 예전보다 더 나은 삶을 살아가고 있습니다.

지금은 책도 꾸준히 쓰고 있습니다. 하루에 한 시간씩 책을 쓰면서 강의 자료를 만들고 프로그램 책도 쓰고 있으며, 이 책도 동시에 쓰고 있습니다. 제가 하는 일이 건축이라 강의 주제도 건축입니다. 4차 산업혁명의 새로운 직업군의 하나인 'BIM'입니다. 한번 찾아보시면 자세한 설명을 보실 수 있을 겁니다. 그러한 직업으로 기업 컨설팅도 합니다.

새로운 시스템 도입에 따른 문제점을 찾고 해결해 주며 효율적인 업무 진행을 위한 내용입니다. 프로젝트 용역도 함께 진행하고 있어 바쁜 날은 하루가 어떻게 지나가는지 모를 때도 있습니다. 몸은 피곤하지만 마음은 즐겁습니다. 왜냐하면 제가 하고 싶은 일이고 잘하는 일이기 때문입니다. 처음에는 강의가 두려웠지만 하다 보니 적성에 맞는다는 것도 알게 되었습니다.

요새는 블로그가 인기가 높아져서 그런지 출판사에서 서평 요청이 자주 들어오고 있습니다. 처음 시작했을 때는 하루 방문자 수가 50도 넘지 못했는데 지금은 2~3천 명이 들어옵니다. 비즈니스북스, 21세기북스, 김영사, 홍익출판사, 북라이프 등 다양한 출판사의 신간에 대한 서평을 쓰고 있습니다. 새로 나온 책도 읽고 서평도 남길 수 있어 제게는 매우 좋은 기회입니다.

이 책은 제 이름으로 출간하는 두 번째 책입니다. 이렇게 바쁜 삶을 살아도 그렇게 할 수 있는 건 시간 관리를 하고 있기 때문입니다. 이것도 다 책에서 배운 것입니다. 지금은 불평불만도 사라졌습니다. 화를 낼 필요가 없다는 생각이 자리 잡았기 때문입니다. '모든 것은 내가 하기 나름이다.' 그렇기에 욕심을 버리고 작은 것에 만족하며 살 수 있다면 자신의 삶을 바꿀 수 있다고 생각합니다. 이렇게 변화하기까지 전 많은 책을 읽어야만 했습니다. 지금도 그리고 앞으로도 계속 읽을 것입니다. 꾸준히 나를 바라보고 변화시키지 않는다면 예전의 나로 돌아갈 수 있기 때문입니다. 모든 것은 제 아내 말대로였습니다.

전 자신 있게 말할 수 있습니다. 독서를 하면 누구나 바뀔 수 있습니다. 독서를 통해 삶이 극적으로 변화하려면 시간이 조금 걸립니다. 그러니 지금 당장은 책과 친해지는 것이 우선입니다. 스스로 책이 좋아져야 합니다. 그래야 읽으려는 마음이 생깁니다. 책과 친해져야 다양한 종류의 책도 읽을 수 있습니다. 처음부터 어떤 한 권으로 삶이 변화되기를 원하신다면 그런 조급한 마음은 버리시기 바랍니다. 한 권 한 권을 읽으며 자신만의 리스트를 만들어 보시기 바랍니다. 책을 읽다 보면 조금씩 변화하는 자신을 느끼게 됩니다. 바로 '생각'을 하는 자신을 발견하게 됩니다. 그때가 제대로 된 독서의 시작이 아닐까 생각합니다. 늘 책을 곁에 두시기 바랍니다. 어디서든 볼 수 있도록요. 그런 환경이 갖추어진다면 스스로 책을 읽고 있는 모습을 발견할 수 있을 것입니다. 변화는 쉽게 찾아오지 않습니다. 그런 변화를 통장에 적금하듯이 하나하나 쌓다 보면 흘러넘치는 순간이 찾아오게 됩니다. 그러니 책과 친해지시기 바랍니다. 그럼 변화가 찾아올 테니까요.

다시 한번 강조하지만 어디서든 책을 펼칠 수 있어야 합니다. 처음에는 어색하겠지만 그것도 곧 무뎌집니다. 그렇게 시작하면 반드시 달라질 수 있습니다. 믿을 수 없다구요? 제가 그 평범한 모델입니다. 제 방법대로 따라 하지 않아도 됩니다. 이런 사람도 이렇게 해서 바뀌었구나 정도만 느껴도 됩니다. 어떤 책을 꼭 읽어야 한다고 권하지도 않습니다. 그건 책과 친해지고 나서부터 시작하는 것입니다. 줄을 치는 것도 여백에 생각을 적는 것도 다 상황이 갖추어져야 가능합니다. 지금은 그저 읽고 또 읽으며 책이라는 존재가 만만하게 느껴지도록 만드는 단계입니다. 그 이후는 이렇게 하지 말라고 해도 알아서 하실 겁니다. 왜냐하면 그때는 습관이 되었기 때문입니다. 자, 그럼 저와 함께 책과 친해지기에 동참해 보실까요?

저자 양우성

차 례

4
독서가 나를
변화시킨 것들

7

나만의 독서법

만들기

1

전 이런 사람이었습니다

읽고 공감하고 실천하는 내 맘대로 독서법

숫자로 바라본 내 인생 이야기

평범했던 내가 책을 만나고 조금씩 달라져 간다

같은 회사를 또다시 들어가다

새로운 일에 도전하다

책을 읽고 내 이전의 삶에 질문을 던지다

들처럼 산다는 건 뭘까?

하루하루 반복되는 일상에서 벗어나고 싶었다

평범함. 그건 이것도 저것도 아니었다.

숫자로 바라본 내 인생 이야기

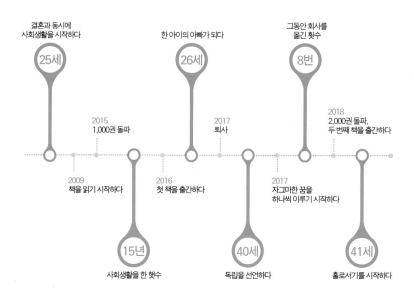

숫자를 통해 내 과거이자 현재를 알아보는 시간을 가져 보았다. 이렇게 보니 나도 참 평범하지 않게 살아왔다는 생각이 든다. 남들처럼 살려고 부단히 노력했지만 결과는 늘 제자리걸음이었다. 그런 삶에서 벗어나고 싶은 마음은 굴뚝같았지만 그 방법을 몰랐다. 그저 돈만 많이 벌면 모든 게 바뀔 거라고 막연하게 생각했다. 아무것도 변화하지 않은 채 그저 그렇게 바뀌고 싶다는 생각만 하며 살았다.

그런 삶에서는 무엇이 문제인지도 몰랐다. 아니 그런 생각을 할 시간도 없었다. 그저 현실을 받아들이고 이렇게 살아가는 것이 최선이라고 생각하며 살았다. 그랬던 내가 아내의 권유로 책을 읽고 내 인생을 스스로 선택하게 되었다. 술과 담배를 끊고 욕심을 버리게 되었다. 용기를 내어 다니는 회사를 그만두고 독립했다. 그리고 그동안 꿈꿔 왔던 일들을 하나씩 실천하기 시작했다. 이게 잘한 선택일까 계속 반문하기도 했다. 그렇지만 내 안에서는 이미 길을 정했다. 이제 그 길로 가야만 했다. 지금 하지 않으면 후회할 거라 생각했다. 불안한 마음은 있었지만 지금 선택한 길로 나아갔다. 그리고 자그마한 내 꿈을 하나하나 이루기 시작했다.

책을 읽고 인생을 바꾼 사람들이 많다. 처음엔 그 말이 거짓말인 줄 알았다. 왜냐하면 독서를 해도 달라지지 않는 나를 계속 발견하고 있었기 때문이다. 책이 인생의 답을 줄 거라 생각했지만 그것도 아니었다. 책은 그저 방향을 정해 줄 뿐이다. 모든 것은 내가 어떻게 받아들이고 실천하느냐에 따라 달라진다. 생각을 하게 되었고 그 생각이 변화의 처음이라는 것도 알게 되었다. 그동안 살아왔던 삶에서 처음으로 '이렇게 살면 안 돼'라는 생각을 하게 되었다. 책을 접하기 전 9년간은 남과 비교하며 사는 삶이었다. 그러나 책을 읽고 난 지금은 누구와도 비교하지 않고 나만의 행복을 선택하며 만족하는 삶을 살고 있다.

지금에야 알게 되었다. 책을 읽는 것 자체가 변화라는 것을. 한 권 한 권 읽을 때마다 기억나지 않아 괴로워했던 과정도 변화하는 과정의 하나였다. 남들을 보지 않게 되었다. 남들과 비교하지 않게 되었다. 가족과의 행복이 무엇인지 찾게 되었고 돈이 인생의 전부가 아니란 것을 알게 되었다. 인간에게 주어진 가장 큰 선물이 '책'이란 것도 알게 되었다. 글자를 읽을 수 있다는 것에 감사한다. 지금 내 인생이 성공한 인생이라 불릴 수는 없을 것이다. 하지만 지금 내 인생은 내가 스스로 선택하고 책임지며 살아가고 있기에 난 성공이라 생각한다. 아마도 아내의 권유로 책을 읽지 않았다면 지금의 나는 없었을 것이다. 책을 읽으며 중간중간 포기하고 싶을 때 늘 아내는 나를 격려해 주었다. 무슨 일이 있더라도 꼭 책을 읽으라고 힘을 주었다. 이렇게 나를 응원해 준 아내가 있었기에 지금의 내가 있는 게 아닌가 생각한다.

책을 읽어도 바꾸기 힘든 게 있다는 걸 알게 되었다. 그건 바로 '인성'이다. 인성을 바꾸려면 엄청난 노력과 시간과 독서가 받쳐 주지 않으면 안 된다. 내가 책을 읽기 시작했을 때의 목표는 '인성 만들기'였다. '인간이 바뀌려면 1,000권을 읽어야 한다'는 게 아내의 의견이었다. 그렇게 시작한 독서가 막상 1,000권을 읽고 난 후 달라진 게 없어 물어보니 '이제는 시대가 바뀌어 2,000권을 읽어야 한다'고 했다. 황당했다. 그러나 어차피 시작한 독서 끝까지 해 보자는 생각으로 계속 읽었다. 드디어 2,000권을 넘어선 날 다시 아내에게 물어보았다. '자기야. 2,000권을 읽어도 아직 바뀌지 않는 것 같은데 어떻게 된 거야?' '음… 다른 사람들은 2,000권이면 되는데 자기는 3,000권은 읽어야 할 것 같아.' 어이가 없어 웃음만 나왔다. '그래 어차피 시작한 일 끝까지 해 보자'라는 생각으로 다시 3,000권에 도전하고 있다. 아마도 내가 꾸준히 책을 읽을 수 있도록 하기 위한 아내의 '배려가' 아닐까 생각한다.

이제는 권수에 큰 의미를 두지 않는다. 물론 많이 읽는 건 중요하다. 그만큼 책과 친해졌고 어디서든 읽을거리를 생각할 수 있기 때문이다. 그래서 이제는 책을 쓰고자 한다. 인풋이 있으면 아웃풋이 있어야 한다. 책을 읽었으니 책을 쓰는 건 당연한 일. 책을 읽기 전 내 삶과 책을 읽고 난 후 내 삶을 보여 주고자 한다. 한 가지 당부하고 싶은 말이 있다. 난 평범하다. 지금도 평범하다. 집도 없다. 차도 없다. 재산도 없다. 어디서나 볼 수 있는 평범하지만 조금은 특별한 사람일 뿐이다. 난 내 부족함을 창피해하지 않는다. 오히려 이것을 발판 삼아 나와 같은 사람들에게 용기를 주고 싶다.

지금 당신의 삶은 또 다른 삶으로 가고자 하는 준비 과정이라고 말하고 싶다. 누구나 자신의 인생은 자신이 선택해 살아가야 한다. 스스로 선택하는 삶이 행복을 가져온다는 사실을 알았으면 한다. 그렇게 살아가기 위해 꾸준한 독서가 필요하다. 학교나 회사에서도 가르쳐 주지 않는 삶에 대한 이야기는 책에서밖에 알 수 없다. 누구나 할 수 있다, 책과 친해진다면. 고민할 필요도 없다. 일단 시작하는 게 중요하다. 타인과 비교하지 말자. 자신의 인생을 왜 남과 비교하면서 시간을 낭비하는가. 이제는 책을 읽고 평범함에서 벗어나 나만의 삶으로 나아가기를 바란다. 왜냐하면 그것이 진정으로 나답게 사는 삶이기 때문이다. 내가 잘하고 좋아하고 해야 하는 일을 하면서 살기를 원한다면 지금부터라도 책을 읽자. 당신도 할 수 있다.

평범했던 내가 책을 만나고 조금씩 달라져 간다

- ✓ 어린 나이에 결혼
- ✓ 결혼과 동시에 시작한 사회생활
- ✓ 한 아이의 아빠
- ✓ 술과 담배에 찌든 생활
- ✓ 단돈 100만 원에 회사를 옮긴 삶
- ✓ 통장은 늘 마이너스
- ✓ 마이너스 통장을 갚는 데 7년

내가 이 책을 쓴 이유는 평범한 사람도 책을 통해 인생을 바꿀 수 있다는 사실을 보여 주고 싶어서다. 가난하건 학벌이 안 좋건 돈이 없건 간에 인생은 충분히 스스로가 바꿀 수 있음을 보여 주고 싶다. 누구에게나 하루 24시간이 주어진다. 그 시간을 어떻게 사용하느냐에 따라 인생이 바뀌게 된다. 그 안에 책이 있다. 나에게 책이란 그저 종이를 풀칠해 엮은 것에 불과했다. 그랬던 내가 매일매일 책을 읽고 서평을 쓰고 있다. 뭔가 다른 게 있어서 그럴 거란 생각은 버려라. 난 아무것도 가진 게 없다. 그저 한 달 일하고 받은 월급으로 하루살이처럼 살아왔다. 난 매우 평범한 사람이었다.

책을 읽으면 책의 주인공은 모두가 뭔가 하나씩은 가지고 있다는 느낌을 받았다. 최소한 대학 졸업자였고, 대기업을 다녔든가, 아니면 죽음의 문턱까지 갔던 경험을 가지고 있었다. 난 대학도 대기업도 죽음도 경험하지 않았다. 그저 살아야 한다는 생각으로 삶을 살아왔다. 경제적으로 본다면 지금도 크게 달라진 것은 없다. 하지만 내가 하고 싶은 일을 하면서 살아가고 있다. 지금까지 살아온 인생에서 가장 행복한 순간이다. 작은 것에도 만족할 수 있는 삶은 책을 읽지 않고서는 쉽게 얻을 수 없는 것이라 생각한다. 그럼, 책을 읽기 전 내 삶을 말해 보려 한다.

전문대를 졸업 후 군대를 갔다. 제대 다음 해에 아내를 만나 결혼을 했다. 그때가 2002년 월드컵이 있던 해다. 내 나이 스물다섯. 남자 나이 스물다섯이면 매우 빠른 결혼이었다. 사고 치지는 않았다. 그저 이 사람이 아니면 결혼하지 못할 거라는 생각이 강했다. 그렇게 시작했지만 아직 취업한 지 얼마 되지 않았던 상황에서 우리의 결혼생활은 힘들었다.

처음 회사에서는 월급이 90만 원이었다. 인허가 전문 설계 사무소(일명 허가방이라고도 한다)라 매일매일 비슷한 건물을 설계하고 출력물을 만들고 관공서에 접수하는 게 일이었다. 다세대 붐이 일던 시절이라 하루에도 몇 건씩 접수를 하는 때도 있었다. 일은 많아지는데 급여는 늘 같다는 게 불만이었다. 그렇게 몇 달을 하다 보니 소장은 차를 바꾸었다. 직원들에게 안 좋은 소리를 들을 것 같아 렌트라고 했지만 바보가 아닌 이상 새 차라는 건 누구나 알 수 있었다. 일한 만큼 대우해 주지 않아 내 생애 처음으로 사표를 던졌다. 소장은 부랴부랴 10만 원을 더 얹어 주었지만 이미 마음은 떠난 상태였기에 그길로 회사를 나왔다. 군대에서 배운 담배가 이럴 때는 참 달았다. 가뿐한 걸음으로 집에 들어갔지만 뭔가 불편한 마음이 들기 시작했다. '당장 내일부터 뭘 해서 먹고 살지? 아내에게 뭐라고 얘기해야 하나?' 걱정이 앞서기 시작했다.

"자기야, 나 회사 관뒀어."

"어? 뭐라고? 그럼 어떻게 해?"

"걱정하지 마. 돈은 내가 책임질게."

"응. 알았어."

그날부터 일자리를 알아보았다. 다행히도 선배의 추천으로 새로 시작하는 사무실에 들어가게 되었다. 집과는 거리가 더 멀어졌지만 예전보다는 대우가 좋아서 함께 시작했다. 내가 막내라 경리 업무도 맡아서 하게 되었다. 파티션과 책상 그리고 컴퓨터 등을 알아보고 설치하는 잡무부터 시작했다. 일을 병행하면서 하다 보니 매일매일 야근이었다. 이번 회사는 회사 내에서 담배도 피울 수 있었기 때문에 늘어나는 건 술과 담배뿐이었다. 그렇게 시작한 이 회사에서 한 아이의 아빠가 되었다. 여유롭지 않은 생활에서 아이를 갖는 건 쉽지 않은 선택이었지만 난 그렇게 아빠가 되었다.

그렇지만 난 아이를 좋아하지 않는다는 것을 알았다. 나이가 어려서 그런지 아이에 대한 애정이 그리 크지 않았다. 그저 빨리 일하고 빨리 월급을 늘리는 것에만 모든 신경을 쓰기 시작했다. 그것이 내가 해야 할 유일한 일인 것처럼. 그렇게 1년을 다녔다. 내가 할 수 있는 일이라곤 그저 서포터 역할밖에 없다는 생각에 또다시 사표를 썼다. 더 큰 무언가를 해 보고 싶었기 때문이기도 했다. 그나저나 이번에는 아내한테 뭐라고 해야 할지 걱정이 앞섰다.

"자기야, 너무 힘들어서 회사를 그만뒀어."

"뭐? 또? 그래. 자기가 많이 힘들어했는데 잘됐지 뭐."

"응. 곧 취직할 테니 걱정하지 마."

"응. 알았어."

　난 아내가 고마웠다. 다른 사람들 같았으면 백번도 뭐라고 했을 것이다. 지금 생각해 보면 나를 믿고 따라와 준 아내가 고마울 따름이다. 그렇게 옮긴 회사는 규모도 크고 급여도 괜찮았지만 문제는 월급이 안 나온다는 것이었다. 3개월은 기본으로 밀리는 회사였다. 그것도 모르고 들어갔으니 당연히 집안 경제는 엉망이 되었고 하루하루 느는 건 술과 담배였다. 한 가지 다행이라면 그 안에서 좋은 형님들을 만나 솔직한 이야기를 나눌 수 있었다는 것이다. 지금도 그 형님들과 꾸준히 연락한다. 힘들 때 함께해서 그런지 관계가 남다르다.

　이때부터 내 삶은 어려워지기 시작했다. 늘 월급날만 되면 신경이 날카로워졌다. 집에서도 월급 때문에 매일매일 다툼이 일었다. 그래서 마이너스 통장을 발급받기로 했다. 그것은 잘못된 선택이었다. 700만 원을 갚는 데 7년이라는 시간이 필요했기 때문이다. 이자만도 몇 백만 원은 나갔을 것이다. 방법이 없었다. 집에 생활비는 가져다 줘야 하는데 돈이 없었으니까. 그것도 겨우겨우 서류를 맞춰서 받은 700만 원이었다.

　도대체 왜? 내 삶은 이렇게 꼬여만 가는 걸까? 다른 사람들을 보면 행복하게 사는 것 같은데 왜 난 늘 이 모양 이 꼴인가? 그때부터 다른 사람과 비교하는 삶이 심해졌다. 무엇을 하더라도 다른 사람이 기준이 되었다. 그러다 보니 싸움이 잦아졌고 그럴 때마다 술과 담배로 마음을 달랬다. 도저히 감당하지 못해 또다시 회사를 옮길 수밖에 없었다. 단순히 돈을 벌기 위해서였다. 꿈이고 뭐고 없었다. 당장 생활비가 없었기 때문에 옮겼다. 갈수록 지저분해지는 건 이력서뿐이었다.

같은 회사를 또다시 들어가다

사회에는 보이지 않는 규칙이 있다. 바로 '다녔던 회사에 다시 들어가는 것은 미친 짓이다'란 규칙이다. 난 이를 무시하고 같은 회사를 또 들어 갔다. 형들은 나를 미쳤다고 했다. 아마 그때는 미쳤던 게 틀림없다. 그 만큼 내게는 돈이 궁했다. 형들이 나를 말렸던 이유는 바로 그렇게 월 급이 나오지 않았던 회사에 다시 들어갔기 때문이다. 하지만 소장님의 부탁과 현장에서 일을 하기 때문에 급여는 문제없다는 약속을 믿고 그 렇게 하기로 결정을 했다.

"자기야, 나 그 회사 다시 들어가기로 했어."
"뭐? 왜? 그 회사를 다시 들어가? 그렇게 힘들었는데…."
"이번에는 현장에 파견 가는 거라 급여는 잘 나온다는 약속을 받았어."
"그래? 그럼 어디로 가는데?"
"응. 울산."
"뭐? 울산? 그럼 거기서 지내야 하는 거야?"
"응. 당분간은."
"응. 알았어."

이때도 아내는 나를 믿어 주었다. 그렇게 지방에서 파견 근무를 하기 시작했다. 새로운 곳에서 새로운 사람들과 하다 보니 재미는 있었다. 아쉬운 건 교통이 불편하다 보니 쉬는 날 돌아다닐 곳이 없다는 점이었다. 숙소 앞에 공원이 있었지만 매일매일 보는 공원이라 우울증이 밀려왔다. 일이 힘들고 외로운 생각에 술과 담배로 하루하루를 버텼다. 덕분에 그동안 눈으로 구경만 했던 양주를 종류별로 다 먹어 보았다. 그렇게 몇 달을 지내자 또다시 문제가 터졌다. 월급이 나오지 않았던 것이다. 부랴부랴 본사에 전화를 걸어 소장님과 통화를 해 보니 걱정하지말라는 말뿐이었다. 속았다는 생각에 그날 바로 짐을 싸 들고 올라와버렸다. 아주 철없는 행동이었지만 분한 나머지 도망쳐 왔다. 문제가 심각해진 것을 알고 소장님이 전화를 걸어 급여 문제는 해결되었다. 다시짐을 싸 들고 울산에 내려갈 때는 심정이 말이 아니었다. 같이 일하는사람들 얼굴 보는 것도 민망해 도망치고 싶었지만 시작한 일이기에 참고 내려갈 수밖에 없었다.

결국 그 회사는 급여가 제대로 나오지 않아 그만두게 되었다. 뼈아픈경험이었다. 역시 다녔던 회사에 다시 들어가는 것은 잘한 일이 아니란걸 알게 되었다. 난 왜 이럴까. 왜 꼭 경험하지 않으면 믿지 못하는 걸까. 그렇게 현장 파견을 경험하고 잠시 집에서 쉬고 있었다. 돈도 제대로 벌어오지 못하는데 집에 있기까지 하니 아내는 오죽하겠나 싶었다. 또다시 아는 분에게 부탁해서 작은 사무실에 들어갈 수 있었다. 하지만처음 말한 것과 다르게 사장은 짠돌이에 자신이 뽑은 사람을 믿지 못하는 사람이었다. 독불장군이라 모든 자료는 자신의 손을 거쳐야 한다는생각에 하루하루 다툼이 없는 날이 없었다. 겉으로는 웃으면서 말하지만 뼈가 있는 말들이 이어졌다. 함께 프리랜서로 있던 소장님은 그런 나와 함께 술을 마셔 주었다. 건축에 대한 이야기나 인생 이야기를 하면서 금방 친해지게 되었다. 그러나 내 안에서 뭔가 다른 것을 하고 싶다는 생각이 꿈틀대고 있는 것을 감출 수가 없었다. 지금 이 생활에서 벗어나고 싶었다. 모든 것으로부터 벗어나고 싶었다.

새로운 일에 도전하다

세상에 죽으라는 법은 없는 것 같다. 이런 생각을 하고 있을 때 마침 지인으로부터 연락이 왔다.

"혹시 주변에 건설 현장에서 설계 업무 하고 싶은 사람 있으면 소개해 줄 수 있어?"
"네?! 네. 찾아보고 있으면 연락드리겠습니다."
"응. 그래."

건설 현장에서 설계 업무라? 곰곰이 생각해 보니 그동안 내가 해 보고 싶었던 일이었다. 당장 전화를 걸어 내가 하겠다고 했다. 괜찮겠냐고 물어보셨지만 이건 해야 한다는 생각에 하겠다고 말씀드렸다. 설계를 떠나야 한다는 생각이 머릿속을 복잡하게 만들었다. 선배들이나 형들은 또다시 나를 말렸다. 하지만 지금이 아니면 안 되겠다는 생각이 더 컸다. 이력서를 제출하고 인터뷰 날을 기다렸다.

인터뷰를 한 회사는 삼성물산 건설팀이었다. 대구에서 새로 시작하는 현장에 나가 관리하는 업무를 맡게 될 거라고 했다. 그동안 설계 관리를 해 보고 싶어 했는데 이런 기회가 올 줄은 몰랐다. 그렇게 미팅이 끝나고 연봉 협상에 들어갔다.

"양우성 씨. 우성 씨가 이전에 받았던 연봉이 너무 적네요."
"네? 네. 설계 사무실이다 보니 그렇습니다."
"네. 그래서 저희는 회사 기준에 맞추어 연봉을 인상하기로 결정했습니다. 물론 많이 오르지는 않지만 현장 파견이기도 하기에 예전보다는 많이 받을 것 같은데 괜찮은지요?"
괜찮고 말고가 어디 있는가? 돈을 더 주겠다는데 싫어하는 사람이 있을까?
"네, 괜찮습니다."
"그럼 현장 소장님과 최종 협의 후 알려드리도록 하겠습니다."
"네, 알겠습니다. 감사합니다."

난 그날 바로 다니는 회사에 또다시 사표를 썼다. 사장님께는 죄송한 마음이 들었다. 하지만 지금 아니면 할 수 없는 것이기에 기회를 놓치기 싫었다. 그날 집으로 돌아가 아내에게 말했다.

"자기야, 나 회사 또 그만뒀어."
"뭐? 아니 다닌 지 얼마 되지 않았는데…."
"응, 알아. 그리고 나 삼성에 취직할 수도 있어."

"뭐? 갑자기 무슨 말이야?"

"아는 분이 소개해 주셨는데 잘하면 현장 파견직으로 삼성에 들어갈
수 있을 것 같아."

"그래? 잘된 거야?"

"응. 잘된 거야. 그리고 내가 예전부터 하고 싶었던 일이거든."

"그래. 그럼 잘된 거지 뭐."

"응. 걱정하지 마. 내가 다 알아서 할게."

그렇게 몇 주가 지나고 드디어 전화가 왔다. 대구 현장으로 파견을
갈 것이라고 준비하라는 전화였다. 드디어 합격했다. 내가 삼성에서 일
을 하다니 믿기지 않았다. 그렇게 대구에서 새로운 생활을 시작하게 되
었다. 다행히도 좋은 분들을 만났고 그동안 하고자 했던 3차원 설계에
대해서도 매우 긍정적이었다. 내가 진행할 수 있도록 본사에 품의를 올
려 비싼 컴퓨터도 받게 해 주었다. 설계 검토에서부터 현장 설치까지 3
차원 설계로 관리할 수 있게 되었다.

삼성에서 시작한 나의 또 다른 삶은 경제적으로 안정감을 가져다주
었다. 그러다 보니 주위를 바라볼 수 있는 여유가 생기고 내 삶을 돌아
보게 되었다. 이제는 이렇게 살면 안 되겠다고 생각했다. 달라져야 한다
는 생각이 들었다. 그때 아내가 내게 책을 권해 주었다. 사람이 달라지
려면 1,000권을 읽어야 한다는 말과 함께. 처음에는 극구 반대했다. 그
리고 어떻게 책을 읽는데 사람이 달라질 수 있느냐고 반문하기도 했다.
하지만 딱히 할 것도 없었던 터라 일단 해 보자는 생각으로 책을 읽기
시작했다. 새로운 일과 함께.

삼성에서 일을 하면서 드디어 마이너스 통장도 7년 만에 갚게 되었다. 새로운 일을 처음 접했을 때는 두려움이 많았다. 하지만 막상 경험해 보니 전에 하던 일과 크게 다르지 않았다. 다행히도 현장 소장님께서 내 잘못된 마인드를 바꿔 주시려고 많이 참고 기다려 주셨기에 빨리 적응했다. 그동안 자료로만 보고 가능성만 생각했던 3차원 설계가 실제 업무에 효과가 있다는 것도 알게 되었다. 그렇게 4년이라는 시간을 대구에서 보내고 또다시 새로운 일에 도전하게 되었다.

BIM이란 직업으로 새로운 일에 도전하기로 했다. 삼성반도체 현장에서 BIM으로 프로젝트를 진행하고 있는데 매니저가 없다는 말을 듣고 지원하게 되었다. 다행히도 본사 부장님과 말이 잘되어서 중국으로 날아가게 되었다. 그곳에서의 7개월은 7년 같은 시간이었다. 그러나 앞으로 내가 해야 할 BIM에 대해 확고한 의지를 다질 수 있게 된 시기이기도 했다. 거기서 쌓은 경험은 어디서도 경험할 수 없는 값진 것이었다. 왜냐하면 지금 내가 하고 있는 일이 이 직업이기 때문이다.

그렇게 중국까지 날아가 새로운 직업을 경험하고 한국으로 돌아왔다. 삼성에 들어갈 때 계약직이었기 때문에 나를 필요로 하는 현장이 없으면 쉬거나 다른 직장을 구해야 했다. 그랬기에 3개월을 집에서 보냈다. 새로운 일자리가 들어올 거라는 생각으로 기다리기로 했다. 하지만 시간이 지나면서 그 가능성이 점점 희박하다는 사실을 알게 되었다. 아무래도 이제는 더 이상 삼성과는 인연이 없을 거란 생각으로 잠시 아르바이트를 시작했다. 한 달짜리 아르바이트라 부담도 안 되고 그사이에 직장을 구하기로 했다.

그동안 가고 싶었던 설계회사가 있었다. 예전에 지원했다가 학벌이

낮은 관계로 서류에서 떨어진 회사였다. 그런데 이번에는 초대 졸 이상 이면 가능했다. 그동안 BIM으로 실무를 했기에 BIM의 특기를 살려 드디어 합격을 했다. 그렇게 가고 싶었던 회사였는데 이렇게 돌고 돌아 여기까지 왔다는 게 신기하기만 했다. BIM을 공부한 것이 이렇게 나에게 좋은 기회를 줄지는 몰랐다. 그렇게 또다시 설계를 시작했다. 설계회사 치고는 메이저 회사였기에 누구나 부러워하는 회사였다. 하지만 그 회사는 겉과 속이 다른 회사였다는 걸 알게 되었다. 서로서로 도와주는 회사가 아니었다. 누가 자신의 자리에 위협이 되면 가차 없이 밟아 버리는 회사였다. 생각했던 것과 전혀 다른 시스템에 당황했지만 BIM으로 무언가를 할 수 있다는 기대감이 컸기에 참고 회사를 다녔다.

그리고 이제는 회사를 나와 내 회사를 차리게 되었다. 또한 나와 같은 생각을 가진 사람들과 함께 법인회사도 설립했다. 지금 돌이켜보면 그동안 있었던 일은 지금의 나를 만나기 위한 과정이었다. 물론 중간 중간 많은 고민으로 괴로웠다. 남편으로서 아빠로서의 점수는 빵점이었다. 하지만 이제는 예전의 내가 아니다. 내가 그동안 다른 선택을 하고 한 가지 일을 꾸준히 할 수 있었던 것도 다 가족이 있었기 때문이다.

그다음으로 책이 있어서 가능했다. 책을 통해 모르는 부분을 채워 나갔다. 잘못된 행동은 고치려고 노력했다. 말투나 행동을 고치기 위해 다양한 분야의 책을 읽으며 익혔다. 그래서 난 지금 이 자리에 와 있게 되었다. 내가 지금 성공한 삶을 보여 주려고 하는 것은 아니다. 평범하지만 다른 삶을 살 수 있다는 것을 보여 주고 싶다. 남과 비교하지 않기에 자신이 하고자 하는 일을 하면서 살아갈 수 있다는 것을 보여 주고 싶다. 그럴 수 있었던 것은 바로 '책'의 힘이었다. 그리고 지치지 않고 책을 읽을 수 있도록 도와준 아내가 있었기 때문이다. 평범한 내가 책을 읽고 스스로 도전하고 이를 통해 삶의 방향을 바꿀 수 있었다. 성공이냐 실패냐는 자신이 어디에 기준을 두느냐에 따라 달라질 것이다. 난 지금 또 다른 삶에 도전하고 있다. 힘들지만 즐겁다. 괴롭지만 행복하다. 모든 건 상대적이기 때문이다. 책을 통해 인생을 바꿀 수 있다는 말을 믿게 되었다. 왜냐하면 내가 직접 해 보았기 때문이다. 인생, 생각하기 나름이다. 어떻게 생각하고 행동하느냐에 따라 인생은 달라질 수 있다. 그 힘을 책에서 얻는다면 좀 더 쉽게 이룰 수 있다고 생각한다.

책을 읽고 내 이전의 삶에 질문을 던지다

일이 삶의 전부인가? 내가 살아왔던 삶은 일이 전부였다. 아무것도 필요 없었다. 그저 일과 돈이면 모든 게 해결될 거라 생각했다. 그것이 살아가는 방법이라고 생각했다. 만약 내가 책을 접하지 않았다면 난 지금도 그저 매일매일 한탄만 하며 살고 있을 것이다. 술과 담배도 끊지 못했을 것이다. 평범한 데 그치지 않고 쓰레기로 전락하고 말았을 것이다.

친구도 없었다. 그저 나만 잘났다고 생각하며 살았다. 다른 사람이 작업한 것을 보면 무시했다. 그리고 위안을 삼았다. 아직 나는 죽지 않았다는 생각으로 깔아뭉개 버렸다. 한마디로 개차반이었다. 삶의 보람도 의미도 없이 그저 하루 벌어 하루 쓰는 사람으로 살고 있었다.

책을 읽고 알게 되었다. 일보다 더 중요한 것이 있다는 것을. 그건 '가족'이었다. 책은 내가 일하고 있는 이유가 가족이라는 사실을 일깨워 주었다. 대부분의 사람들은 가족을 핑계로 일에 전념하는 경우가 많다. 왜냐하면 그렇게 일하는 것이 본인은 편하기 때문이다. 나 역시도 그랬다. 가정을 꾸리는 것보다 일하는 것이 편했다. 한 가지 일을 끝맺으면 성취감도 느낄 수 있었기에 일에 미쳤었다. 하지만 일은 그저 일이었을 뿐이다. 내 삶에서 일은 보조 역할이었다. 하지만 몰랐었다, 책을 읽기 전까지는.

이제 내 삶에서 가장 중요한 것은 가족이다. 일보다 가족이 좋다고 말하면 아직도 사람들은 의아해한다. 아직 그들은 삶의 우선순위가 가족이란 것을 모르는 것이다. 일을 해야 가족이 행복하다고? 정말 그런지 생각해 보라. 그저 일을 핑계로 스스로 가면을 쓰고 살아가는 것은 아닌지.

책은 내게 스스로 생각하는 법을 알려 주었다. 이렇게 사는 삶에서 벗어날 수 있도록 마인드 컨트롤을 하게 해 주었다. 어떤 책이 그렇게 만들었냐고 궁금해할 필요는 없다. 책 한 권이 그렇게 만들어 주지 않기 때문이다. 쉽게 자신을 변화시키려고 하지 말자. 그건 욕심일 뿐이다. 자신에게 질문을 던져 보자. 일이 자신의 삶에서 얼마나 중요한가?

✓ 난 언제부터 일에 빠져 살아가고 있는가?

✓ 언제부터 가족들을 등한시하며 살아가고 있는가?

✓ 일이 가족보다 더 중요하다고 생각하는가?

✓ 일이 없을 때 불안한가?

✓ 왜 일을 한다고 생각하는가?

✓ 일에서 벗어나고 싶다고 생각한 적이 있는가?

✓ 만약 지금 일을 그만둔다면 살아갈 수 있겠는가?

✓ 지금 회사가 평생 다닐 회사라 생각하는가?

남들처럼 산다는 건 뭘까?

내가 그렇게 살았던 이유는 남들처럼 살기 위해서였다. 모두가 그렇듯 남들처럼 재산을 늘리면서 가족들과 행복하게 살고 싶었다. 하지만 절대 남들처럼 살 수 없다는 것을 깨달았다. 그건 어디까지나 남일 뿐이다. 나라는 존재는 없었다. 비교하며 살아가는 게 인생이라 생각했다. 오로지 목표는 남들보다 더 잘사는 것이었다. 단지 그 이유 하나였다.

그런데 남들처럼 산다는 건 뭘까? 좋은 집과 외제 차와 높은 연봉에 사회적 지위까지 얻는 것인가? 정말 그게 남들의 모습인가? 반대로 매일매일 하루 벌어 하루 사는 사람들도 남이다. 차는커녕 집도 없이 월세로 이집 저집 떠도는 것도 남이다. 어디에 시선을 두느냐에 따라 다르다. 그럼 돈만 많이 벌면 그렇게 살 수 있을까? 예전의 나였다면 그렇다고 말할 것이다. 왜냐하면 돈이면 안 되는 게 없다고 생각했으니까.

지금은 아니다. 이제는 비교하지 않는다. 따라서 남들처럼 살려고 하지 않는다. 내 인생은 내가 만들어야 한다는 걸 알게 되었다. 지금 인생의 고통을 느끼고 있다면 분명 무언가 달라지기 위한 과정이라고 생각한다. 남들처럼 산다는 것에서 보지 못했던 것이 있었다. 그들은 매일매일 행복할 수 없다. 행복은 한순간이기 때문이다. 그들도 돈을 벌기 위해 아등바등하는 것은 똑같다. 사회적 지위가 높다고 결코 편한 삶이 아니다. 말마따나 연봉이 높으면 그만큼 행복도 높아져야 하는데 그렇지 않다. 그렇게 행복했으면 아마도 삼성의 이건희 회장은 신에 가까워져야 할 것이다.

누구나 삼시 세끼를 먹고 누구에게나 24시간이 주어진다. 돈이 많다고 시간이 더 생기지 않는다. 돈이 많다고 하루 열 끼를 먹을 수는 없다. 그러다 죽는다. 돈이 행복의 기준이 아니다. '남들처럼'에서 빠져 있는 건 그들의 속내다. 겉과 속을 구별하지 못하고 그저 잘나 보이는 겉모습만 보고 살아가려고 한다면 평생 그 삶에서 벗어날 수 없다. 남은 그저 남일 뿐이다.

그런 눈을 갖고 싶다면 독서를 해야 한다. 비교당하는 삶에서 당당하게 자신의 삶을 살아가기 위해서는 읽어야 한다. 남들처럼 사는 게 아니라 나처럼 살아야 한다는 것을 보여 주면 된다. 내 인생의 길은 내가 개척해야 한다. 누구도 내 삶을 대신 살아 줄 수 없다. 부모라 할지라도. 그러니 당당하게 살자. 내게 질문을 던져 본다.

✓ 남들처럼 산다는 건 어떤 모습인가?

✓ 남들처럼 살기 위해 그만큼 노력했는가?

✓ 남들처럼에서 벗어난다면 내 삶의 기준은 무엇인가?

하루하루 반복되는 일상에서 벗어나고 싶었다

내겐 그동안 하루하루가 반복되는 일상처럼 느껴졌다. 분명 어제와 오늘은 다른데 모든 게 똑같다는 생각이 들었다. 아무런 변화 없이 매일매일 반복되는 일상이 나에게 가져온 것은 '무료함'뿐이었다. 어떻게 된 건지 매일매일이 같았다. 하는 일은 다른데 같은 일이 반복되었다. 나만 그런 생각을 갖고 있다고 생각했다. 하지만 아니었다. 다른 사람들도 비슷한 생각을 하고 있었다. 매일매일 같은 날의 반복에서 벗어나고 싶었다.

회사에서도 똑같았다. 아침에 출근해 커피 한 잔과 담배 한 대로 일과를 시작한다. '오늘은 무슨 일이 일어날까? 어제 일도 아직 마무리를 못 했는데….' 하루하루가 매일 같으니 일을 해도 진도가 더뎠다. 그렇게 일처리가 늦다 보니 매번 윗사람한테 불려가 한 소리를 듣게 된다. 어제도 이와 같은 상황이었는데… 라고 생각하면서.

이제는 그렇게 살기 싫었다. 어떻게 해야 할지 몰랐던 내게 방향을 가르쳐 준 것은 바로 '책'이었다. 회사에서 어려움을 토로하다 보니 자연스레 자기계발서를 읽게 되었다. 회사 일을 스마트하게 처리하는 방법, 상사나 부하직원 대하는 방법, 각종 프로그램에 대한 방법 등 다양한 책을 읽다 보니 공통적으로 말하는 것이 있었다. 그것은 아무리 좋은 방법이 있다 한들 스스로 노력하지 않으면 시간낭비라는 것이었다. 왜 진작에 몰랐을까?

난 책을 통해 이 지루한 일상에서 벗어났다. 아니 오히려 더 깊이 파고들었다. 왜 매일매일이 같은지 생각하게 되었다. 책을 통해 방향감각을 익히고 조금씩 나아갔다. 지금의 나는 '내'가 아니란 것을 알게 되었

읽고 공감하고 실천하는 **내 맘대로 독서법**

다. 남을 바꿀 수 없다는 것도 알게 되었다. 모든 것은 자기 하기 나름이었다. 책이 가르쳐 주었다. 바로 '시간'을 사용하는 방법을.

그렇게 무료한 일상에서 벗어나 지금은 어떻게 해야 이 시간을 잘 사용할 수 있을지 고민하고 있다. 하지 않은 일은 절대 후회하지 않기로 다짐했다. 조금이라도 지루하다고 느끼면 바로 책을 읽는다. 이제는 내 시간을 내가 통제하고 있다. 지금의 무료함에서 벗어나기 위해 가장 좋은 방법은 독서가 유일하다고 생각한다. 이보다 더 값지고 나를 변화시킬 수 있는 방법이 세상 어디에 있을까?

✓ 지금 하루하루가 반복된다는 느낌을 받고 있는가?

✓ 그렇다면 왜 하루하루가 반복된다고 생각하는가?

✓ 어떤 일들이 반복되고 있는가?

✓ 어떻게 하면 그 반복을 끊어 버릴 수 있겠는가?

✓ 자신을 신뢰할 수 있는가?

2

현재에서 벗어나기 위해

책을 읽다

읽고 공감하고 실천하는 내 맘대로 독서법

책을 접하기 전의 나는 이런 모습이었다

힘들어하던 내게 아내가 책을 선물해 주었다

내게 맞는 책은 따로 있었다

『독서 천재가 된 홍대리』를 읽고 목표를 세우다

중국에서 새로운 일에 도전하다

지금까지 가장 긴 시간을 집에 머물다

세상은 나에게 다시 기회를 주었다

설계로 새롭게 시작하다

내 가방 속엔 늘 책이 들어 있다

책을 읽고 기억하기 위해 독서노트에 도전하다

드디어 1,000권을 읽다

첫 책을 출간하다

독립을 선언하다

내 작은 꿈을 하나씩 이루다

그저 남들처럼 사는 게 정답은 아니란 생각으로 시작한 독서

책을 접하기 전의 나는 이런 모습이었다

책을 읽기 전 나는 사람들이 싫어하는 모습을 죄다 갖추고 있었다. 이보다 완벽한 조합은 없었다. 술과 담배에 찌들어 살고 툭하면 집에 들어가지 않았다. 결혼은 했지만 가정을 등한시했다. 그저 이렇게 사는 게 인생이라 체념하며 살았다. 적은 월급이지만 꼬박꼬박 가져다주는 게 내가 할 수 있는 전부였지만 그나마 월급도 제대로 가져다 준 적이 별로 없다. 미래를 보지 못하고 과거에만 눈을 돌렸다. '그때 그러지 말걸'이라는 후회 속에서 살았다. 미래나 현재를 제대로 바라보지 못하고 과거에만 집착해 살았다. 한마디로 개차반이었다. 당연히 삶은 병들어 가기 시작했다.

회사에서도 나와 관련된 말만 나오면 싸우려고 했다. 별명이 '쌈닭'이었다. 그렇게 보낸 6년. 내 삶은 나아지는 게 아니라 점점 피폐해져 갔다. 아내와도 말다툼이 잦았다. 모든 화를 가족에게 풀었다. 툭하면 화를 내고 소리를 질렀다. 딸한테도 아빠다운 모습을 제대로 보여 주지 못했다. 퇴근해 집에 와서는 텔레비전을 보거나 게임을 했다. 아내는 내가 피곤해한다고 생각했는지 건드리지 않았다. 저러다 바뀌겠지 하는

생각이었을 것이다. 하지만 난 바뀌지 않았다. 아니, 바뀔 생각 자체를 하지 않았다. 그저 그렇게 사는 게 내가 할 수 있는 전부라 생각하고 체념하며 살았다.

다니는 회사에는 툭하면 사표를 던졌다. 월급이 너무 적거나 제대로 나오지 않아서였다. 하지만 사람들은 그렇게 받아들이지 않았다. 그저 감정적으로 회사를 관둔다고 생각했다. 이력서는 점점 지저분했다. 다른 사람들은 한 줄에서 두 줄인데 난 벌써 다섯 줄을 넘어서고 있었다. 그러다 보니 회사를 옮길 때마다 구차한 변명을 늘어놓아야 했다. 면접 시 늘 물어보는 게 "왜 이렇게 회사를 자주 옮겼나요?"였기 때문이다. 아무리 내 사정을 거짓 없이 설명해 보아도 믿어 주지 않았다. 이제는 더 이상 회사를 옮길 힘도 없었다.

그렇게 살아왔던 내게도 기회가 왔다. 그동안 해 보고 싶었던 일이었다. 단점은 가족들과 떨어져 지방에서 근무를 해야 한다는 것이었다. 아내와도 사이가 좋지 않았다. 이제 내 바보 같은 모습도 보여 주기 싫었다. 아내와 상의 후 결정하고 대구로 내려갔다. 대구로 내려가기 전 아내는 내게 이렇게 말했다.

"자기야, 그곳에서 생활하면 무료하니까 책을 읽어 봐."

"책? 난 책에 별로 관심 없어."

"알아. 그런데 자기도 이제 달라지고 싶지 않아?"

"응. 달라지고 싶어. 이제는 이렇게 사는 게 지겨워."

"그럼 한번 책을 읽어 봐. 아무 거라도 좋으니까 책 읽는 습관을 길렀으면 좋겠어."

"책을 읽으면 뭐가 달라져? 아무것도 달라지지 않을 것 같은데?"

"아니야. 달라져. 정말이야."

"그러니까 뭐가 달라진다는 거야? 난 책 없이도 지금까지 살아왔는데 왜 갑자기 책을 읽으라는 거야?"

"그냥 내 말 믿고 읽어 봐. 어차피 그곳에서 딱히 할 일도 없잖아."

"아… 그건 그렇지만 뭐가 달라진다고 하는지 모르겠는데… 그래 뭐 딱히 할 일도 없으니 읽어는 볼게."

"응. 그래. 일단 집에 있는 책을 먼저 읽으면 좋을 것 같아."

"알았어."

힘들어하던 내게 아내가 책을 선물해 주었다

그렇게 난 책과 만났다. 아내의 권유로 시작했지만 어찌 되었든 지금까지 책과는 거리가 멀었던 내가 책을 접하게 되었다. 욕심도 생겼다. 인생의 책 한 권을 찾아내면 나 역시도 달라질 수 있을 거라 생각했다. 시작은 해 보겠다고 했지만 막상 무엇부터 읽어야 할지 몰랐다. 일단 집에서 가지고 내려온 책 중에 한 권을 골라 읽기 시작했다.

현장에서 일을 하고 숙소로 돌아와 저녁을 먹고 샤워를 했다. 이제부터 책을 읽어 보자 생각하며 침대에 누워 책을 펼쳤다. 얼마 지나지 않아 곧 내가 코 고는 소리에 깨어 일어났다. 어떻게 한 장도 읽지 못하고 눈이 스르르 감길까 어이가 없었다. 매일 보는 게 글자인데도 서류와 책은 차이가 있었다. 내가 글을 읽지 못하는 걸까? 하는 생각에 또다시 읽기에 도전했지만 그날은 푹 잠을 잤다.

처음 읽었던 책은 오래되어 기억나지 않는다. 자기계발서였던 건 확실하다. 아내가 권하는 책이 대부분 마인드를 바꾸어 주는 자기계발서였기 때문이다. 아직은 초보 단계이기 때문에 어려운 책을 접하는 건 쉽지 않다는 판단하에 그렇게 시작한 것이다. 그런데 자기계발서를 보고서도 잠을 이렇게 잘 잘 수 있다니 놀라울 따름이었다. 도대체 뭐가 문제일까? 빨리 읽고 싶은 욕심에 마음만 앞서게 되었다.

'정말 책을 읽으면 사람이 달라질 수 있을까?' 매일매일 이 생각에 사로잡혔다. 그러나 곧 부정적인 생각을 하게 되었다. 2주에 한 번씩 대구 현장에서 집으로 올라갔다. 금요일 오후에 출발해 저녁 늦게 도착하면 가족들과 식사를 하고 바로 잠을 청했다. 다음 날 일어나 아내에게 2주 동안 읽은 책에 대해 말했다.

"자기야, 추천해 준 책 있잖아."

"어! 읽었어? 어땠어?"

"아니. 아직 반도 못 읽었어. 책 읽는 게 이렇게 어려운지 몰랐어."

"응. 맞아. 처음에는 읽기 힘들어. 아직 책에 익숙하지 않다 보니 글자를 읽는 것 자체가 힘이 들 거야."

"그런데 말이야."

"응?"

"정말 책을 읽으면 달라질 수 있는 거야?"

"그럼! 당연하지!"

"그런데 책을 읽지도 못하는데 어떻게 책을 이해하고 영감을 받을 수 있어? 난 도저히 안 되겠어. 나랑은 맞지 않는 것 같아."

"아니야. 처음에는 다 그래. 그게 정상이야. 이왕 시작했으니 해 보는 데까지 해 보는 게 어떨까?"

"일도 힘들고 숙소에 들어가면 자기 바쁜데 어떻게 책을 읽어?!"

"사람이 바뀌는데 그렇게 쉽게 되겠어? 여튼! 책 꼭 읽어! 아니면…."

"아니면 뭐?"

"아니면 더 이상 같이 살지 않을 거야. 난 자기가 바뀌기를 바라. 그래야 우리가 행복하게 살 수 있을 것 같아. 그러니 포기하지 말고 다시 해 봐. 자기 장점이 뭐든 시작하면 끝을 보는 거 아니었어?"

"응! 그렇지. 그건 내가 가장 잘하는 거지."

"그러니까. 좀 참고 내려가면 다시 읽어 봐."

"그래. 알았어."

그렇게 주말을 보내고 대구로 내려갔다. 일은 매일매일 전투와 비슷했다. 아직은 초기 단계라 대구에서 서울로 출장을 다녔다. 설계 전체회의가 서울 설계 사무실에서 이루어지기 때문에 일주일에 한 번은 왔다 갔다 했다. 정신없이 지나가는 하루가 바쁘지만 재미있었다. 왜냐하면 지금까지 해 보고 싶었던 일이었기 때문이다. 그나저나 책은 언제 읽나 하는 마음이 가슴 한편에 늘 남아 있었다.

집으로 올라가지 않는 주말 아침. 아무래도 숙소에서는 책 읽기가 힘들겠다는 생각에 책을 들고 밖으로 나갔다. 사실 핑계였다. 숙소 사람들한테 책 읽는 모습을 보이는 게 부끄러웠기 때문이다. 막상 책을 들고 나왔지만 혼자 카페에 들어가 본 적이 없어 망설였다. 이왕 나온 거

시도나 해 보자 싶어 카페에 들어갔다. 좋아하는 캐러멜마키아토를 시키고 2층으로 올라가 창가 자리에 앉았다. '맞아. 사람들이 이렇게 카페에 앉아 책을 읽고 있었지.' 하는 생각이 났다. 일단 따라 해 보자는 생각에 의자에 앉아 책을 읽기 시작했다. 그때 읽었던 책이 『천로역경』이었다. 종교서적이라 재미와는 거리가 멀었다. 그렇게 앉아 책을 읽기 시작했으나 곧 엉덩이가 점차 아래로 빨려 들어갔다. 그리고 잠시 눈을 감았다. 또다시 잠에 빠져든 것이다. '역시 난 책과 맞지 않는 것인가?'라는 생각을 하면서 다시 자세를 잡고 읽기 시작했다.

　종교서적이라 종교적인 내용이 나왔다. 종교에 대해 아는 게 별로 없었기에 이해가 되지 않았다. 시대 배경과 종교에 대한 지식이 없다 보니 책에 있는 글자만 눈으로 훑어보게 되었다. 그게 다였다. 그렇게 한 장 한 장을 넘겨 마지막 장을 넘겼다. 드디어 3주 만에 책 한 권을 읽게 되었다. 기쁨도 잠시. 내가 방금 읽은 책의 내용이 아무것도 기억나지 않았다. 단지 제목만 기억에 남았다. 뭔가 잘못된 게 아닐까 생각해 보았지만 알 수 없었다. 아직 난 독서를 제대로 해 본 게 아니었기 때문이다.

　아내에게 전화를 걸어 물어보았다.

"자기야. 주말인데 뭐 해?"

"응. 우리 딸하고 쉬고 있어. 자기는 뭐 했어?"

"응. 나 책 읽었어. 그것도 카페에서."

"오! 그래? 칭찬해 줘야겠네?"

"아니. 칭찬은 무슨. 그런데…."

"왜? 무슨 일 있어?"

"아니. 책을 읽었는데 아무것도 기억나지 않아. 나 제대로 읽는 거 맞아?"

"음… 그렇지. 처음에는 읽는 것 자체가 중요한 거니까. 생각나지 않는 것도 당연한 거겠다."

"뭐? 그럼 기억나지도 않는데 책을 왜 읽어? 이렇게 읽을 바에는 읽지 않을래!"

"자기야. 그러지 말고 더 참고 읽어 봐. 내가 책 주문해서 숙소로 보내 줄게. 그거 읽어 보면 좋을 것 같아."

"아… 왜 아무것도 변하지도 않는데 자꾸만 읽으라고 해. 지금 바빠서 피곤한데….."

"자기야. 그럴수록 책을 읽어야 해. 그래야 사람이 바뀌고 인성도 쌓을 수 있어."

"아니. 아는데… 효과가 없으니까 그렇지."

"자기야. 어떻게 한 권 읽고 효과를 보려고 했어? 책으로 변한 사람들은 1,000권 정도 읽은 사람들이야."

"뭐? 1,000권? 말도 안 돼. 이렇게 읽다가는 죽기 전에 다 읽을 수 있을지도 모를 것 같은데?"

"그러니까. 목표를 1,000권으로 잡고 한 권, 한 권 읽어 봐. 그러면 달라질 거야."

"아… 모르겠다. 일단 알았어. 자기가 보내 준 책 읽어 보고 말해 줄게."

"응. 그래. 건강하고….."

내게 맞는 책은 따로 있었다

도대체 알 수 없었다. 1,000권이라고? 도대체 누가 1,000권을 읽는단 말인가? 아니 1,000권을 읽을 수나 있는 것인가? 말도 안 된다는 생각에 고개를 절레절레 흔들고 그날 하루를 보냈다.

　얼마 후 숙소에 도착한 택배상자를 열어 보니 책 몇 권이 담겨 있었다. 예전에 내가 추리소설을 좋아한다고 했던 말을 기억한 것일까? 상자 안에는 일반 소설과 추리 소설이 있었다. 예전에 지인의 추천으로 알게 된 '히가시노 게이고'의 신작이 보였다. 기쁜 마음에 바로 책을 읽기 시작했다. 어찌나 즐겁게 읽었던지 11시가 넘는 것도 몰랐다. 책을 반쯤 읽고 잠을 청했다. 그런데 이게 웬일인가? 잠을 자는데 책 내용이 생각나는 것이다. 다음 장면이 궁금해 더 읽을까 하는 고민도 했다. 이게 무슨 기분이지? 하며 잠을 청했다. 다음 날 오전 근무를 마치고 아내에게 전화를 걸었다.

"자기야. 점심 먹었어?"

"응. 자기는?"

"응. 나도 먹었지."

"그래. 건강 잘 챙기고 있지?"

"그럼. 당연하지. 그나저나 보내 준 책은 잘 받았어."

"응. 그래. 책은 어때?"

"응. 아주 좋았어. 내가 추리소설 좋아하는 거 알고 보내 줘서 어제 늦게까지 읽고 잤어."

"오~ 대단한데?"

"대단하긴. 추리소설이라 재미있어서 시간 가는 줄 몰랐어. 그래서 지금 좀 피곤하지만."

"그래? 그럼 안 되지. 그런데 재미있게 읽으니까 책이 궁금해지지 않았어?"

"응. 그랬어! 어떻게 알았어?"

"책을 좋아해야 책을 읽게 되는 거야. 그렇다고 매번 추리소설만 읽으면 안 돼. 알았지?"

"응. 그럼 당연하지! 일단 오늘 다 읽어 보려고. 궁금해서 안 되겠어."

"호호호. 그래. 그렇게 하면서 책과 친해지기를 바라."

"응. 알았어. 오늘도 즐겁게 보내."

"응. 자기두."

이제 기억이 났다. 내가 좋아하는 장르가 있었다는 것을. 왜 진작 그 생각을 하지 못했을까. 개인적으로 영화를 좋아한다. 그중에서 SF나 액션, 추리 장르를 좋아한다. 그러다 보니 그런 종류의 책을 읽으면 좋지 않을까 하는 생각을 하게 되었다. 그때부터 소설책을 읽기 시작했다.

『독서 천재가 된 홍대리』를 읽고 목표를 세우다

이렇게 독서를 시작하다 보니 좀 더 계획적이고 생산적인 독서를 해 보자 하는 마음이 들었다. 아내의 권유로 시작한 독서지만 지금은 그저 즐길 뿐이었다. 달라지는 건 없었다. 그런 내 마음을 어떻게 알았는지 아내가 책 한 권을 또 권해 줬다. 바로 『독서 천재가 된 홍대리』였다. 이 지성 작가와 정회일 씨가 쓴 책이라고 했다. 그런데 난 그 두 사람이 누군지 몰랐다. 그게 중요한 게 아니라 이 책을 왜 권했는지가 중요했다. 처음 표지를 봤을 때는 조금 놀랐다. 만화책이 아닌가 의심이 들 정도인 표지 디자인 때문이었다. 혹시 잘못 준 게 아닐까 하고 책을 펼쳐 보았을 정도다.

내가 본격적으로 책을 읽게 된 계기가 무엇이냐고 물으면 난 이 책이라고 말한다. 물론 시작은 아내로부터지만 독서를 제대로 해 보자는 생각은 이 책을 읽고 하게 되었다. 그때까지 읽은 책 중에서 가장 신선했다. 자기계발서는 대부분 자기 자랑과 방법에 대한 부분을 다루는데 이 책은 소설 형식으로 꾸며져 있었다. 읽자마자 느낌이 좋았다. 나처럼 인생을 변화시키고자 하는 주인공이 고수를 만나 책을 읽고 변화하는 내용이었다. 소설 형식으로 되어 있다 보니 금세 읽어 버렸다. 책에 대한 내 생각이 바뀌었다. 나도 이렇게 할 수 있겠다는 생각을 하기 시작했다. '그래! 나도 하루에 한 권, 1년에 365권을 읽어 보자!' 결심이 선 나는 그때부터 어떻게 하면 책을 빠르게 읽을 수 있을지 혼자서 연구하기 시작했다.

그 시기 『슬픈 열대』란 책을 읽게 되었다. 내가 읽은 책 중에서 가장 오래 읽은 책이다. 무려 두 달이 걸렸다. 아프리카의 언어와 문화가 어떻게 발전하게 되었고 사라지게 되었는지에 대한 내용으로 기억한다. 이 책은 한 장만 읽어도 바로 잠에 곯아떨어진다. 가장 기억에 남는 책이다. 이 책을 읽고 『총.균.쇠』를 읽게 된다면 의외로 술술 읽히게 될 것이다. 그 정도로 방대한 양이고 읽기 쉽지 않은 책이다. 단지 단어가 어려워서가 아니다. 읽어 본다면 내가 하는 말을 이해할 것이다. 『총.균.쇠』도 이와 비슷한 주제를 통해 자연상태로 있었던 아프리카가 어떻게 그렇게 쉽게 무너지고 지배당했는지 알게 해 준다. 아마도 내가 『슬픈 열대』를 읽었기에 이해할 수 있었다고 생각한다.

이렇게 시작한『독서 천재가 된 홍대리』따라 하기는 일주일에 한 권으로 줄어들 수 있게 되었다. 그래도 알 수 없었다. 내용을 기억하고 내 생각을 담기 위해서는 일주일도 내겐 버거웠다. 일주일에 한 권을 읽는다고 하면 한 권당 약 200~300페이지가 대부분이기에 이를 7일로 나누면 하루에 약 30~40페이지를 읽어야 한다. 하루에 이 정도 읽으려면 하루의 시간을 쪼개야 한다. 그리고 불필요한 시간을 삭제해야 한다. 즉 나만의 시간 관리 계획이 되어야 가능하다. 30~40페이지를 읽는 게 뭐 어렵냐고 할 수도 있다. 그런데 쉽지 않다. 의외로 우리는 시간을 낭비하며 살고 있다는 것을 알 수 있다. 자신의 하루 일과를 시간대별로 나누고 시간대마다 무엇을 하는지 정리해 보면 바로 알 수 있다. 나 역시도 그랬다.

나도 이 책을 통해 하루에 한 권을 읽게 되는 날이 올 것이라 생각하며 매일매일 책을 읽기 시작했다. 일이 너무 많아 힘든 날은 한 장이라도 읽었다. 기억나지 않더라도 책을 읽었다는 데 의의를 두었다. 이게 내가 할 수 있는 유일한 것이라고 생각했다. 왜냐하면 앞으로 내가 살아가야 하는 방향을 찾기 위해 이 방법을 선택했기 때문이다. 지금의 환경에서 벗어나기 위한 나만의 외침이었다. 아무도 관심을 주지 않았다. 괜찮다. 난 누구의 관심을 받으려고 책을 읽는 게 아니다. 아내의 권유로 책을 읽기 시작했고 이제는 달라질 수 있다는 희망을 가졌다. 이 책은 내게 책을 어떻게 읽어야 하는지를 가르쳐 주었다. 물론 홍대리처럼 누군가 곁에서 방향을 가르쳐 주는 사람이 있다면 좋겠다는 생각을 해보았다. 그런데 나도 있었다. 바로 '아내'였다.

> "자기야. 이 책 좋은 것 같아. 고마워."
> "그래. 책을 읽고 그런 생각을 가졌다면 더 많은 책을 읽을 수 있을 것 같아."
> "응. 아직은 변화라고 할 만한 게 없지만 일단 시작했으니 끝까지 해볼게."
> "응. 인성도 바뀌면 좋으련만…."
> "뭐?"
> "아니야. 호호호."

내게 아내가 없었다면… 하고 생각해 보았다. 끔찍하다. 지금도 나를 지속적으로 관리(?)해 주고 있는 아내에게 고맙다.

중국에서 새로운 일에 도전하다

삼성 현장에서 만 4년을 있었다. 아쉽게도 준공식에는 참석하지 못했다. 계약직이기 때문에 다음 현장에 대해 생각해야 했기 때문이다. 마침 중국에 일이 생겼다. 지금까지 했던 설계 방식을 벗어나 새로운 방식의 설계로 변화하기 위한 일이었다. 그것도 대규모 프로젝트로 진행하기 때문에 나에게는 좋은 기회라 생각했다. 본사 담당자와 협의 후 중국으로 가게 해 달라고 부탁을 드렸다. 현장 소장님께는 죄송했다. 먼저 상의드려야 하는데 내 욕심이 앞서 잘못된 선택을 했다. 이 자리를 빌려 소장님께 죄송하다고 말씀드리고 싶다.

대구 현장을 마치고 집으로 돌아온 날 아내에게 말했다.

"자기야. 나… 아마도 중국으로 가야 할 것 같아."

"뭐? 언제부터?"

"음… 아마도 한 달 후에 갈 것 같아. 본사에서 전화 주기로 했어."

"아니… 그래도… 자기 힘들지 않겠어?"

"힘들어도 내가 해 보고 싶었던 일을 그곳에서 할 수 있으니 가고 싶어."

"응. 알았어. 그래도 중간에 한 번은 들어오는 거지?"

"어. 물어봤는데 4개월에 한 번 휴가를 준대."

"다행이네. 그나저나 대구에서 온 지 얼마 되지도 않았는데 중국으로 간다니 좀 서운하네."

"미안해. 이제 돈 걱정은 하지 않아도 돼. 옛날 일은 잊어버리고 우리 앞을 보고 살자. 내가 잘할게."

"응. 그래. 자기 가 있는 동안 우리 딸은 내가 잘 키울게."

가슴이 아팠다. 내 꿈을 위해 또다시 가족들과 떨어져 살아야 한다는 건 쉬운 선택이 아니었다. 그나마 다행히도 처가에서 살고 있기에 떨어져 있어도 장인 장모와 처제가 있어 안심이 되었다. 그게 이유는 아니지만 아내에게도 이런 시간이 필요할 거라 생각했다. 부부도 이렇게 떨어져 있어야 더 애틋해진다고 생각했다. 이미 대구에서 생활했을 때 알았다. 남자와 여자는 다르다는 것을.

그렇게 다시 새로운 일을 하기 위해 중국으로 날아갔다. 그 새로운 일이란 건 BIM으로, 건축계의 새로운 패러다임으로 이슈가 된 직업군이다. 지금은 4차 산업혁명이 불러온 새로운 직업군으로 등재되었다. 하지만 그때는 그런 생각이 아니었다. 4년간 대구에서 경험했던 실무 경험이 중국에서도 통할 수 있는지 실험하는 무대였다.

그리 오래 걸리지 않을 거라는 생각으로 찾아간 중국의 첫 이미지는 다소 충격적이었다. 공항에서 내리자마자 보이는 것은 자욱한 황사뿐이었다. '아… 이곳에서 내가 살아야 하는 것인가?' 마음을 다잡고 픽업 차량을 타고 숙소로 향했다. 내가 살 숙소는 아파트였다. 세 명이 한 집에 산다고 했다. 도착할 때 숙소를 보니 의외로 잘 지어진 것 같았다. 내가 생각한 중국과는 다른 모습이었다. 그렇게 숙소에 들어가 짐을 풀고 현장으로 향했다.

현장에서 함께 일하는 사람들과 인사를 나누고 업무에 대한 이야기도 나누면서 첫날을 보냈다. '그나저나 이곳에서 어떻게 책을 읽어야 하는 것인가?'가 가장 큰 고민거리였다. 다행히 회사에서 서평을 써야 한다는 조건으로 책값에 상관없이 한 달에 두 권을 지원해 주었다. 하지만 한 달에 두 권은 내게 너무 적었다. 내 빈 그릇을 채우기 위해서는 최소한 열 권 정도는 있어야 했다. 욕심은 부리지 않기로 했다. 올 때 가져온 책이 있었기에 괜찮다고 생각했다.

중국에서는 많은 일이 벌어졌다. 내가 하는 일과 연계되어 매일매일 사건 사고가 터졌다. 처음 시도한 일이라 반발도 심했다. 당장 자신의 업무에 도움이 되지 않는다고 생각했기에 모두가 우리 팀을 잡아먹으려 했다. 그래도 참고 버텼다. 함께하는 사람들의 도움이 없었다면 아마도 실패했을 것이다. 처음으로 이렇게 많은 사람들과 호흡을 맞추는 건 쉬운 일이 아니었다. 그때 읽었던 책이 『데일 카네기의 자기계발 시리즈』였다. 총 4권짜리 책이다. 리더십이 무엇인지 관계 개선을 위해 어떻게 해야 하는지 제대로 보여 주는 책이다. 책을 읽고 밑줄을 친 건 이 책이 처음이지 않을까 생각한다. 그만큼 가슴에 와닿는 문구가 많았다. 이 먼 곳에서 책을 통해 배울 수 있다는 것에 감사했다.

그렇게 중국에서 생활하면서도 책을 놓지 않았다. 좋은 추억은 없다. 그나마 다행인 건 나를 늘 챙겨 주셨던 과장님을 만난 것이다. 그 많은 사람들을 우리 두 사람이 매니징해야 했기에 서로 많은 대화도 나누며 함께했다. 내 인생에서 가장 좋았던 순간 중에 하나로 꼽을 수 있다. 그리고 본사에서 늘 도와주신 대리님이 계셨다. 대구 현장에서의 인연이 중국까지 이어졌다. 늘 무언가에 도전하려는 모습과 배려하려는 모습이 남달랐다. 좋은 사람들이 주변에 있었기에 견딜 수 있었다.

중국으로 날아간 지 4개월이 지나고 첫 휴가를 나오게 되었다. 무려 120일을 하루도 빠짐없이 일했다. 중간에 삼성 자체 내 BIM 관련 경진대회에 나가 2등까지 했다. 짧지만 많은 일을 하고 한국에 들어온 날 결심했다. 늦었지만 이제 가족들과 함께하는 시간을 많이 만들리라. 이 또한 책을 통해 배웠다. 인생을 살면서 가장 가치 있는 일이 무엇인지를 가르쳐 준 건 책이었다. 내가 일하는 이유, 내가 돈을 버는 이유는 무엇

때문인가? 내 경력 때문에? 아니면 내 개인 욕심 때문에? 아니면 가족 때문에? 결론은 누구나 알고 있다. 다만, 그렇게 실천하지 않을 뿐이다. 내가 가족들에게 할 수 있었던 건 돈보다 함께하는 시간이었다. 함께할 수 있는 시간을 생각해 보니 여행이 떠올랐다. 그리고 보니 결혼 10주년 때 함께했던 제주도 여행이 끝이었다. 이제는 매년 여행을 하자. 지금 하지 않으면 다시 올 수 없는 기회라 생각했다. 지금 이 순간이 지나면 영영 오지 않을 거란 생각에 아내와 약속했다.

"자기야, 우리 이제 1년에 한 번은 여행 가자."
"나야 좋지. 그런데 부담되지 않겠어?"
"부담은 되지만 지금 아니면 할 수 없을 것 같아. 우리 너무 돈 때문에 힘들게 살았잖아. 이제 우리 이 정도는 해도 될 것 같아."
"그래. 난 찬성이야. 여행을 하면 기분전환도 되고 배울 것도 많지."
"그래. 그러니까 이제 1년에 한 번은 꼭 가자. 약속!"
"그래. 약속!"

그렇게 우리의 첫 여행을 시작하고 지금도 지켜 나가고 있다. 비록 일이 바빠 일정이 맞지 않은 관계로 아내와 아이만 갔던 적도 있지만 될 수 있으면 같이 가려고 한다. 아이와 함께하는 시간은 이때가 전부일지 모른다는 생각에 이 약속을 지키려 한다. 지금 돌이켜보면 그때가 책을 읽고 달라졌던 첫 모습이라 생각한다. 스스로 생각하고 무엇이 옳고 그른지를 판단했던 날. 이전까지는 없었다. 그저 남이 시키면 따라 하는 삶이었기 때문에 생각할 필요가 없었다. 내가 이렇게 단순한 놈이었나 싶었다. 가족에게 참 너무했다는 생각에 가슴이 아팠다. 돈만 있으면 된다고 생각했는데 책을 읽고 나서야 알았다. 돈은 그저 돈일 뿐이었다. 내가 가장 소중하게 여기고 가장 우선순위로 생각해야 하는 것이 바로 '가족'이었다.

여행에서 돌아와 중국으로 복귀했다. 이번에도 읽어야 할 책을 골라 캐리어에 싣고 들어갔다. 이제 3개월의 시간만 남았다. 앞으로 무엇을 해야 할지 생각하는 시간으로 삼으면 좋을 거라 생각했다.

우선 지금처럼 내가 필요로 하는 현장에 파견되어 BIM을 계속 해야 하는가를 고민했다. 아직 이 직업으로 먹고살 수 있다는 확신이 없었다. 단지 이 길로 가야 한다는 건 직감으로 알았다. 하지만 현실적이지 않아 가정이 있는 나로서는 쉽게 결정할 수 없는 직업이었다. 두 번째로 다시 설계회사로 들어가는 것이었다. 설계에서 손을 놓은 지 벌써 5년이 넘어가는데 적응할 수 있을까. 아무리 젊을 때 날아다녔다 해도 손에서 떠나면 일은 쉽게 잊혀지기 때문이다.

마지막으로 BIM으로 다시 새로운 직업에 도전을 할 것인가를 생각해 보았다. 이번에 결정한 직업으로 약 5년 정도를 보내야 하니 신중하게 결정해야 했다. 하지만 이 고민은 그리 오래 하지 못했다. 일에 치이다 보니 생각할 시간보다 무언가를 만들어야 할 시간이 더 필요했다. 그렇게 3개월이 지나갔다. 그사이 꾸준히 책은 읽고 있었다. 다만 흥미 위주로 읽게 되었다. 이곳에서는 인문서나 철학서를 읽는 게 벅찼다.

그리고 다시 집으로 돌아왔다. 이제 잠시 쉬고 싶었다. 그동안 너무 앞만 보고 달렸다. 너무 지쳐서 사람 만나는 걸 피했다. 잠시 쉼을 가져 보고 싶다는 욕심이 앞섰다. 복귀한 후 아내와 이야기를 나누었다.

"자기야, 나 아무래도 좀 쉬어야 할 것 같아."

"그래. 너무 외부로만 돌아다녔잖아. 이제 쉴 때도 됐어."

"월급은 걱정하지 마. 그건 생각하고 쉬는 거니까."

"걱정 안 해. 자기를 믿으니까. 그럼 쉬면서 뭐 할 거야?"

"음… 아직은 이렇다 할 계획은 없어. 쉬면서 생각해 보려고."

"그래. 그동안 힘들었으니까."

"물론 책은 읽을 거야. 아직은 뭐가 변한 건지 잘 모르겠지만 계속 읽을게."

"그래. 인성도 바뀌었으면 좋겠다. 그치?"

"응? 하하하. 바꿀 수 있다면 바꾸고 싶다. 예전의 나로 돌아가기 싫으니까."

"그래. 그런 생각이라면 오케이!"

이때가 내가 사회생활을 하고 쉬어 본 날 중에 가장 긴 날이 되었다. 길고 긴 겨울이라고 해도 과언이 아니었다.

지금까지 가장 긴 시간을 집에 머물다

그렇게 칩거(?) 생활이 시작되었다. 집에 머물면서 지방으로 여행도 다녔다. 평일에 움직이니 이동하는 데 편했다. 그렇게 한 달이 지나갔다. 책은 읽고 있었지만 취미 생활로만 여기기 시작했다. 아직은 불안하지 않았다. 모아 둔 돈도 있고 지속적으로 일할 수 있는 곳도 알아 봐 둔

읽고 공감하고 실천하는 **내 맘대로 독서법**

상태였기 때문이다. 한 달이 지날 때쯤 아내가 말했다.

"자기야, 아무래도 우리 딸이 자기 방을 갖고 싶은가 봐."
"그래?"
"응. 저번에 나한테 살짝 얘기하더라구. 다른 친구들은 자기 방이 있다고."
"그래… 그래야지…."

가슴이 아팠다. 결혼과 함께 집을 장만해 나갔어야 했나 생각했다. 하지만 그럴 수 없었다. 현실이 그럴 수 없었다. 그렇기 때문에 처가에서 살고 있는 거라 이 말은 내게 상처가 되었다. 그날 많은 생각을 했다. 그때까지 술과 담배를 했다면 그날 엄청 술을 마셨을 것이다. 이미 술과 담배는 끊었기에 하루 종일 생각만 했다. 다음 날 아내에게 말했다.

"자기야. 방 하나를 우리 딸 방으로 만드는 건 어떨까? 우리는 거실에서 자고."
"그래? 나야 뭐 괜찮지만 가족들에게 물어봐야 해."
"당연하지. 물어보고 괜찮다면 우리 당장 시작하자."
"응. 물어보고 알려줄게."

그렇게 아이 방을 만들기 시작했다. 집에서 쉬고 있었기 때문에 직접 고치기로 마음먹었다. 기존에 쓰던 가구들은 모두 버렸다. 필요한 재료는 마트에서 사서 구비를 해 놓은 상태였다. 쓰던 집기류를 모두 치우고 마지막 페인트칠만 남았다. 어떤 색으로 할까 생각하다 무난한 회색 계열 색을 골랐다. 아이는 분홍색을 원했는데 쉽게 때가 탈까 봐 회색으로 골랐는데 지금은 후회한다. 그냥 분홍색으로 할걸. 그렇게 일주일간의 대공사를 마치고 마침내 아이 방이 만들어졌다. 정말 힘들었다. 그렇지만 뿌듯했다. 내 손으로 직접 아이 방을 만들어 주었으니까. 조금 안타까운 건 우리 집이 아니란 사실이다. 난 집에 대한 집착이 없다. 재산이 많아서가 아니라 집에 대한 생각이 아예 없다. 하지만 이때만큼은 집이 갖고 싶었다. 아이를 위해서….

　시간은 흘러 벌써 석 달째가 되어 가고 있었다. 아내도 불안했는지 슬며시 회사에 대한 이야기를 했다. 그제야 불안한 나머지 움직이기 시작했다. 이전에 부탁드렸던 일들이 잘 진행되지 않았던 것이다. 이제 결정해야 할 시기였다. 그때 읽었던 책에 이런 구절이 있었다. '성공하고 싶다면 성공한 사람을 세 명 이상 만나라.' 아마도 『독서 천재가 된 홍대리』에 있는 말이 아닐까 생각한다. 다른 책들도 있었지만 유독 이 책이 내게 가장 많은 영향을 미쳤다. '그래! 까짓것 한번 해 보자!' 그때부터 인터넷을 뒤지기 시작했다. 그동안 온라인으로 접했던 분들의 활약을 멀리서나마 보았기 때문에 연락처를 얻기는 쉬웠다. 처음 연락을 취한 사람은 00건설사 부장님이었다. 바로 전화를 하기는 어려워 문자로 먼저 연락을 드렸다.

　그렇게 해서 BIM 업계에서 유명하다는 세 분을 만나고 앞으로 이 분야의 전망에 대해서 여쭤 보았다. 또한 앞으로 시공이 좋을지 설계가 좋을지도 자문을 구했다. 만나 주지 않을 거라는 생각에 두려움이 앞섰지만 막상 부딪히고 보니 어렵지 않았다. 한 분은 연락을 주고받은 지 한

참 지나서야 만나 뵈었지만 결국 내가 원하던 사람을 모두 만나게 되었다. 그리고 정했다. 앞으로 내가 가야 할 길은 설계라는 것을.

세상은 나에게 다시 기회를 주었다

세상은 나를 버리지 않았다. 아니 애초부터 버릴 생각도 없었다. 그저 스스로 버려졌다고 생각했을 뿐이다. 이것을 깨닫기까지 참 많은 길을 돌아왔다. '진작에 책을 읽을걸.' 후회가 들었다. 그 많은 책(내 기준에서다. 1년에 한 권도 읽지 않았으니까)을 읽고 깨달은 게 있었다. 책은 답을 주지 않는다는 것이었다. 책은 내기 기는 방향으로 함께 걸을 뿐이다. 모든 건 스스로 생각하고 답을 구해야 했다. 세상이 아직은 살 만하다는 것도 알게 되었다.

우연은 또다시 나에게 기회를 주었다. 그동안 BIM을 주제로 블로그 활동을 했는데 햇수가 5년 정도 되었다. 지방 현장에 내려가서 딱히 할 일도 없어 블로그를 시작했다. 그날 있었던 일을 기록해서 올려놓았다. 단순한 기록이 아닌 개인적으로 느낀 생각을 바탕으로 올렸다. 인기에는 연연하지 않았다. 그런데 그 일이 기회를 찾아다 줬다. 그것도 예전에 내가 가고자 했던 메이저 설계 사무실에 들어갈 수 있는 기회였다. 난 그것을 버리지 않았고 선택을 했다. 그토록 가 보고 싶었던 회사에 드디어 들어갈 수 있는 기회가 온 것이다.

경력 공채지만 어찌 되었든 정식으로 회사에 들어갈 수 있는 기회였다. 그것을 놓치지 않았고 드디어 3개월의 장정(?)을 마치고 새로운 곳에서 시작할 수 있게 되었다. 이게 그저 우연이었을까? 아니다. 우연도 있었지만 기회를 기회로 볼 수 있었기 때문이다.

내가 이 회사를 선택하게 된 이유는 앞으로 BIM을 더 많이 경험하고 싶었기 때문이다. 현장에서는 몇 년 동안 하나의 프로젝트밖에 하지 못한다. 장점은 하나만 하기 때문에 깊이 알게 된다는 것이다. 하지만 내가 하고자 하는 이 산업은 많은 프로젝트에 대한 경험이 중요했다. 따라서 이를 가장 많이 경험할 수 있는 곳은 큰 설계 사무실밖에 없었다. 또한 집에서 버스 한 번이면 회사까지 갈 수 있다는 것도 장점이었다. 비록 두 시간이라는 오랜 시간이 걸리긴 하지만 이 시간을 어떻게 활용하느냐에 따라 다르게 느껴질 수 있을 거라 생각했다.

3개월 동안 쉬면서 많은 생각을 했다. 고민도 많았다. 어떻게 먹고살아야 할지, 무엇을 하고 살아야 할지, 이렇게 인생이 끝나는 건 아닌지. 지금에 와서 생각해 보면 그런 생각을 할 시간에 책을 더 봤으면 어땠을까 싶다. 왜냐하면 일어나지 않은 일을 일어난 것처럼 생각하고 미리 걱정할 필요는 없기 때문이다. 모든 건 해 봐야 안다. 이것이 진리다. 책에서는 그렇게 말했다. 미래를 걱정하지 말고 현재를 충실히 살라고. 그렇다. 지금 이 순간에 충실하게 사는 삶이 바로 후회 없는 삶이었다. 내게 3개월은 고통이었다. 하지만 그 고통이 있었기에 또 한 번 성장할 수 있었다. 그토록 가 보고 싶었던 회사에서 새로운 시작을 하게 되었다.

읽고 공감하고 실천하는 **내 맘대로 독서법**

설계로 새롭게 시작하다

설계 사무실 중에서는 대기업으로 통하는 이 회사에서 과연 무슨 일을 맡을지 궁금하기도 하고 두렵기도 했다. 설계에서 손을 놓은 지 5년이란 짧지 않은 시간이 흘렀는데 내가 과연 설계를 잘할 수 있을지 궁금했다. 어떤 책에 이런 구절이 있었다. '몸은 기억한다.' 예전에 어떤 일을 했다면 지금은 기억나지 않지만 몸은 그 패턴을 기억한다는 것이다. 즉, 일을 하다 보면 몸이 자연스럽게 적응한다는 말이다. 그러나 그건 어디까지나 책에서나 하는 말인 줄 알았다.

첫 프로젝트가 주어졌다. BIM으로 하는 것은 두 가지 종류가 있다. 하나는 정설계, 다른 하나는 역설계다. 정설계는 말 그대로 기존 설계 과정을 그대로 따르면서 새로운 시스템을 적용하는 것이고, 역설계는 이미 설계가 된 자료를 바탕으로 새로운 시스템을 적용하는 과정을 말한다. 2차원으로 그렸던 설계를 입체적인 3차원으로 설계하는 것을 BIM이라고 한다. 기존 방식을 버리는 게 아니라 현재 방식을 최적화하고 이를 그래픽으로 보여 줌으로써 일반인도 쉽게 이해할 수 있는 데이터를 만드는 작업을 의미한다.

난 BIM을 하기 위해서 그동안 많은 책을 읽어 왔다. 대부분 번역서로 『BIM HANDBOOK 1, 2』, 『BIM 원리』, 『CIVIL BIM』, 『43가지 질문으로 읽는 BIM』, 『BIM 기반 시설물 유지관리』, 『BIM in Practice 실무에서의 BIM』, 『BIM과 건설관리』 등 BIM 관련 책들을 대부분 읽어 왔다. 내 부족한 지식을 채워 주기에 충분한 책들이었다. 하지만 무언가 부족하다는 느낌을 받았다. 그건 이렇게 하기 위해서 필요한 리더십과 관계 개선에 대한 스킬을 알려 줄 뿐이었다.

중국에서 읽었던 데일 카네기의 책은 이 모든 걸 포함했다. 하지만 뭔가 부족하다는 판단에 리더십 관련 책들을 읽기 시작했다. 또한 관계에 대한 책도 함께 읽게 되었다. 책을 읽을 수 있었던 것은 하루의 시간 중 책 읽는 시간을 따로 만들어 놓았기 때문에 가능했다. 출퇴근 시간 총 네 시간, 점심시간 30분이 내가 만든 시간이다. 이 시간에는 절대 다른 것을 하지 않는다. 오로지 책만 읽는다. 주위에서 뭐라 해도 책을 읽었다.

내 가방 속엔 늘 책이 들어 있다

그때부터 내 가방 속엔 늘 책이 들어 있다. 처음에는 하루에 한 권 정도를 읽을 수 있었다. 하지만 그렇게 읽다 보니 한 권으로는 부족했다. 버스나 지하철에서 스마트폰 대신 책을 읽었기 때문에 한 권을 마치면 손이 심심했다. 그렇다고 스마트폰을 보기는 싫었다. 처음에는 그런 빈 시간에 영화며 드라마도 보고 음악도 들었다. 하지만 눈과 귀가 아파 그것도 오래 하지 못했다. 그래서 차라리 두 권을 가지고 다니는 게 어떨까 생각했고 그 후부터 지금까지 매일 두 권씩 들고 다닌다. 의외로 상당히 무거워 어깨가 아플 정도다. 그렇지만 기분은 좋다. 왜냐하면 읽을거리가 있다는 것이 나를 안심시켜 주기 때문이다.

새로운 직장을 다닐 때는 이렇게 항상 책을 들고 다녔다. 매달 책 구입비로 20~30만 원이 나가기도 했다. 몇 권 사지도 않았는데 금세 10만

원이 훌쩍 넘었다. 리더십과 관계에 대한 책과 심리를 다룬 책과 각종 소설책 그리고 그달 이슈가 되고 있는 책들이 주를 이루었다. 책을 많이 사다 보니 집에 둘 곳이 점점 부족해졌다. 아내는 점점 쌓이는 책들을 보고 책장을 주문했다. 지금은 입구부터 각자 자리와 아이 방까지 책장이 들어섰고 책이 빼곡히 차 있다.

책을 읽고 그대로 실천했을 때가 이때가 아닐까 생각한다. 한번은 매일 지각하는 직원이 있었다. 아무래도 말을 해야겠는데 그대로 말을 했다가는 역효과가 날 것 같았다. 그때 책에서 읽은 이야기가 떠올랐다. 직원에게 주의를 줄 경우 사람들이 없는 곳에서 얘기를 해야 한다는 것이었다. 그날도 지각한 직원에게 조용히 복도에서 얘기를 하자고 했다.

"00씨, 혹시 집에 무슨 일 있어?"
"아니요. 그런 건 없습니다."
"음. 그런데 요새 지각이 잦네?"
"아니. 그건….."
"응. 일이 있으면 늦게 올 수도 있지. 그런데 그럴 경우에는 나에게 먼저 연락을 주면 좋을 것 같아. 나는 괜찮지만 다른 사람들이 보면 오해할 수 있으니까. 나라도 이유를 알아야 대처를 할 수 있지."
"아, 네. 다음부터는 먼저 연락을 하도록 하겠습니다."
"그래. 00씨가 나중에 불이익을 받아서는 안 되잖아. 난 지금 00씨를 책임지고 있는 실장인데 나와 함께 일하는 사람이 싫은 소리를 듣는 건 싫거든."
"네, 앞으로 주의하도록 하겠습니다."

"응. 그럼 오늘도 열심히 일해 볼까?"

"네! 알겠습니다."

그때 알았다. 책이 거짓이 아니란 것을. 이전까지는 책에서 말하는 관계나 리더십에 대한 내용을 믿지 않았다. 그 이유는 그렇게 될 수 없다는 선입견이 있었기 때문이다. 하지만 현재 상황을 곰곰이 생각해 보고 내가 무엇을 할 수 있을까 고민해 보니 해결책이 있었다. 책이 단순한 글자가 아니라는 것을 몸소 체험했다. 별거 아니라고 생각할 수도 있다. 내가 중요하게 생각했던 건 '책대로 되는지'에 대한 것이었기에 의미가 있었다.

그렇게 시작한 '책 읽고 실천하기'는 계속되었다. 우선 프로젝트 운영을 위해 그동안 접하지 못했던 프로젝트 매니징에 대해 공부하기 시작했다. 어떻게 시작하면 좋을지 생각해 보았다. 역시 답은 책이었다. 『비즈니스 모델 제너레이션 워크북』이라는 책이 있다. 자신의 목표와 그에 따른 제반 사항을 한눈에 알아볼 수 있도록 요약하는 방법을 다루고 있는 책이다. 화이트보드에 해당 칸들을 만들고 현재 진행 중인 프로젝트에서 발생하는 문제점과 기대치, 할 수 있는 것, 도움이 필요한 것 등 리스트를 작성했다. 팀원들과 함께 한 칸 한 칸 채워 나가면서 진행했다. 하지만 팀원들의 참여도가 낮아 오래가지 못했다. 모든 방법이 삶에 그대로 적용될 수 없다는 것을 알았다. 선택은 본인이 하지만 그에 따른 책임도 본인이 져야만 했다. 그렇지만 난 실패라 생각하지 않는다. 그렇게 함으로써 머릿속을 정리할 수 있었기 때문이다.

프로젝트를 수행하다 보면 많은 이해관계로 얽히게 된다. 나도 모르

게 이 사람 저 사람과 연결되어 협의하고 결정짓고를 매일매일 반복해
야 한다. 같으면서도 다른 회의가 지속적으로 이루어지기 때문에 회의
자료 만드는 데도 상당한 시간이 걸린다. 프로젝트 진행과 함께 연속된
회의를 하기 위해서는 생각이 정리되어야 한다. 그때 나는 마인드맵 프
로그램을 썼다. 외국 프로그램은 유료이기 때문에 국내 무료 버전을 사
용했다. 비록 몇 가지 기능은 사용할 수 없었지만 생각을 정리하기에는
지장이 없었다. 해당 프로그램을 사용하기 전 사용법을 익히는 건 필수!
인터넷 검색을 통해 간단하게 사용하는 방법을 익힌 후 생각을 정리하
기 시작했다.

이렇게 시작한 생활형 독서는 많은 도움이 되었다. 예전처럼 사수,
부사수가 있었다면 언제든지 물어보고 해결할 수 있었던 일들을 난 책
에서 배우고 익혔다. 그때부터였을까? 책을 더 많이 읽어야겠다는 생각
이 들었다. 아직 부족하다는 생각이 머릿속에 가득했다.

출퇴근 왕복 네 시간, 점심시간 30분이 내가 오로지 독서에 할애할
수 있는 시간이었다. 이 시간을 활용하려고 하다 보니 가방 속에 늘 두
권의 책이 있었다. 자기계발서나 인문, 철학, 소설, 일반 등 다양한 종류
의 책이 최소 한 권은 들어가 있었다. 책 종류가 다양하다 보니 한 권으
로도 어깨가 아플 정도로 무거운 책도 있다. 참아야 했다. 책을 선택한
건 나였고 이를 읽어야 하는 것도 나였기 때문이다.

대부분은 버스가 교통수단이었다. 웬만해서는 지하철을 타지 않았
다. 의외로 갈아타려고 이동하는 시간이 길었다. 그럴 때마다 책을 덮고
걸어야 하는데 읽는 중간에 이동하다 보니 집중력이 흐트러졌다. 시간
은 30분 차이가 나지만 독서할 시간은 그 이상의 차이가 났다. 그래서

대부분은 버스를 타는 동안 책을 읽는다. 버스에서 책을 읽으면 어지럽고 구토 증상이 일지 않느냐고 물어보는 분들도 있었다. 처음에는 그런 경험을 했지만 시간이 지나고 익숙해지다 보니 차차 사그라들었다. 이제는 아무리 흔들려도 책을 읽는 데 아무런 영향을 받지 않는다. 운전기사가 드리프트를 하지 않는 이상은 읽을 수 있다. 이것도 하루 이틀 해서 변한 것이 아니다. 버스를 타기 전 반드시 화장실에 가야 하고 웬만하면 아주 적게 먹고 타야 한다. 그러나 이건 어디까지나 내 경우일 뿐이다. 각자 자신의 취향에 맞는 방법을 찾아 읽기 바란다.

책을 읽고 기억하기 위해 독서노트에 도전하다

하루에 한 권 이상씩 매일매일 꾸준히 읽었다. 읽었던 것을 부족하지만 블로그에 하나둘 기록하기 시작했다. 하지만 내가 쓴 글을 읽고 실망했다. 너무 짧았고 좋다 나쁘다밖에 없었기 때문이다. 정말 이 책을 읽은 것인지 물어본다면 대답할 말이 없었다. 도대체 무엇이 문제일까? 그런 생각이 들 때 주변에서 책 만 권을 읽었다, 3,000권을 읽었다, 1,000권을 읽었다는 말을 듣게 되었다. 그렇게 읽고 많은 책을 쏟아 내었고 지금은 독서 및 책 쓰기 강좌도 한다는 사실을 접하게 되었다. 당장 인터넷을 찾아 검색해 보았다. 그들은 어떻게 책을 읽고 인생을 변화시켰는지 궁금했다. 아직까지 내 안에서는 책을 통해 인생을 변화시키는 것은 어렵게 느껴졌다.

그분들은 네이버 카페를 운영하고 있었다. 당장 가입을 했지만 이제

막 활동했기에 아무런 정보를 얻지 못했다. 하지만 댓글을 볼 수 있었다. 어떤 일들이 일어나고 있는지 알 수 있는 만큼만 볼 수 있었다. 그 것만으로 충분했다. 어떻게 책을 읽어야 하는지 알 수 있었기 때문이다. 이제는 실천만 남았다. 그 방법은 바로 '독서노트'를 작성하는 것이다. 과연 잘할 수 있을지는 해 봐야 아는 것이다. 누가 대신 해 줄 수는 없으니까. 목적은 분명했다. 읽고 생각하고 기억하고 언젠가는 도움을 얻기 위한 것이었다.

그렇게 시작한 독서노트는 몇 장 채우지도 못하고 끝났다. 독서노트를 쓰는 것도 어려웠고 그것을 쓸 시간도 부족했고 쓰기 위한 장소도 마땅치 않았다. 핑계일 수도 있겠지만 주로 이동하면서 독서를 하고 흔적을 남겨야 하기 때문에 내 생활 패턴과는 맞지 않았다. 하지만 일단 시작해 본 결과 이렇게 정리하면 도움이 될 거란 생각이 들었다. 또한 반드시 책을 구매해서 시작해야 한다는 것도 알게 되었다. 그 이유는 책에 밑줄을 치고 자신의 생각을 적어 놓아야 나중에 펼쳐 보았을 때 내가 왜 줄을 쳤는지 어떤 생각을 갖고 있었는지 알 수 있기 때문이다. 그렇지 않으면 한 권을 다 읽고 독서노트를 쓴다는 건 쉽지 않다.

독서노트에 대해 간단하게 설명하겠다. 우선 책 제목과 출판사, 발행연도, 독서한 날을 기입한다. 몇 페이지인지도 적어 놓아야 한다. 책에서 영감을 얻은 문구를 발췌하고 왜 그렇게 느끼는지 자신의 생각을 적고 반드시 자신의 삶에 어떻게 투영시켜 실천할 것인지 적어야 한다. 그렇게 쌓여진 독서노트는 단순히 기록만 하는 것이 아니라 책을 쓰거나 강연을 할 때 유용하게 사용된다. 자신의 흔적을 남기고 이를 이용해 새로운 것을 창출하는 것이 바로 독서노트를 쓰는 목적이다.

하지만 내게는 맞지 않았다. 우선 대부분 이동하면서 책을 읽었기 때문에 어디 한 장소에서 정리할 수 있는 여유가 없었다. 그래서 찾은 방법은 스마트폰으로 블로그에 서평을 올리는 것이었다. 처음에는 작성법이나 링크시키기, 태그 달기, 첨부하기 등 간단한 기능들이 익숙하지 않아 고생했지만 이도 곧 익숙해져 이제는 쉽게 작성할 수 있다.

책을 읽고 기억하고 이를 서평으로 남기기 위해 블로그를 시작했다. 억지로라도 기억해야 한다는 생각에서 시작했다. 독서노트를 대신해서 블로그를 활용하다 보니 몇 권을 읽었는지 자동으로 기록되었다. 또한 내가 쓴 글에서 특정 단어를 입력하면 검색이 되어 편리했다. 지인이 에버노트를 권해 주었지만 몇 주 사용해 보니 나와는 맞지 않아 블로그를 사용했다. 블로그의 장점은 장소를 가리지 않는다는 점이다. 그리고 기기도 가리지 않는다. 언제 어디서나 쓸 수 있고 수정할 수 있어 지금도 꾸준히 사용하고 있다. 이렇게 블로그에 글을 올리다 보니 다른 사람이 내 글을 볼 수 있다는 생각에 신경이 쓰였다. 그러다 보니 책을 읽을 때 더 신경을 쓰게 된다.

어떤 책에 이런 말이 있었다. '책을 읽었을 뿐인데 독서습관이 잡혔다.' 난 아니라고 생각한다. 그런 습관이 들 정도면 그만큼의 시간과 노력이 있었기에 습관화되었을 것이다. 습관화를 지속하기 위해서는 자신만의 독서법을 익혀야 한다. 스스로 터득하려고 해서 터득한 건 아니지만 그렇게 되었기에 꾸준히 독서를 할 수 있었다고 생각한다. 세상에 공짜는 없다. 모든 건 자신이 어떻게 시간과 정성을 쏟았느냐에 따라 달라지게 되어 있다. 아무것도 하지 않으면서 변화하리라고 생각하는 것은 도둑놈 심보다. 단지 책을 읽었다고 독서습관이 잡힌 게 아니라 책을 읽고 생각하고 행동했기 때문에 그렇게 된 것이다. 그냥 바뀌지는 않는다. 그 정도로 많은 시간을 습관화를 시킨 것이다. 한두 번으로 습관이 만들어진다면 굳이 책을 읽을 필요는 없다고 생각한다.

책을 읽고 기억하기란 쉽지 않다. 그 많은 문장을 읽어야 한다는 부담감도 있다. 읽는 것 자체도 힘든데 어떻게 기억까지 하는 것인지 도저히 이해가 되지 않았다. 당연했다. 기억하는 것이 아니라 이해하는 것이기 때문이다. 이해하기 때문에 장기 기억에 오래 남을 수 있다. 언제든지 꺼내 볼 수 있다고 하지만 글쎄다. 언제든지는 장소를 의미할 뿐 필요하다고 생각해서 다시 그 책을 꺼내 들고 읽게 되면 자신의 기억 창고에서 생각나게 만들어 준다고 생각한다. 언제 읽었는지도 모르는 책의 제목만 알려 주고 어떤 내용이냐고 물어보면 쉽게 대답할 수 있는 사람이 몇이나 될까? 근래 읽었던 책이면 몰라도 대부분은 알 수 없다.

기억은 한계가 있다. 따라서 내가 하려고 했던 기억 방식은 지금 읽은 책에 집중해 모든 것을 기억하는 것이 아니라 핵심만 기억하는 것이다. 이것을 알기까지 많은 시간을 보내야 했다. 왜냐하면 난 그저 책이 조금 좋아졌을 뿐이지 누군가에게 영향을 미치는 사람이 되려고 하지 않았기 때문이다. 단순히 책만 읽는 것도 개인의 선택이고 이를 기억하는 것도 개인의 선택이다. 처음에는 전자로 시작한다. 하지만 점점 많은 책을 읽다 보면 자연스럽게 후자로 변한다.

그것을 깨달으니 책을 읽고 반드시 기억해야 한다는 강박관념에서 해방될 수 있었다. 그때부터다. 서평을 쓰면서 내 생각을 담기 시작한 것이. 비록 아직도 짧은 글이지만 매일매일 꾸준히 쓴다면 언젠간 나도 누군가 공감할 수 있는 글을 쓸 수 있을 거라 생각했다. 그리고 그렇게 매일 꾸준히 읽고 서평을 남기다 보니 내가 이거다 싶은 생각을 기억하고 그것을 적게 되었다. 한 번 찍으면 바로바로 그 책이 어떤 책이다라고 말할 수는 없지만 내가 쓴 서평을 보고 나면 말할 수 있다. 내가 찾은 '책 읽고 기억하기'는 바로 이것이었다.

이렇게 생각하니 다시 궁금해질 수밖에 없었다. 그렇다면 그렇게 많은 독서를 했다고 말하는 사람들은 어떤 책을 읽고 어떻게 정리하고 있을까? 그래서 찾아보았지만 어디서도 답을 찾을 수 없었다. 저자들의 세미나에 가더라도 알 수 없었다. 그렇다면 어떻게 자신이 읽은 책들을 셀 수 있었을까? 혹시 하루에 대충 몇 권을 읽으니 읽은 햇수를 곱해서 나온 계산이 아닐까. 만약 그렇게 계산했다면 그건 정확한 수치가 아니라고 생각했다.

내가 지금 이 부분에 대해 말하는 이유가 있다. 나 역시 독서노트나 책을 기억하는 방법을 익힌 지 오래되지 않았다는 것이다. 그 이전까지는 독서를 해도 기억나는 게 파편적이었고 쉬운 책만 골라 읽었다. 내가 독서를 하고 기억하고 실천하기까지의 방법이 만들어진 건 최근이란 사실이다. 그들 역시 다르지 않을 것이다. 적어도 난 그렇게 생각했다. 그렇다면 더더욱 그들이 읽었던 책은 알 수 없을 것이라는 게 내 결론이었다. 그래서 내게 맞는 독서법을 찾기 시작했다. 물론 그런 저자들이 말하는 독서법도 병행했다. 무조건 실천해 보고 기억하기 위해 다양한 방법을 시도해 보았다. 대단한 것은 아니다. 그저 실천해 보고 나와 맞는 것을 찾는 것이다. 시간이 걸릴 뿐이다.

내가 하고 있는 독서법은(독서법이라고 해야 할지 모르겠지만) 우선 한 주에 읽을 책을 고르는 것이다. 서점에서 구입하든 도서관에서 대출하

읽고 공감하고 실천하는 **내 맘대로 독서법**

든 마음에 들고 필요하다고 생각한 책을 골라 놓는다. 그리고 아침에 출근하는 버스에서 무조건 읽는다. 절대 다른 일은 하지 않는다. 카톡이 와도 목적지에 도착해서 확인한다. 그렇게 하루를 독서로 시작한다. 점심은 먹지 않는다. 간헐적 단식을 하고 있다. 다른 이유는 없다. 앉아서 일하는 직업이라 점심을 먹으면 속이 좋지 않아서다. 그 시간을 활용한다. 30~40분 정도를 독서에 할애한다. 나머지 시간은 반드시 쪽잠을 잔다. 10~15분이라도 자는 것과 그렇지 않은 것은 차이가 크다. 그리고 퇴근 시에도 버스를 타면 책을 읽는다. 이렇게 읽다 보니 한 권을 충분히 읽을 수 있었다. 그리고 읽자마자 스마트폰을 활용해 읽었던 책을 리뷰하기 시작했다. 나중에라도 기억하기 위해서다. 앞서 말했지만 어떤 책에 내해 물어보면 바로 알 수 없다. 내가 기록한 것을 확인해야만 알 수 있다. 적어도 난 그렇다. 그렇게 한 권 한 권 기억하는 과정이 시작되었다.

드디어 1,000권을 읽다

블로그에 글을 올린 지 몇 년이 지나 드디어 1,000권을 넘게 되었다. 내가 1,000권이나 읽다니. 이게 현실인가 하고 블로그에 카운팅된 숫자를 바라보면 흥분에 젖었다. 블로그에 사람들은 많이 찾아오지 않았다. 아무리 독서 관련 내용을 올려놓아도 내 블로그는 대부분 건축에 관심 있는 사람들이 그나마 찾아 주었다. 아직은 부족하다는 생각을 갖기도 했다. 파워블로거의 글처럼 하루에 몇 천 명씩 들어오면 좋겠다는 막연한 생각만 했다. 1,000권을 읽고 기쁜 나머지 아내에게 자랑했다.

"자기야!! 나. 드디어 1,000권을 넘었어!"

"그래? 와! 축하해!!"

"응. 그런데 말이야."

"응. 뭔데?"

"왜… 변한 게 없지? 1,000권이나 읽었는데 아무런 변화가 없는 것 같아."

"그래? 그건 아니야. 자기는 변했어."

"뭐가 변했어? 예전과 다를 게 하나도 없는데….."

"아니야. 들어 봐."

"응."

"자기는 어려서 결혼하고 사회생활을 시작해서 그런지 아이를 그렇게 좋아하지 않았잖아."

"음… 그렇지."

"그런데 지금은 아이를 위해서 가족여행을 약속하고 지키고 있잖아. 그리고 아이가 싫어하는 담배도 하루아침에 끊어 버렸고, 지금은 술도 끊었잖아. 더더구나 그렇게 책에 대해 부정적이었는데도 참고 1,000권이나 읽었는데 왜 달라진 게 없어?"

"어? 생각해 보니 그러네?"

"그럼. 책은 거짓말하지 않아. 읽어도 잘 기억나지 않을 수 있어. 그렇다고 안 읽은 건 아니잖아. 아직 시간이 더 필요할 뿐이야."

"그렇구나. 그럼… 몇 권을 읽어야 할까?"

읽고 공감하고 실천하는 **내 맘대로 독서법**

"응. 2,000권. 시대가 변해서 2,000권은 읽어야 달라질 수 있다고 하더라."

"뭐? 2,000권? 지금 1,000권 읽은 것도 힘들었는데 어떻게 2,000권을 읽어?"

"자기야!"

"응?"

"그냥 지금 하는 대로 계속하기만 하면 돼. 빨리 끝내려고 하니까 그러는 거야. 독서는 끝이 없어. 계속하는 거야. 일이 아니기에 끝이 없어. 욕심으로 읽는다면 단지 읽고 한 권씩 셀 뿐이야."

"아… 그래. 자기 말이 맞아. 알았어. 그럼 오늘부터 2,000권에 도전!"

"오케이!"

아내는 또다시 도전하도록 만들었다. 말이 2,000권이지 솔직히 1,000권을 읽기까지도 많은 시간이 걸렸기 때문에 자신이 없었다. 1,000권도 읽으려고 해서 읽은 건 아니었다. 목표가 1,000권이라고는 했지만 막상 읽을 수 있을지는 자신이 없었다. 즉, 의식하지 않고 책을 읽다가 어느 날 보니 그렇게 되었을 뿐이다. 아마도 권수에 집착해 읽었다면 목표를 달성하지 못했을 것이다. 그저 읽으면서 내 삶에 대해 생각해 보게 되었다. 지금 살아온 그리고 살아가고 있는 모습이 최선이라고 여겼는데 생각이라는 걸 하게 되었다. 독서를 통해 그들처럼 한순간에 변하지는 않았다. 아주 작아서 느끼려고 해야 느껴질 정도였지만 그래도 조금씩 변하고 있었다. 아무래도 난 그릇이 비어도 너무 많이 비었던 게 아닐까.

출퇴근 시간과 점심시간을 이용해 읽는 습관이 내게 맞는다고 생각했다. 한곳에 앉아 읽는 것도 좋지만 쉽게 졸음이 왔다. 약간의 화이트소음과 흔들림이 내게 맞았다. 버스로 이동하는 시간이 두 시간 남짓 되다 보니 그 시간에 웬만한 것은 다 읽어 보자는 생각을 하게 되었다. 어떤 미션처럼 인식해 하루하루 책을 읽게 된 게 아닐까 생각한다. 책을 읽는 게 점점 자연스러워졌다.

처음에는 나를 바꾸기 위해 달리 방법이 없다 보니 아내의 권유로 책을 읽었다. 읽는 중간 중간마다 포기를 수십 번도 더 했다. 왜 내가 책을 읽어야 하는가? 무엇이 달라지는가? 만약 달라진다고 한다면 그다음은? 하루하루 피곤함을 이겨 내면서까지 왜 책을 읽어야 하는지 몰랐었다. 책이 도대체 뭐기에 내가 이토록 괴로운 것일까?

1,000권을 읽기까지 가장 필요했던 것은 시간이었다. 이 시간을 만들기 위해서는 회사에서 스마트하게 일해야 했다. 그때였을 것이다. 『미움받을 용기』를 읽었다. 지금까지는 타인을 배려한 나를 지키는 심리가 유행했다면 이제는 '나'를 위한 삶을 살기 위한 심리를 일깨워 줘 사람들에게 많은 사랑을 받은 책이다. 제목 그대로 내가 얻고자 하는 것이 있다면 미움받을 용기가 필요하다는 것이다.

내가 다녔던 회사는 건축설계 사무소로 야근은 기본이요 철야와 주말 출근은 당연한 것처럼 인식되는 곳이었다. 어디를 가도 비슷한 근무 환경이라 사람들은 이를 당연하게 여기고 일했다. 나 또한 그랬다. 대부분 함께 하는 일이다 보니 혼자 하기에는 벅찼다. 주로 캐드란 프로그램을 사용해 도면을 그리고 다양한 보고서도 작성하기에 일이 꽤 많다. 다른 직업들도 힘들겠지만 건축 또한 상당히 힘든 직업이다. 이런 회사에서 내가 책을 읽기 위해서는 내 업무를 일과 시간에 마쳐야만 했다.

그래서 나는 8시 전에 출근했다. 9시가 출근 시간이지만 8시 전에 출근해 자리를 정리하고 화장실도 다녀오고 사람들이 출근하기 전까지 앉아서 책을 읽었다. 전날의 피로감도 있었지만 책을 읽어야겠다는 생각이 더 강했다.

설계 사무소에서는 퇴근 시간이 상당히 눈치가 보인다. 자신보다 직급이 높은 사람이 퇴근하기 전까지는 함께 일하는 사람은 퇴근을 못 한다. 아직도 그런 회사가 있냐고 묻는다면 있다고 자신 있게 말할 수 있다. 설계 사무소에 가 보면 한눈에도 알 수 있다. 모든 설계 사무실이 그렇지는 않겠지만 대부분은 그렇다. 아직도 고리타분한 생각으로 자신이 마치 신이라 생각하며 일하는 사람들이 많다. 요새 말하는 꼰대의 전형적인 모습이 바로 그곳에 있다. 아직도 옛 기억에 사로잡혀 새로움을 받아들이지 못하는 조직이다.

그런 곳에서 난 칼퇴근의 정석을 보여 주었다. 물론 내 일을 문제없이 해야 하는 것은 기본이다. 일도 제대로 하지 않으면서 칼퇴근을 하는 것은 무의미하다. 내 퇴근 준비는 5:55분에 컴퓨터를 끄는 것이다. 왜냐하면 50분 일하고 10분 휴식이라는 계약에 위반되지 않기 때문이다. 그리고 갈 준비를 한다. 가방을 챙기고 집으로 가면서 읽어야 할 책이 무엇인지 확인하면서. 6시가 되면 자리에서 일어나 퇴근 카드를 찍고 당당하게 퇴근했다.

처음 그렇게 퇴근하는 모습을 보고 뒤에서 수군거리는 사람들도 있었다. 그러거나 말거나 상관하지 않았다. 그렇게 부러우면 가면 되는 거 아닌가? 난 내 저녁의 삶을 찾기 위해 욕먹을 각오로 퇴근했다. 그리고 딱히 할 일도 없으면서 앉아 있는 게 오히려 이상하게 느껴졌다. 자신들은 대단히 중요한 일이라고 생각하며 일한다고 하지만 실상 중요한 일은 대부분 오전에 끝난다. 그들이 퇴근하지 못하는 이유가 상사도 있지만 더 큰 이유가 있다. 바로 일과 시간에 제대로 일하지 않아서다. 그런 사람들이 많았다. 담배와 커피 마시는 시간이 상당히 잦고 시간도 길었다. 전날 야근했다는 핑계로 오전을 아무 일도 하지 않고 보내는 이들도 많았다. 당연히 야근은 반복되고 그런 야근이 쌓여 철야까지 이어진다. 그들은 이렇게 일하는 것을 당연하게 받아들이고 있었다.

난 그 틀에서 벗어나고 싶었다. 나 역시도 예전에는 그렇게 일했다. 아니 더 심했다. 매일매일 철야를 하는 바람에 한 달에 집에 들어간 횟수가 몇 번 되지도 않았다. 왜 이렇게 일을 해야 하는지 몰랐었다. 그저 돈을 벌기 위한 수단이라고밖에는 할 말이 없었다. 하지만 더 큰 이유가 있었다. 바로 '자기만족'이었다. 아니라고 하겠지만 자기만족에 휩싸여 일을 마쳤을 때 성취감을 느끼다 보니 점점 워커홀릭이 되어 갔다. 건축하는 사람 중에 워커홀릭이 상당히 많다. 나도 워커홀릭이었다. 하지만 그건 내가 원하는 삶이 아니었다.

곰곰이 생각해 보았다. 왜 그렇게 일을 할 수밖에 없는지. 내가 내린 결론은 우선 리더의 역할을 제대로 할 수 있는 사람이 없다는 것이다. 프로젝트를 제대로 파악하지 못한 상태에서 과거의 경험으로 스케줄 조정을 했다. 그러다 보니 투입되는 시간은 생각하지 않고 그저 일만 마치면 된다는 생각으로 일을 했다. 당연히 프로젝트는 늘 힘들다. 목표가 프로젝트를 마치는 것은 맞지만 방향을 잡아 주는 사람이 흔들리다 보니 그럴 수밖에 없었다. 마치 자신의 무대를 실험하는 것으로도 느껴졌다. 리더라면 팀원들을 관리해야 하지만 시간이 되면 자연스레 직급이

읽고 공감하고 실천하는 **내 맘대로 독서법**

올라가다 보니 리더로서 자격이 없는 사람이 리더가 되기도 한다. 왜냐하면 건축은 경험이 중요하기 때문이다. 하지만 이는 시작하는 이들을 망치는 꼴이 되어 버린다. 또한 그런 사람일수록 대부분 독불장군 스타일이 많다. 자신의 말이 곧 법이다. 자신이 퇴근하지 않으면 그 누구도 절대 퇴근할 수 없다.

그리고 마지막으로 그렇게 실력 아닌 실력을 쌓은 사람들은 대부분 가르칠 수 있는 역량이 부족했다. 자신의 일은 잘할지언정 부하직원들을 이끌 수 있는 멘토의 역할은 부족했다. 이런 환경에서 칼퇴근은 정말 꿈일 뿐이다. 하지만 아니었다. 그건 내 착각이었다. 각 직급에는 자신의 역할이 있고 그 역할을 제대로 수행해야 한다. 자신은 이제 편하게 일하는 자리라 생각하고 자신의 일도 아랫사람에게 시킨다. 난 그런 모습을 많이 봐 왔다. 프로젝트에 문제가 터지면 아랫사람부터 질책한다. 자신은 아무런 잘못이 없다는 것을 전제로. 과연 이런 곳에 제대로 된 리더가 있을까?

내가 책을 읽은 이유가 있었다. 이런 환경에서 벗어나고 싶었기 때문이다. 왜 아무 일도 하지 않으면서 야근을 하고 있을까? 왜 겉과 속이 다른 사람들과 함께 일을 해야 하는 것일까? 리더의 역할은 무엇일까? 스마트한 조직은 어떤 모습일까? 구글이나 애플은 어떻게 일할까? 스마트하게 일한다는 것은 무엇일까? 많은 생각을 하게 되었다. 책에 내가 알고자 하는 모든 것이 담겨 있었다. 특히 리더에 대한 내용이 많았다. 지금에서야 생각하지만 내가 가장 많이 읽은 책은 리더십 관련 책이었다. 아마도 이런 환경에서 벗어나 제대로 된 리더가 되기 위한 준비가 아니었을까 생각한다.

이런데도 난 '칼퇴근하는 실장'이 되었다. 나중에는 부러움을 샀다. 자신도 그렇게 하고 싶은데 할 수 없다고 했다. 난 할 수 있다고 했다. 미움받을 용기만 있다면. 저녁이 있는 삶은 누가 만들어 주는 것이 아니라 스스로 만들어야 한다고. 하지만 그들은 바뀌지 않았다. 왜냐하면 변화를 싫어했기 때문이다. 지금의 생활에 이미 젖어 버렸기 때문이다. 그리고 그렇게 사는 게 편하다는 걸 알고 있기 때문이었다. 늘 회사를 관두겠다고 말했던 직원은 아직도 잘(?) 다닌다. 매번 불평불만을 입에 달고 살지만 잘 다닌다. 안정적인 회사라고 생각해서라는 대답을 들었다. 과연 그럴까?

내가 1,000권을 읽는 동안 인생이 극적으로 바뀌지는 않았지만 분명 바뀐 게 있었다. 바로 '생각'이었다. 당연하다고 생각한 삶이 당연하지 않다는 것을 알게 되었다. 그동안은 그렇게 살아야 한다고 생각하고 살았다. 주위에 그렇게 산 사람들만 있었던 것이다. 아내가 없었다면 나 역시 지금도 그렇게 살고 있을 것이다. 아내의 권유로 책을 읽지 않았다면… 생각하기도 싫다. 그런 당연한 삶에서 벗어날 수 있는 용기를 책은 주었고 나는 이를 받아들였고 그대로 실천했다. 그리고 시간이 지나며 숙성이 되었고 드디어 주체적인 삶을 살 용기가 생겼다.

1,000권이라는 것은 그저 숫자에 불과할 수도 있다. 하지만 내 안은 텅 빈 그릇이었기에 그 1,000권이라는 숫자는 내 그릇에 의미를 부여했다. 나도 할 수 있다는 자신감을 얻을 수 있었다. 현실에 안주하지 않는 삶을 살 수 있는 밑거름이 되었다. 그렇기에 이제 내 안에서 말하는 것을 들을 수 있다. 아니 들었다기보다는 스스로에게 질문을 던졌고 답을 했기에 또 다른 것을 할 수 있는 용기를 얻게 된 것이다.

읽고 공감하고 실천하는 **내 맘대로 독서법**

첫 책을 출간하다

이렇게 책은 내 인생에서 큰 영역을 차지하기 시작했다. 책이 없으면 불안함을 느낄 정도로 책을 늘 곁에 두었다. 무겁지만 가방에 두 권씩 들고 다녔던 이유다. 1,000권이 넘고 한동안은 정체기가 왔다. 일도 순조롭게 진행되지 않고 책도 읽히지 않았다. 마음의 갈피를 잡지 못하고 방황했다. 뭔가 또 다른 자극제가 필요했다. 마침 지인의 소식도 궁금해 전화를 걸었다.

"안녕하세요. 대표님. 요새 어떻게 지내시나요?"

"서야 뭐 그럭저럭 지내고 있습니다. 실장님은 요새 어띠세요?"

"네, 저도 뭐. 하하하. 요새 BIM 쪽은 어떤가요? 괜찮은가요?"

"좋지도 나쁘지도 않아요. 기존에 하던 대로 하고 있어요. 그쪽은 어떠세요?"

"여기도 뭐 그저 그렇습니다. 경기가 좋아도 대부분은 공동주택이다 보니 프로젝트가 그렇게 많지는 않습니다."

"아… 그렇군요. 그런데 무슨 일로?"

"네. 그냥 안부차 전화드렸습니다. 찾아뵙겠다고 말만 하고 가 보지 못해서 전화드렸습니다."

"하하. 오실 때 알려 주세요. 같이 식사나 하시죠."

"네."

"그런데 정말 무슨 일이세요? 안부전화는 아닌 것 같고."

"네, 그렇습니다. 새로운 일을 하고 싶은데 여기서는 힘들 것 같아 근황을 알고 싶어서 연락드렸습니다."

"아, 그러시군요. 아! 그럼. 블로그에 올린 글을 책으로 내 보시는 건 어때요? 사람들도 관심이 있으니 책으로 내 보는 것도 나쁘지 않을 것 같은데요."

"네? 제가요?"

"네. 그 정도면 책으로 내도 크게 무리가 없을 것 같은데요."

"아… 그럼 그럴까요?"

"그래요. 현장에서 경험한 이야기를 써 놓으셨으니 정리만 잘하면 괜찮을 것 같은데요. 어떠세요?"

"아, 그거 좋은 생각인데요. 해 보도록 하겠습니다. 감사합니다."

"감사는요, 뭐. 그럼 책 나오면 연락 주세요."

"네, 알겠습니다. 감사합니다."

이렇게 내 첫 책을 시작하게 되었다. 블로그에 현장의 지루함을 이겨내기 위해 하루하루 일기 형식으로 글을 올려놓았다. 설계와 시공의 입장에서 생각하며 쓴 이야기였다. 일종의 에세이 형식이었다. 부랴부랴 올렸던 글들을 워드에 옮겨 담고 현재에 맞게 글을 수정하기 시작했다. 그렇게 2개월 정도가 흘렀다. 매일 저녁 글을 정리했다. 드디어 정리가 끝나고 책을 출간하기 위해 알아보기 시작했다. 우선 이런 유의 책을 많이 내는 출판사를 알아보았다. 출판사 홈페이지에 들어가 원고 투고에 대한 양식을 보고 그에 맞게 작성했다. 대략 30군데가 아니었을까 생각한다. 그러나 돌아오는 답변조차 없었다. 잠깐 흥미를 가졌던 출판사도 전화가 오지 않았다. 내가 쓴 글이 출판사가 보기에는 돈이 될 만한지 않았던 것 같다. 처음 가졌던 의욕은 한순간에 사라졌다. 내가 너무 쉽게 생각했던 것일까? 다시 한 달이 지났다. 일이 바쁘다 보니 책을 내야 겠다는 생각을 못 했다. 그때 전화가 왔다.

"안녕하세요. 양 실장님."

"안녕하세요. 대표님!"

"전에 쓰신다는 책은 잘되고 있는지 궁금해서 전화했어요."

"아, 그게 출판사를 알아보고 있는데 아직 연락이 없습니다."

매우 실망한 말투로 말을 했다.

"어?! 그래요? 그럼 다행이네요. 제가 아는 분이 1인 출판사를 하고 계시는데 그쪽에서 내 보는 건 어떠세요?"

"네? 그래요? 저야 좋죠."

"아, 그럼. 제가 연락하고 전화드리라고 할게요."

"네, 감사합니다. 대표님."

"아닙니다. 처음에는 다 어렵잖아요. 일단 통화해 보고 나머지는 상의해 보세요."

"네!! 알겠습니다. 다시 한번 감사드립니다."

기뻤다. 내 책이 나올 수 있다는 희망이 보였다. 그렇게 1인 출판사를 하고 있는 분과 통화를 했다. 재미있게도 그분도 내가 아는 분이었다. 참 어이없었다. 역시 답은 가까운 곳에 있었다. 그렇게 시작된 첫 책은 그로부터 약 3개월이 지난 시점에 세상에 나오게 되었다. 세상은 하고자 하는 이에게는 기회를 준다는 걸 알게 되었다. 비록 부족한 점이 많은 책이지만 내 인생에서 한 가지를 정리했다는 생각에 가슴이 뿌듯했다. 비록 많이 팔리지는 않았지만….

후에 이 책을 읽었다는 사람을 만나게 되었다. 내가 쓴 글에 영감을 받았다는 말과 동의한다는 말을 해 주었다. 그제야 이 책에 대해 다시 생각하게 되었다. 희망도 생겼다. 내가 누군가에게 영향을 미칠 수 있다는 사실을 알았기 때문이다. 앞으로 내가 가야 할 길은 이제 어느 정도 정해졌다는 생각을 했다. 아직 뚜렷하지는 않았지만 짐작은 하고 있었다. 8년 전 내가 하고자 했던 일, 이제는 시작할 수 있겠다는 생각이 들었다.

독립을 선언하다

책이 나오고 나서 이 일로 무엇을 할 수 있을지 고민을 시작했다. 어쩌면 가능할지도 모른다는 생각에 그동안 생각했던 일을 저질렀다. 다름 아닌 누군가를 가르쳐 보는 일이었다. 지금까지 누군가를 가르치기보다는 가르침만 받아 왔다. 이제는 나도 누군가에게 더 큰 영향을 미쳐 보자 다짐하고 무엇이 좋을지 생각해 보았다. 답은 가장 가까운 곳에 있다고 하지 않은가. 내가 지금 하고 있는 것 중에서 그 답을 얻기로 했다. 바로 블로그를 활용해 과외를 해 보면 어떨까 생각했다. 성공할지는 미지수였다. 하지만 일단 저질러 보자고 생각했다.

블로그에 약간의 광고성 문구와 함께 내가 했던 작업 이미지를 올리고 BIM 과외를 한다고 알렸다. 광고에 대해서 제대로 알지 못했기 때문에 카피 관련 책을 읽고 어떻게 만들어지는지 알아보았다. 그렇게 시작한 과외는 잘될 것이라는 생각과는 다르게 별다른 소식이 없었다.

시간이 얼마나 흘렀을까. 드디어 연락이 오기 시작했다. 언제 시작하는지, 어떻게 시작하는지, 그리고 비용은 얼마인지 간을 보는 사람들도 있었지만 다행히도 다섯 명이 모이게 되었다. 입문반과 실무반으로 나누어 진행하기로 했다.

내가 가르치려고 했던 것은 BIM이다. 현재는 4차 산업혁명에 관련한 정식 직업으로 등재되었다. BIM을 하기 위해 이를 표현해야 할 툴 교육이 선행되었다. 일반적으로 단순한 툴 교육은 아니었다. 실무에서 활용하고 있는 사례와 방법을 기초로 진행했다. 강의계획서도 만들고 중간중간 시험도 쳤다. 운이 좋아서 지인을 통해 학원에서도 강의를 할 수 있게 되었다. 비록 몸은 힘들지만 누군가를 가르친다는 생각에 재미있었다. 의외로 강의가 내 적성에 맞았다. 어디까지나 내 개인적인 생각이지만 말이다.

이렇게 할 수 있었던 이유는 독서를 통해 삶에 대한 생각이 바뀌었기 때문이다. 그냥 흘러가는 대로 사는 것이 인생이 아니라고 생각하게 되었다. 주체적인 삶을 살기 위해서는 스스로 선택하고 후회 없는 삶을 살아야 한다고 생각하게 되었다. 내가 좋아하고 잘하고 즐길 수 있는 일이 지금 가장 해야만 하는 일이라고 생각했다.

지금까지 일을 하면서 꿈에 대해서 생각하기를 주저했다. 꿈과 현실은 결코 가까워질 수 없다고 생각했다. 하지만 책을 읽고 다시 꿈을 꾸기 시작했다. 난 그동안 어떤 꿈이 있었을까? 이런 생각을 하지 않았다면 그저 하루 벌어 하루 사는 삶이 매달 매년 반복되었을 것이다. 더 이상은 이런 삶을 살고 싶지 않았다.

왜 내 삶을 다른 이가 정해 준 대로 살아야 하는가? 내 삶은 내가 정하며 살아야 하지 않을까? 다른 누구도 내 삶을 대신 살아 주지 않는다. 오로지 내 인생은 내가 만들고 그에 따른 책임을 지며 살아야 한다는 것을 알았다. 책은 내게 그 방향을 알려 주었다. 끊임없이 나에게 다르게 생각하도록 했다. 지금의 안정적인 삶에서 벗어나라고 했다. 지금 서 있는 곳에서 벗어나 다른 시선에서 생각하도록 했다. 주체적으로 살아야 한다고 했다. 난 나라고.

이런 내 삶에 질투를 느끼고 나에게 그렇게 하면 사규에 위반된다고 어서 정리하라고 협박한 사람도 있었다. 나와 같은 일을 하는 사람이었다. 조언이 아니었다. 협박이었다. 주말에 과외와 학원 강의를 나간다는 사실을 HR에 고발하겠다고 했다. 난 순간 당황했다. 그러나 흥분하지는 않았다. 주말에 내가 하는 일이 회사와 어떤 상관관계가 있는지 궁금했다. 지인들에게 전화를 드렸다. 모두 어이없다는 의견을 주었다. 주말까지 회사가 관여하는 게 말이 되느냐, 그런 회사가 어디 있느냐면서 괜찮다고 위로해 주셨다. 검색 엔진을 활용해 나와 비슷한 사례를 찾아보아도 특이한 점은 없었다. 아무래도 나를 깎아내리려고 한다는 생각을 지울 수 없었다. 매도 먼저 맞는 게 낫다고 직접 HR실 담당자에게 문의를 했다. 주말에 개인적으로 하는 과외가 회사 규칙에 저촉이 되는지 물어보았다. 회사는 개인의 사생활까지 침범할 수 없다, 또한 주중도 아닌 주말에 하는 일인데 회사가 관여한다는 건 말이 안 된다는 답변을 얻었다.

일종의 해프닝이었지만 그 사람의 의도가 여실히 드러난 경우였다. 이런 사람들이 이 회사의 주역을 맡고 있는 이상 더 이상의 발전을 기대할 수 없다는 판단을 하게 되었다. 겉으로는 웃으면서 말하지만 속은 거짓으로 가득 찬 사람들과는 더는 함께할 수 없었다. 이런 환경에서 더 이상 일을 한다는 것은 의미가 없다고 생각했다. 이제 독립을 해야겠다는 생각을 하게 되었다. 함께 일하던 친구들과 헤어지는 것은 아쉽지만 그들 때문에 발전 없는 회사를 더 오래 다니는 건 시간낭비라 생각했다.

이제 결정할 시간이 다가왔다. 더 다니느냐 독립을 하느냐. 난 후자를 선택했다. 더 이상의 사직서는 제출하지 않을 것이라는 다짐과 함께 사직서를 제출했다. 이제 내가 잘하는 일, 좋아하는 일, 해야만 하는 일을 하면서 살아가기로 했다. 안정적인 삶이 내게는 맞지 않는다는 걸 알았다. 그렇다고 마음이 편하지는 않다. 하지만 난 편안해지면 매우 쉽게 관성에 젖어 빠져나오기 어려운 사람인 걸 알았다. 아내가 말했다. "자기는 회사와는 맞지 않아." 그랬다. 조직을 변화시키고 싶은 마음이 더 컸지만 그건 내가 할 수 있는 일이 아니었다. 그렇다면 결론은 하나다. 내가 회사를 세우고 그렇게 나아가면 되는 것이다.

사직서를 제출하고 한 달이라는 시간이 주어졌다. 이 한 달의 인수인계 기간을 허투루 보내지 않기로 했다. 이렇게 또다시 내 인생에서 새로운 길을 선택하게 되었다. 불안하지 않았다면 거짓말일 것이다. 불안함과 동시에 기대감도 있었다. 과연 내 이름만으로 살아갈 수 있을까? 시작해 보자. 내가 선택한 길이니까.

내 작은 꿈을 하나씩 이루다

회사를 나오고 생각했다. 내가 이렇게 할 수 있었던 계기가 무엇인지. 내 스스로 생각하고 판단하고 실천하기까지는 아내의 힘이 가장 컸다. 그리고 책이었다. 처음에는 책 안에 답이 있다고 생각했다. 수많은 사람들이 각자의 경험을 글로 담아냈기 때문에 그 안에 답이 있다고 생각했다. 하지만 책을 읽으면 읽을수록 답이 아니라 질문이 더 많아졌다. "왜?"라는 질문으로 시작해 끝도 "왜?"였다. 그렇게 자신에게 질문을 던지고 답을 했다. 그렇다고 모든 질문에 답을 하지는 못했다. 얻지 못했던 답은 꾸준히 질문을 통해 하나하나 얻어 가기로 스스로에게 약속했다.

그렇게 시작한 스스로에 대한 질문들로 독립이라는 결정을 했다. 회사를 관두고 독립을 하기로 했을 때 첫 번째로 걱정되었던 것은 가족이었다. 매달 꼬박꼬박 들어왔던 급여가 없어지는 것이기 때문이다. 하지만 심하게 걱정하지는 않았다. 자신이 있었다. 중국을 다녀오고 4년이 흐른 지금 내 결정에 후회하지 않는다. 회사를 나오고 친구의 도움으로 프로젝트를 진행할 수 있었다. 해당 프로젝트를 바탕으로 가능성을 시험할 수 있는 무대가 되었다. 그것은 내가 오랫동안 하고 싶었던 작은 꿈들을 실현하기 위한 기초가 되었다.

가장 해 보고 싶었던 것은 바로 '스타벅스에서 컴퓨터만 가지고 일해 보기'였다. 매번 커피만 마셔 봤지 그 안에서 일을 하고 책을 읽고 공부를 해 보지는 못했다. 내 나이에 그렇게 하는 사람들은 아마 많지 않을 것이다. 책상에 앉아 무언가를 하고 있는 사람들을 볼 때면 늘 부러웠다. 나도 꼭 해 보고 싶다고 생각했다. 그 생각을 실천하기까지는 그리 오래

읽고 공감하고 실천하는 **내 맘대로 독서법**

걸리지 않았다. 회사를 나오자마자 시작했으니까. 그 경험은 재미있고 즐거웠다. 지금도 자주 카페에서 책을 쓰거나 읽고 일도 한다.

이것 말고 내 작은 꿈에 대한 부분은 뒤에서 다룰 예정이다. 작지만 내겐 큰 꿈이었다. 지금도 그 꿈을 이어 가고 있다. 이 책을 쓰고 있는 것도 그 꿈 중의 하나다. 이렇게 꿈을 꾸고 그대로 실천할 수 있었던 힘은 '책'에 있었다고 생각한다. 아마도 책을 읽지 않았다면 기회를 기회로 보지도 여기까지 오지도 못했을 것이다. 내가 무엇을 하고 싶어 하는지를 끊임없이 질문했기에 가능하지 않았을까 생각한다. 앞서 말했지만 책은 내가 원하는 답을 주지 않았다. 다만, 그 답으로 가는 방향을 가르쳐 주었다. 인생의 힌트를 주었다. 그 길이 맞는다고 응원해 주었다. 난 그것을 받아들였고 그대로 실천했다. 내가 독립하기까지 가장 큰 영향을 준 것은 책이지만 그렇게 할 수 있었던 이유는 바로 '실천'이었다. 실천하지 않았다면 내 꿈이 무엇인지도 몰랐으며, 또한 그렇게 할 용기도 없었을 것이다.

지금 나는 회사를 나와 독립한 후 내가 하고자 하는 대부분의 꿈을 이루었다. 이제 미래를 위해 또 다른 꿈을 꾸기 위해 책을 읽고 있다. 내가 해야만 하는 일, 내가 잘하는 일, 내가 즐길 수 있는 일을 책을 통해 찾으려 한다. 퇴사 후 1년이 지난 시점에는 나와 함께하는 이들과 법인회사를 설립했다. 그리고 얼마 후 내 이름으로 된 개인사업자도 냈다. 지금까지는 준비 기간이라 생각한다. 앞으로 더 많은 책을 읽고 더 많은 생각과 실천을 통해 성공할 수 있는 기틀을 마련하려고 한다. 지금 이렇게 책을 쓰는 이유도 그 미래를 위해 내가 세상에 어떤 영향을 미칠 수 있는지를 시험하는 무대라 생각한다. 한 사람이라도 책을 통해 인생을 바꾸고 싶다는 생각이 들었으면 좋겠다.

다음 장에서는 독서에 대한 내 생각을 펼쳐 보려고 한다. 어떤 책을 고르고 어떻게 읽고 어떻게 인생에 투영했는지 보여 주고 싶다. 내가 하는 방법이 누구에게나 통하리라고는 생각하지 않는다. 다만 이런 방법도 있구나 참고하는 차원에서 읽어 주기 바란다. 자신에게 맞는 독서법을 찾아낸다면 충분히 변화할 수 있다. 똑같은 하루가 반복되는 게 지겹지 않은가? 인생은 생각보다 쉽게 바꿀 수 있다. 우선 바꾸려고 하는 마음을 갖는 것부터!!

읽고 공감하고 실천하는 **내 맘대로 독서법**

3

변화하는 읽기로
변화 없는 읽기에서

읽고 공감하고 실천하는 내 맘대로 독서법

무작정 도전해 보기!

책을 읽고 싶지만 방법을 모르겠다

어떤 책을 읽어야 할지 모르겠다

어떻게 읽어야 할지 모르겠다

언제 읽고 언제 서평을 써야 하는가

책 읽는 속도를 높여 보자

변화 없는 읽기에서 변화하는 읽기로

독서는 나와의 약속이다

슬럼프는 누구에게나 찾아온다

책이 내게 준 선물은 바로 '나'였다

책은 제2의 인생, 터닝포인트를 경험하게 해 주었다.

무작정 도전해 보기!

✓ '책을 읽고 싶지만 방법을 모르겠습니다.'
✓ '어떤 책을 읽어야 할지 모르겠습니다.'
✓ '어떻게 읽어야 할지 모르겠습니다.'
✓ '언제 읽고 언제 서평을 써야 할지도 모르겠습니다.'

책을 읽어야 한다고 한다. 책을 읽으면 읽을수록 책을 읽어야 한다고 강요하는 느낌을 받는다. 정작 책을 읽고자 하는 사람들의 마음은 헤아려 주지 못하고 있다. 위 문구는 내가 처음 책을 읽으려 했을 때 궁금하지만 속앓이만 했던 것들이다. 누구 하나 책을 어떻게 읽어야 한다고 말해 주지 않았다. 아니, 알고 싶으면 돈을 내고 배우라고 했다. 독서법을 배워야 한다는 의견에는 동의한다. 나는 그 방법에 동의하지 않을 뿐이다. 독서를 하는 데 돈까지 내라고 한다면 누가 하려고 할까? 물론 하는 사람도 있겠지만 적어도 난 아니었다. 스스로 터득해 보자는 게 내 취지였다.

책을 읽고 싶지만 방법을 모르겠다

난 무작정 읽었다. 남들이 틀리다고 해도 읽었다. 더 좋은 방법이 있다고 해도 읽었다. 내 목적은 명확했다. 바로 '책과 친해지기'였다. 내가 좋아하지 못하는데 배운다고 좋아질 수는 없다고 생각했다. 독서법을 알고 싶다고? 그렇다면 서점으로 달려가 독서법 관련 책을 죄다 구입해서 읽자. 그렇게 읽는다고 독서법을 완벽하게 익힐 수는 없다. 다만 감을 잡을 수는 있다. 감은 바로 큰 맥락을 의미한다. 전체적인 흐름을 느낀다면 이미 독서법을 익혀 나가고 있다고 생각하면 된다. 난 아니라고? 아니다. 지금은 그 미묘한 차이를 잘 느끼지 못할 뿐이다. 걱정하지 마라. 누구나 그랬다. 일단 읽자. 이해하지 못해도 상관없다. 읽고 또 읽자. 그러면 된다. 지금은 시작 단계다. 몇 권을 읽었다고 독서광으로 바뀔 거라는 생각은 버려라.

어떤 책을 읽어야 할지 모르겠다

어떤 책을 읽어야 할지 모르겠다. 매체에서는 인문학 책이나 철학 책을 읽으라고 하는데 처음부터 그런 책들을 읽어야 하는지 모르겠다. 그렇다. 모르는 게 당연하다. 모르는 게 정상이다. 처음부터 인문학 책을 읽으라고? 차라리 독서를 포기하라고 하는 게 낫다. 책과 친해지기 위해 책을 접하는 이에게 제발 그런 말은 하지 말자. 역사책이나 인문학, 철학 책을 처음부터 그렇게 읽으면 포기도 빠르다.

만약 읽어야 한다면 청소년 대상으로 나온 책을 읽자. 이해하기 쉽게 풀이해 놓아서 접근하기가 좋다. 만화책으로 돼 있다고 무시하지 마라. 그 내용을 만화로 풀기 위해서는 더 많은 이해와 표현이 필요하다.

지금은 책을 읽으려는 마음을 만들어야 한다. 난 다르게 살 거다. 지금에서 벗어나고 싶다. 변화하고 싶다는 마음을 깊게 새겨야 한다. 자기계발서가 좋지 않다고 하지만 꾸준히 읽히고 꾸준히 나오는 책이 자기계발서다. 지금 책을 읽고자 한다면 책을 읽기 위해 무엇을 선택하고 무엇을 실천하고 어떤 효과를 얻었는지에 대한 책을 읽자. 마음에 씨앗을 뿌리고 점점 그 영역을 넓히고 자라게 만들어야 한다. 비옥한 토지에 좋은 씨앗을 심는다고 모두 다 살아남을 수 있을까?

어떻게 읽어야 할지 모르겠다

책을 어떻게 읽어야 할지 모르겠다. 누구나 이런 궁금증을 가질 것이다. 나도 그랬다. 도대체 책을 어떻게 읽어야 제대로 읽는 건가? 그냥 처음부터 읽으면 안 되는 건가? 어떤 사람은 뒤에서부터 읽으라 하고 어떤 사람은 줄을 치며 읽어야 한다고 하고 어떤 사람은 필사를 해야 한다고 한다. 아니 뭐 이리 읽는 방법이 많은 거지? 난 그냥 읽고 싶은데 이게 잘못된 독서법일까? 아니다. 맞다. 어떻게 읽든 자신 안에 남고 생각하게 만들고 실천해 보고자 하는 마음을 만들면 된다. 반드시 해야 한다는 어떤 방법이 있는 게 아니다. 그게 맞는다 한들 그렇게 하지 않는다고 달라지는 게 있을까?

문제는 자신이 무엇을 선택하는가에 달려 있다. 정독이 본인에게 맞는다면 정독을 하면 된다. 속독이 좋으면 속독을 하면 된다. 어떻게 읽느냐가 아니라 무엇을 읽느냐가 중요하다. 내가 지금 무엇이 필요한지 생각해 보고 그에 맞는 주제어로 책을 찾아 읽으면 된다. 자기계발서는 처음부터 읽어도 되고 중간부터 읽어도 된다. 즉 자신이 마음에 드는 주제어에 맞는 내용을 읽으면 된다. 소설책은 빠르게 읽고 싶다면 결론부를 읽고 처음부터 읽으면 된다. 재미는 없겠지만. 인문이나 철학은 두 가지 방법 다 통하지 않는다. 사전지식이 필요하다. 그런 책들에 주석이 많은 이유는 그만큼의 지식이 있으면 쉽게 이해할 수 있다는 말과 같다. 난 그냥 처음부터 끝까지 읽는다. 이해하고 읽느냐고? 아니다. 읽다 보면 이해되고 공감되지만 이해 안 되는 부분도 있다. 난 천재가 아니다. 책을 읽는 행위가 좋고 책을 통해 조금씩 나아지는 나를 바라보는 게 좋을 뿐이다. 목적 있는 독서? 내가 하는 독서도 목적 있는 독서 아닌가.

밑줄을 쳐야 한다, 내 느낌을 그 페이지에 적어야 한다, 모퉁이를 접어야 한다, 형광펜으로 굵게 칠해야 한다… 그럴 바에는 차라리 리더기를 구매해서 북마크를 하는 게 더 좋다. 언제든지 찾아볼 수 있고 누가 쓴 책에서 어디서 발췌했는지 자동으로 기록되니까. 차라리 메모장에 적는 게 더 좋다. 잃어버릴 수는 있지만 말이다. 그냥 읽자. 처음부터 읽어 보기도 하고 중간부터 읽어 보기도 해 보자. 그러다 보면 자신에게 맞는 방법이 몸에 익게 된다. 왜 남들을 따라 하려 하는가? 좋은 방법? 그건 참조일 뿐이다. 자신의 방법은 자신이 만드는 것이다.

언제 읽고 언제 서평을 써야 하는가

독서일지나 서평일지를 보면 참 잘 썼다. 어쩜 그리 잘 쓸 수 있는지 의심스러울 정도다. 난 그렇게 하지 못한다. 강연을 하기 위해서는 그렇게 해야겠다는 생각은 들었다. 나는 그저 서평을 쓰고 싶었을 뿐이다. 거창하게 어떤 틀에 맞추어 쓰고 싶은 생각은 없었다. 내 방식대로 읽고 내 방식대로 무언가 흔적을 남기고 싶었다. 더 이상은 다른 사람들이 하는 방법을 보지 않았다.

언제 읽어야 할까? 책 한 권을 읽으려면 최소 두세 시간(지극히 내 기준이다)이 필요하다. 그럼 시간을 만들어야 한다. 아침을 생각해 보면 출근하느라 바빠서 집에서 여유 시간을 찾기가 하늘의 별 따기다. 그렇게 생각하다 집에서 회사까지 이동하는 시간이 빈다는 걸 찾았다. 편도 약 두 시간(버스만 타고 갈 때)이 걸린다. 그래서 난 그 시간에 책을 읽었다. 졸려도 읽었다. 회식이 끝나도 읽었다. 일단 버스에 타면 책을 펼치고 무작정 읽었다. 그러다 보니 하루에 두 권을 읽게 되었다. 아침 이동 시간, 점심시간, 집으로 돌아오는 시간을 모두 책 읽는 데 할애했다. 언제 읽어야 하는지는 본인이 더 잘 알고 있다는 말이다.

그렇다면 언제 서평을 써야 할까? 서평과 관련된 책을 여러 권 읽다 보니 비슷한 방법들이 있었다. 책을 다 읽고 저자의 의도를 생각하고 자신에게 어떤 영향을 미쳤고 앞으로 어떻게 해야겠다는 형식으로 작성해야 한다고 한다. 뭐라고? 지금 내가 날 잘 모르는데 어떻게 이렇게 쓸 수 있겠는가? 말도 안 된다. 어느 정도 내공이 있다면 모를까 지금은 아니다. 그래서 난 책을 다 읽자마자 블로그에 올렸다. 너무 짧은 서평이 창피하다고? 서평을 남들 보여 주려고 쓰는 건지 묻고 싶다. 서평은 자신을 위해서 쓰는 거다. 처음에는 한 줄이 나중에는 한 페이지로 변하게 된다. 꾸준히 읽고 꾸준히 쓰면 된다. 부족하다고? 부족함을 알면 좀 더 쓰려고 노력하게 된다. 내가 쓰는 방법이 있다. 방법이라 하긴 뭐하지만 말이다.

서평을 쓰기 전 그날 있었던 일들을 기억하며 쓴다. 날씨나 기분 등을 쓰다 보면 책의 주제와 맞는 이야기가 생각난다. 그렇게 이야기를 이어나가다 보면 지금 읽은 책의 내용이 생각나게 되어 있다. 잘 모르겠다면 책을 펼쳐 보라. 이건 시험 보는 게 아니다. 그러니 커닝도 아니다. 모르면 다시 보면 된다. 자신이 공감했던 부분을 찾고 다시 글을 이어 나가면 된다. 뭔가 이상하다고? 그렇다. 어디를 찾아야 하는지 기억나지 않는다. 난 그런 부분은 일부러 찾아서 쓰지 않는다. 스쳐 지나간 기억은 내게 남은 기억이 아니다. 누군가에게 보여 주려고 하는 서평이 아니기에 내가 짧은 시간 안에 기억했던 내용을 최대한 끌어 올려 내 이야기와 어울리게 쓴다. 저자의 의도? 그건 쓰다 보면 보인다. 전체적인 흐름을 볼 수 있는 때가 온다. 저자가 왜 이렇게 썼는지는 돋보기로 보려고 하지 말고 흐름을 느끼다 보면 조금씩 알 수 있다. 처음부터 알 수 있냐고? 절대 아니다. 그러니 안심해라. 독서는 자신을 만족시키는 게 최우선이다. 그것이 성립되고 나서 사람들과 나눔독서를 하면 된다. 처음부터 잘할 생각은 버려라. 그것이 자신의 변화에 발목을 잡을 수 있으니까.

책 읽는 속도를 높여 보자

책을 읽다 보면 이런 생각이 든다. 이렇게 많은 글자를 어떻게 하루에 또는 몇 시간 아니 한 시간에 다 읽을 수 있을까. 속독이 좋다고들 하는데 검색을 해 보면 반반이다. 하루에도 수백 권 수천 권씩 쏟아지는 책을 읽기 위해서 속독이 필요하다고 한다. 개인적으로 속독은 별로 좋아하지 않는다. 아니, 난 할 수 없는 체질이다. 너무 빠르게 읽어 버리면 텍스트의 의미보다는 각 단락들의 중요한 단어만 보게 된다. 전체적인 흐름은 어느 정도 익히지만 깊이감이 없어 시도했다 포기했다. 내가 책을 읽으려는 이유가 정보만 얻기 위한 것이 아니기 때문이다.

지금은 2,000권을 넘게 읽고 있는 중이라 이런 말을 할 수 있는 게 아닌가 하고 생각할 수 있다. 유감이지만 아니다. 한 권을 읽든 열 권을 읽든 읽다 보면 자신 안에서 이건 아닌 것 같은데 하는 생각이 든다. 한 권을 한 달 정도 읽을 때와 한 권을 일주일에 읽을 때와 별반 다를 게 없다면 아직 책과 친해지지 않아서 그렇다. 글자를 읽을 때 그 글자 하나하나가 주는 의미를 생각할 필요는 없다. 나는 중요한 글자를 제외하고는 문단으로 읽는다. 리듬을 탄다고 할까. 묶음으로 읽다 보면 각 단락의 흐름이 눈에 들어오고 저자가 말하고자 하는 의미를 눈치채게 된다. 난 거기까지다. 한 단락을 한꺼번에 읽는다고 하는데 내 수준은 여기까지다.

내가 이렇게 읽으려고 한 이유는 조금이라도 기억하기 위해서다. 기억력이 부족하면 메모를 해야 한다고 강조한다. 메모를 할 정도라면 책의 흐름과 문장의 의미를 알아야 공감하는 글을 얻을 수 있다. 난 그렇게 생각한다. 누가 좋다는 문장보다는 자신이 공감하는 문장을 찾는 게 그 책을 제대로 읽는 방법이라고 생각한다. 나는 메모를 하기 위해서 빠르게 읽으려 노력했다. 책 읽는 속도를 높이기 위해서 노력했다. 한 권 한 권씩 말이다.

앞서 말한 것처럼 단어보다는 문장으로 읽어야 조금 빠르게 읽을 수 있다. 쉽게 말해서 책을 소리 내어 읽다 보면 쉬는 구간이 생긴다. 호흡을 해야 하기 때문이다. 눈으로 읽을 때도 그렇게 하면 된다. 소리는 내지 않지만 속으로 소리 내어 읽는다고 생각한다. 상상을 해 보자. 지금 책을 읽는다면 문장들의 길이를 재 보자. 요새 나오는 책들은 최대한 문장을 짧게 쓴다. 문장의 흐름도 좋고 끊어서 읽기도 좋기 때문이다. 즉 읽기 편하게 만들고 있다. 고전이 힘들다고 말하는 건 의미도 의미지만 문장이 상당히 길기 때문이다. 어디까지 문장이 이어지는지 보는 것만으로 혀를 내두를 때도 있다. 그게 힘들다면 그 문장을 쪼개어 읽으면 된다. 자신의 리듬에 맞춰서 읽다 보면 쉽게 읽힌다. 단, 글자들이 담고 있는 의미를 일일이 해석하려고 하지 마라. 각 문장과 단락을 읽고 나면 쉽게 이해가 된다. 그래도 뭔가 부족하다고 느껴진다면 다시 한번 읽으면 된다.

친절한 책들은 주석이 달려 있다. 어떤 책은 주석이 한 페이지의 반을 차지하는 경우도 있다. 그만큼 전문용어가 많다는 의미다. 나는 그런 책도 반나절 또는 하루 만에 읽는다. 읽고 나서 내 기억을 좇아 해당 페이지를 열고 다시 읽는다. 전체적인 느낌과 무엇을 강조하는지 지극히 주관적으로 판단하여 읽는다. 그러면 안 되는 거 아니냐고? 아니다. 누구나 그렇게 읽는다. 그런 느낌들을 공유하는 독서토론이나 모임에 나가면 나머지를 채울 수 있다. 왜? 다들 각자의 해석 기준으로 읽기 때문이다. 그러니 내가 해석을 잘못하면 어쩌지 하는 생각은 버리자. 서평의 시작은 '이 책 재미있다', '이 책 재미없다'다. 그게 정상이다. 그러면서 하나하나 만들어 나가면 된다. 하루아침에 되는 건 아무것도 없다는 건 누구보다 본인이 더 잘 알지 않는가?

나는 지금 점점 느리게 읽으려 노력하고 있다. 2,000권을 채우고 나서 부터다. 여유가 있어서 그러는 게 아니다. 그전까지는 책과 친해지고 지식을 얻고자 그렇게 읽었다. 지금은 좋은 책이 있으면 해당 페이지를 되찾아 읽고 또 읽는다. 좋으면 사진을 찍고 기록하고 있다. 물론 빠르게 읽어야 할 책들은 여전히 그렇게 하고 있다. 하루에 주어지는 시간은 똑같으니까. 처음부터 정독이나 속독은 권하지 않는다. 적절한 속도. 즉 자신에게 맞는 속도로 읽어라. 남들 눈치 보지 말자. 그들은 그들의 규칙대로 읽을 뿐이다. 자신의 속도를 찾고 조금씩 속도를 높이면 된다.

1,000권, 2,000권의 숫자에 기죽지 마라. 나도 이렇게 되리라고는 상상조차 하지 않았다. 목표한 1,000권, 2,000권은 머릿속에만 있었을 뿐이다. 그러니 부담 갖지 말고 책을 읽자. 조금 친해지고 있다고 생각되면 속도를 높여 보자. 속독이 아니다. 속도다. 내가 책을 읽는 속도는 두세 시간이다. 조금 두꺼운 책은 네다섯 시간 걸린다. 그 이상은 못 한다. 내 한계니까. 내 속도니까.

변화 없는 읽기에서 변화하는 읽기로

'책을 읽는데 변화가 없습니다.' 많은 사람들이 힘들어하는 부분이다. 나도 그랬다. 물론 지금도 읽은 책 전부를 기억하지는 않는다. 아니 못 한다. 난 천재가 아니다. 단지 책을 좋아할 뿐이고 다른 사람들보다 책을 조금 더 읽을 뿐이다. 나도 궁금하다. 어떻게 그 많은 책을 읽고 기억할 수 있을까? 어쩌면 간절함이 아닐까 한다. 난 간절함이 없어서 그럴까?

나는 아니라고 생각한다. 간절함이 있기에 책을 읽는다. 필요하기 때문에 읽는다. 변화되고 싶어 읽는다. 나 역시도 처음에는 변화를 느끼지 못했다. 아무리 책을 읽어도 달라지지 않는 내 모습과 행동을 보고 답답했다. 왜? 다른 사람들은 한 권을 읽어도 인생이 달라진다고 하는데 난 뭐지? 내가 지금 읽고 있는 방법이 잘못된 건가? 책을 읽다 보면 이런 생각으로 고민이 쌓이게 된다. 괜찮다. 그건 다 과정이다. 사람마다 성향이 있기 때문에 느끼는 정도와 크기가 다를 뿐이다.

이런 고민으로 책 읽기 관련 책을 대부분 읽었다. 어떤 책들이 있는지 궁금하다면 내 블로그에 들어와 검색해 보라. '책 읽기'라고 치면 꽤 많은 책들이 있는 걸 볼 수 있을 것이다. 그렇게 읽었던 책들이 공통적으로 하는 말이 있다. 바로 '메모'다. 독서일지를 통해 내가 언제 어떤 책을 읽었는지 기록하라고 한다. 짧은 서평이나 혹은 공감 가는 글들을 한 페이지로 정리하라고 한다. 그래서 시도해 보았다. 솔직히 독서일지나 서평일지를 쓰기 위해서는 그 시간을 별도로 할애해야 한다. 생각보다 시간이 오래 걸리기 때문이다. 생각해 보라. A4용지 한 장에 칸을 나누어 읽은 날짜와 제목과 저자와 페이지, 서평과 내가 느낀 점을 적는 모습을 말이다. 꽤 긴 시간이 필요하다. 이건 어디까지나 내가 전문적인 독서 관련 교육을 받지 않고 스스로 느낀 점을 말하는 것이니 오해가 없기를 바란다.

나는 몇 번 시도하다 포기했다. 아니 다른 방법을 선택했다. 내가 잘할 수 있는 방법을 찾기 시작했다. 왜냐하면 나도 남들처럼 단지 읽고 끝내기 싫어서다. 책을 읽고 또 읽고 또 읽으면서 어떻게 하면 기억할 수 있을까, 남들은 쉽게 기억하던데 하는 생각으로 읽었다. 밑줄을 치고 모퉁이를 접고 형광펜으로 마킹을 하고 내 생각을 해당 페이지에 적어 볼까? 그런 생각을 하다 아차! 싶었다. 내가 왜 지금 스트레스를 받고 있을까? 그 이유를 찾았다. 바로 '남들처럼'이 나를 괴롭혔던 것이다. 아이러니하게도 남들처럼 살기 싫어 책을 읽고 있는데 남들처럼 살려고 하고 있었다. 롤모델을 정해서 그와 같은 삶을 살아가는 게 아니라 그저 겉모습에만 눈이 멀어 있었다. 그래서 방법을 바꾸기로 했다. 왜냐하면 '변화 없는 읽기에서 변화하는 읽기'로 나아가기 위해서다.

우선 작은 메모장을 늘 수머니에 넣고 다닌다. 물론 펜과 함께 말이다. 언제 어디서나 꺼내어 적기 위해서다. 빈도는 상당히 적다. 그래도 가끔씩 사용한다. 꼭 그런 날이 오기 때문이다. 자신이 주로 책을 읽는 공간을 생각해서 도구들을 준비해야 한다. 단, 아주 가볍고 작고 편리한 도구로 준비해야 한다. 너무 크거나 무거우면 몇 번 가지고 다니다 집 한구석에 놓게 된다. 우선 자신이 즐겨 읽는 장소를 생각해 보라.

나는 주로 버스나 지하철 안에서 읽는다. 생각해 보자. 손으로 메모하는 게 쉽겠는가? 만약 메모를 하더라도 내가 쓴 글인데도 못 알아보는 경우가 허다하다. 집에 돌아와 그 글을 보면 내가 지금 뭐 하고 있는 거지? 하는 생각이 든다. 그 이후 그 방법은 정적인 공간에서 하는 게 좋다는 생각을 하게 되었다. 버스나 지하철에서 읽는다는 게 쉽지는 않다. 균형 잡기도 힘들고 사람들과 부딪히다 보면 집중력이 흐트러지기 때문이다. 다행히 내가 이동하는 시간은 앉아서 다닐 수 있다. '그러면 나도 읽겠는데?' 하고 생각하면 큰 오산이다. 내가 이동하는 시간대는 새벽 6시 전후다. 그리고 처음에는 속도 안 좋고 글자도 눈에 들어오지 않는다. 못 믿겠다면 시도해 보라. 그걸 이겨 낼 수 있다면 읽을 수 있다. 그것도 아주 재미있게 말이다. 의외로 집중도가 높아진다. 화이트소음이라고 해야 하나? 너무 조용하면 난 책이 읽히지 않는다. 적당한 소음이 집중력에 좋다고 생각한다.

그런 장소에서 읽다 보니 메모는 사실상 불가능하다. 방법은 딱 하나! 바로 스마트폰을 사용하면 된다. 기억해야 할 페이지가 있다면 촬영을 하라. 소리가 나도 당당하게 찍어라. 그렇게 읽다 보면 몇 장의 사진이 남게 된다. 촬영한 이미지는 메모 프로그램에 업로드한다. 뒤에 간단한 설명이나 책 제목을 붙이는 걸 잊지 마라. 그리고 가장 중요한 일이 남아 있다. 스마트한 시대니 스마트하게 해 보자. 자신의 블로그나 카페나 홈페이지에 서평을 올리자. 아주 간단하게라도 좋다. 제목을 쓰고 저자가 누구이고 어떤 내용이고 내게 어떤 도움이 되었는지를 써 보자. 맘에 드는 문구를 글자로 적어도 되고 사진을 편집해 업로드를 해도 된다. 개인적으로는 글로 쓰는 게 좋다. 여기서 말하는 글은 자판을 사용하는 것을 의미한다. 그렇게 하나씩 채워 나간다. 귀찮고 힘들더라도 꾸준히 해야 한다. 왜? '변화하는 읽기'로 변화하고 싶으니까.

그렇게 한 권씩 채워 나가다 보면 자연스럽게 책에 대해 알게 된다. '아… 이 저자의 의도는 이렇구나.' '아… 이 책은 내용에 비해 편집이 떨어지는구나.' '아… 이 책은 내겐 별로 도움이 되지 않는구나.' '아… 이 책대로 한번 도전해 봐야겠다.' 이런 생각이 든다면 이제 책을 제대로 읽고 있다고 본다. 변화 없는 읽기는 생각하지 못하게 하기 때문에 그렇다. 읽고 느끼고 생각하고 좋은 부분은 가져오고 그렇게 해 보는 것이다. 처음에는 부족함에 자신이 미워질 수 있지만 점점 나아진다. 가장 중요한 것은 '꾸준함'이다. 매일매일 잊지 않고 책을 읽고 짧더라도 서평을 남겨라. 잘 쓰려고 하지 마라. 읽다 보면 부끄러워진다. 그래도 그냥 읽고 그냥 써라. 시간이 지나면 해결된다. 한 번에 잘할 생각은 하지 마라. 한 번에 잘한다면 굳이 책을 읽을 필요가 없다고 생각한다. '천천히 서둘러라.' 로마 시대의 아우구스투스가 했던 말이다. 내가 가장 좋아하는 문구다. 책을 읽을 때는 이렇게 해야 한다고 생각한다. 그 의미를 깊게 생각해 보기를 바란다.

독서는 나와의 약속이다

독서는 자신과의 약속이다. 다른 사람들에게 보여 주는 행위가 아니다. 내 현재 삶을 바꾸기 위해, 내 미래를 위해, 내 자신을 변화시키고 싶기 때문에 읽는다. 누구의 강요도 없다. 굳이 따지자면 스스로가 강요할 뿐이다. 책을 읽어야 한다는 생각이 강하기 때문이다.

왜 책을 읽어야 하는지는 이미 알고 있다. 다만 실천하지 않았을 뿐이다. 왜 실천하지 않고 있는지 생각해 보자. 혹시 거창한 꿈을 꾸고 있는 건 아닌가? 남들처럼 몇 천 권을 읽으려고 하는 건 아닌가? 막연한 기대감이 오히려 스스로에게 포기를 권할 뿐이다. 목적과 목표는 다르게 정해야 한다. 왜냐하면 자신과의 약속을 지키기 위해서다. 다른 사람들의 시선은 상관하지 말자. 뭐가 중요한가? 그 사람들인가 자신인가.

생각해 보면 간단하다.

목적은 1,000권을 읽고 변화하기다. 목표는 지금 읽는 책 한 권이다. 이상과 현실을 구분해야 한다. 한 주에 한 권이 목표라면 한 권을 읽기 위해 계획을 세워야 한다. 한 권이 두 권이 되고 두 권이 세 권이 된다. 마치 술과 같다. 첫 잔은 넘기기 힘들지만 그다음은 일사천리다. 책도 마찬가지다. 처음에는 자신 있게 누구나 할 수 있는 목표로 시작해야 한다. 누구나 할 수 있다고 하지만 누구나 하지 못한다. 실천은 그만큼 어렵다. 성공한 사람과 그렇지 않은 사람의 차이는 바로 '실천'이다. 천리 길도 한 걸음부터. 높은 산을 오르려 해도 첫발을 내디뎌야 시작된다. 독서도 첫 장을 펼치면서 시작한다. 그러니 자신감을 갖고 도전하자. 이왕 시작하는 거 즐기면서 읽는 게 좋지 않을까?

책은 내가 좋아하는 분야부터 시작하자. 즐겨야 하니까. 억지로 어려운 책부터 시작하면 중도에 포기할 수 있다. 그러니 제발 처음에는 만만한 책부터 시작하자. 책 내용에 부담이 느껴진다면 에세이를 추천한다. 한 사람의 이야기가 담겨 있는 책이어서 읽기 편하고 공감되는 글들이 많다. 개인적으로 좋아하는 분야다.

하루에 한 장이라도 읽고 느껴 보자. 감흥이 없다면 몇 장을 더 읽어 보자. 공감하는 부분이 한 줄이라도 있다면 책과 점점 가까워지는 단계다. 한 번에 모든 걸 할 수는 없다. 나와의 약속도 처음에는 한 줄에서 한 장으로, 한 장에서 한 권으로, 한 권이 지금의 2,000권에 달했다. 달성할 수 있는 목표를 세워야 성취감과 자신이 발전하고 있다는 생각이 든다. 그러기에 더 하고 싶은 욕구가 일어난다. 욕구가 일어나면 더 하고 싶은 생각이 든다. 오롯이 혼자서 즐기는 놀이가 된다. 자신과의 약

읽고 공감하고 실천하는 **내 맘대로 독서법**

속도 지키면서 즐거움을 느낀다니 얼마나 좋은가.

책과 친해지기 위해서는 짧은 문장이라도 공감하는 글을 발견하라. 저자가 말하는 전제적인 의도는 후에 느껴도 된다. 가슴속에 문장이 스며들 수 있도록 하자. 그렇게 스며들고 있다면 꾸준히 책을 읽을 수 있다. 강제적인 책 읽기는 오래가지 못한다. 꾸준함은 스스로 즐길 때 가능하다. 즐기다 보면 스스로 행하고 싶은 욕구가 강해진다. '한번 해 볼까?'란 생각으로 시작해 본다면 자신의 변화를 볼 수 있다. 어디까지나 자신과의 약속이다. 눈치 보지 말고, 잘하려고 하지 말고, 그냥 하자. 하고 또 하자. 읽고 또 읽자. 그리고 자신과의 약속을 지키기 위해 노력하자. 다른 누구와의 약속도 아니니까.

슬럼프는 누구에게나 찾아온다

독서를 하다 보면 슬럼프가 찾아온다. '나는 슬럼프를 모른다.' 거짓말이다. 슬럼프는 반드시 온다. 다양한 상황에 의해서도 오고 자신의 몸상태에 의해 오기도 한다. 그 슬럼프는 책을 읽기 싫어질 때다. 책만 봐도 귀찮아지는 순간이다. 읽고 싶은데 읽고 싶지 않다. 괜찮다. 생각해 보라. 어떻게 쉬지도 않고 책을 읽을 수 있는가? 책만 읽는 게 목표가 아니다. 책을 읽고 생각하는 게 목표다. 책만 파고들면 당연히 슬럼프가 찾아온다. 피할 수도 없다. 그러니 잘 견뎌야 한다.

나도 슬럼프가 온다. 지금도 온다. 예전보다 횟수는 줄었지만 찾아온다. 갑자기 책이 보기도 싫을 때가 온다. '어떻게 해야지?' 조바심은 내지 않는다. 내가 왜 책을 읽어야 하는지 알고 있기 때문이다. 누군가에게 보여 주고 싶어서 읽는 게 아니다. 그러니 부담 가질 필요가 없다. 그럴 때는 가족들과 영화를 보러 간다. 주로 주말에 본다. 영화를 보고 맛있는 점심도 먹을 겸 외출을 한다. 책? 그날은 읽지 않는다. 다만 흐름을 잃지 않으려고 백화점 지하에 있는 서점에 한 번은 들린다. 요새 어떤 책들이 나오는지 본다. 그러다 눈에 띄는 책이 있으면 산다. 읽지는 않는다. 일단 집에다 모셔 둔다.

슬럼프가 오면 아무것도 하기 싫어진다. 나도 평범한 사람이기 때문이다. 그렇게 해도 슬럼프가 사라지지 않으면 드라마를 본다. 1편부터 종편까지 본다. 사람들의 이야기에 웃고 울면서 공감한다. '아, 이렇게 사는 사람들도 있구나!' 드라마를 한번 보면 중독된다고 하는데 그 말은 맞는다고 생각한다. 그래서 난 드라마가 끝날 때까지 기다린다. 그리고 한 번에 처음부터 끝까지 몰아서 본다. 언제 보냐고? 슬럼프가 왔을 때 본다. 그러면 마음이 좀 가라앉는다. '내가 왜 이러고 있지?'란 생각이 든다. 그렇다. 일부러 이렇게 한다. 내가 책을 읽지 않으면 뭔가 하는 게 없다는 생각을 하기 위해서다. 다시 마음이 잡히면 책을 펼친다. 그리고 읽는다. 글자가 눈에 들어오지 않는 경우가 있다. 이럴 때는 과감하게 추리소설을 읽는다. 사건이 일어나고 형사와 범인과의 보이지 않는 싸움, 도망치는 자와 그를 쫓는 자의 이야기. 재미있다. 마치 영화를 보는 듯한 느낌이 든다.

이렇게 읽다 보면 다시 본격적으로 책을 읽고 싶은 마음이 든다. 난 이렇게 해결하고 있다. 지금도 그렇다. 슬럼프가 오면 안 읽어도 된다. 단, 그 흐름을 놓치지만 않으면 된다. 그러니 너무 걱정하지 마라. 정상

읽고 공감하고 실천하는 **내 맘대로 독서법**

이니까. 지금 슬럼프를 느끼고 있으면 책을 덮어라. 그리고 밖으로 나가라. 개인적으로 영화를 추천한다. 그달 인기영화를 팝콘과 콜라와 함께 즐겁게 한 편을 보고 나면 다시 자신으로 돌아오게 된다. 그러면 다시 책을 읽자. 가끔은 일상에서 탈출하는 기쁨도 즐겨야 하지 않겠는가.

책이 내게 준 선물은 바로 '나'였다

'독서를 통해 인생을 바꾸었습니다.' '책을 읽으니 내가 달라지고 주변 사람들이 바뀌었습니다.' '책 속에 답이 있습니다.'

내 귀에 가장 많이 들려오는 말들이다. 책이 사람을 바꾼다는 말. 좀처럼 믿기 힘들다. 특히 지금 인생의 전환점을 맞이한 이들에게는 더 그럴 것이다. 나 역시도 그랬다. 인생을 바꾸고 싶고 남들처럼 의지하면서 살아가고 싶지 않았다. 성공이라는 문턱을 넘어서고 싶었다. 성공이 무엇인지 행복이 무엇인지 궁금했다. 돈이 곧 행복이라는 말에서 벗어나고 싶었다.

책을 읽기 시작하고 어느 순간 그 말이 진실처럼 느껴졌다. 처음에는 그런 말들에 회의를 느꼈다. 성공한 사람들이 말하는 것은 성공했기에 그렇게 말할 수 있다고 생각했다. 책을 읽고 싶은 사람이라면 누구나 한번쯤은 이런 생각을 한다. 성공하고 싶으니까. 행복하고 싶으니까, 변화하고 싶으니까 책을 읽기 시작한 것이다. 당장의 어떤 물질적인 것이나 보여지는 결과를 가져오지는 않는다. 책은 인내하라고 소리 없이 말하고 있다. 점점 인내하지 못하는 세상에서 인내하는 법을 가르쳐 준다.

지금 책을 읽으려고 하는 사람들이라면 인생을 변화하고 싶고 성공하고 싶고 행복해지고 싶을 것이다. 인간이면 누구나 그렇다. 생각만 한다고 인생은 달라지지 않는다. 시간과 노력이 필요하고 느끼고 이를 실천해야 하는 과정이 반드시 필요하다.

'이렇게 살면 안 되겠어.'

'이건 내 인생이 아니야.'

'나도 누군가에게 영향을 미치고 싶어.'

지금 이런 생각이 든다면 책을 들어라. 그리고 읽어라. 눈에 들어오지 않아도 일단! 읽어라. 읽다 보면 보이고 보이면 깨닫고 깨달으면 그렇게 하고 싶은 마음이 든다. 나도 그랬다. 남들처럼 일하고 남들처럼 생각하고 남들처럼 행동했다. 난 나이기도 하지만 내가 아니기도 했다. 살아있지만 존재 가치가 없었다. 그렇게 15년을 직장생활을 하면서 살았다. 그리고 지금은 독립을 했고 내가 하고자 하는 일을 하면서 살고 있다. 책이 내게 '나'를 선물해 줬다.

책이 내게 준 선물 '나', 성공하고 싶고 행복해지고 싶어 보이지는 않지만 다른 무엇을 바라고 책을 읽었는데 그 결과는 '나'였다. 난 나인데 왜 '나'를 선물받은 것일까? 곰곰이 생각해 보았다. 그리고 한 가지 결론에 다다랐다. 난 나이지만 난 '나'를 잘 몰랐다. 무엇을 하고 싶은지, 무엇을 원하는지 몰랐다. 그저 남들처럼 살아가기 위해 무작정 쫓아가는 삶을 살고 있었다. 인생은 한 번뿐이라고 하는데 왜 난 남을 의식하고 남의 시선에 맞는 삶을 살아가려고 하는 것일까? 뭔가 이상했다. 그렇지만 그 이상함이 단지 느낌일 뿐 무엇인지는 몰랐다.

책을 읽으면서 점점 알게 되는 사실이 있다. 바로 왜 내가 이렇게 살아야 하는 걸까? 라는 질문을 수도 없이 자신에게 한다. 책을 읽기 전에는 스스로에게 질문한 적이 없었다. 아니 질문할 생각조차 없었다. 그럴 여유도 없었다. 내겐 가족이 있었고 이들을 부족함 없이 살게 해 주고 싶었다. 그러기 위해서는 돈이 필요했고 돈을 좇는 삶을 살았다. 그러면 행복해질 줄 알았다. 누구보다 돈을 위해 내 삶을 투자했다. 한 달에 10만 원 남짓 더 나오는 돈을 보고 행복했다. 그 돈에 삶을 맞췄다. 그러다 보니 항상 신경질적으로 성격이 변하고 매사 부정적인 사람이 되었다. 무엇을 하더라도 만족감을 몰랐다. 누구든 가리지 않고 싸웠다. 주변 사람들을 무시하고 나만 잘났다고 생각했다. 그렇게 살다 보니 어느 순간 내 주변에 아무도 없었다. 선배도 친구도.

'지금 내가 뭘 하면서 살고 있는 거지?'

독서를 시작하고 천천히 내 몸에 보이지는 않지만 무언가가 들어오는 느낌이 들었다. 이는 곧 내 뇌 안으로 들어갔다. 생각하게 되었다. 책을 더 읽어야 한다는 생각도 들었다. 이렇게 살아가면 안 된다는 생각을 하게 되었다. 지금의 인생에서 벗어나기 위해서는 '나'를 찾아야 했다. 책이 그렇게 하라고 했다. 직접적으로 말해 주지 않아서 다소 뿔이 났다. '진작 그렇게 말해 주지.' 하면서 원망했다. 그때는 그랬다. 지금에 와서야 알게 되었다. 책은 늘 그렇게 하라고 말하고 있었지만 내가 받아들이지 못했다. 마음의 문이 닫혀 있었기 때문이다.

책을 접하기 전에 마음의 문을 열어야 한다는 말은 믿지 않는다. 처음부터 마음의 문을 열 수 있다면 이미 그 사람은 다른 사람이다. 책은 매너가 있다. 굳게 닫혀 있던 문에 노크를 할 줄 안다. 그리고 주인이 열어 줄 때까지 기다린다. 기다리고 또 기다린다. 아주 조금이라도 문이

열리면 책은 기뻐서 더 많은 걸 가져다주려고 이리저리 뛰어다닌다. 그러나 나는 아직은 이 상황이 익숙하지 않아 '쟤가 왜 저러지?' 하는 생각으로 지켜만 본다. 그리고 궁금증에 서서히 문이 열리고 책을 받아들이게 된다. 그때부터는 책이 없으면 안 될 정도가 된다. 진정한 친구이기 때문에 헤어지기 싫어진다. 어느 순간 그 친구가 '자신'이라는 것을 발견하게 된다. 그동안 그렇게 찾았던 '나', 책은 단지 그런 '나'를 나에게 소개만 시켜 주었다. 그리고 내가 '나'를 알 때까지 기다려 주었다. '나'를 찾고 난 후 나는 이제 주체적인 삶을 살고자 도전했다.

　직장에서 독립을 했다. 안정적인 삶에서 벗어나게 됐다. 안정이 안정이 아니란 걸 알았기 때문이다. 직장이 나쁘다고 말하는 것은 결코 아니다. 매달 정해진 날에 월급이 들어오고 시간이 지나면 승진도 하고 권력도 얻을 수 있다. 그러나 그 이상을 벗어나지 못한다면 항상 누군가의 그늘에 가려져 있어야 한다. 나는 그런 곳에서 탈출했다. 안정적이라는 유혹에서 벗어났다. 진정 내가 하고자 했던 삶이 무엇인지 재조명하게 되었고 지금은 그런 삶을 살고 있다. 때로는 힘도 든다. 당연하다. 안정적이지 않기 때문이다. 나 대신 누군가가 책임져 주지도 않는다. 오롯이 내가 한 것만큼 인정받고 그에 따른 보상이 주어진다. 어려운 시기도 있다. 인생은 그런 삶을 일부러 준다. 왜냐하면 그것을 넘어서는 순간 또 다른 자아를 발견할 수 있기 때문이다. 인생은 늘 행복할 수 없다. 힘들고 불행해야 행복을 느낄 수 있다. 상대적이다. 그러니 생각만 조금 바꾸면 모든 게 다르게 보일 수도 있다. 모두 책에서 찾아낸 말이다.

　매사 부정적이고 불평불만이 많고 신경질적이고 이기적인 나를 변화시킨 건 책이었다. 제2의 인생, 터닝포인트를 경험하고 싶다면 책을 읽어라. 자신이 할 수 있는 최대한의 시간과 노력을 책과 함께하라. 책과 친헤지면 책이 세상에 둘도 없는 친구가 되고 그 친구가 나를 변화시켜 줄 것이다. 책은 그런 존재다.

4

변화시킨 것들
독서가 나를

읽고 공감하고 실천하는 내 맘대로 독서법

그냥 읽었다. 그저 읽었다. 아주 천천히 조금씩 나는 바뀌었다.

1,000권을 읽었더니 조금씩 변화가 생겼다

1,000권, 말이 1,000권이지 결코 작은 숫자가 아니다. 내가 처음 독서를 시작했을 때 아내의 권유로 1,000권을 읽으면 사람이 변한다는 말에 목표를 1,000권으로 세웠다. 그냥 막연한 목표였다. 내 목적은 '나를 바꾸자'였다. 솔직히 처음에는 우스웠다. '내가? 제대로 책 한 권 읽어 보지 못한 내가? 말도 안 돼!!'라고 생각했던 내가 그 목표를 훌쩍 넘어섰다. 읽으면서 많은 생각과 고민이 쌓였다. '이거 바뀌는 거 맞아? 왜 아무것도 변하는 게 없지?' 독서를 하면 누구나 한번쯤은 하는 고민을 나도 했다. 이 이유로 포기하고 싶은 마음이 굴뚝같아졌다. 고개를 절레절레 흔들고 다시 책을 읽었다. 1,000권? 100권이라도 읽어 보자, 하는 심정으로.

그냥 일단 시작해 보자고 시도했던 독서가 드디어 1,000권을 넘어서게 되었다. '와!! 이제는 뭔가 달라지지 않았을까?'라는 엄청난 기대감에 부풀어 있었다. 주변을 바라봤다. 뭔가 허전했다. '뭐지? 이 불안한 감정은?' 독서법 관련 책을 읽어 보면 단계별로 달라지는 게 느껴진다고 했는데 왜 이렇게 허전한 마음이 드는지 알 수 없었다. 내 방법이 틀린 건가? 딱히 방법이라고 할 수도 없었는데 어디가 잘못된 걸까 알 수 없었다. 1,000권을 읽은 날 블로그와 SNS에 자랑도 해 봤지만 한순간이었다. 답답한 마음에 아내에게 물어봤다.

"자기야. 자기 말대로 1,000권을 읽었는데 변한 게 느껴지지 않는데?"
"어! 자기야. 세상이 변해서 이제는 2,000권을 읽어야 사람이 바뀔 수 있다고 하더라."
"뭐? 2,000권?"

속은 느낌이 들었다. 1,000권을 읽고 삶을 바꾸려고 했는데 2,000권이라니. 말도 안 된다고 생각했다. 겉모습과 다르게 은근히 귀가 얇은 나는 다시 목표를 세웠다. 2,000권!! 1년에 500권 정도 읽으면 2년이면 가능하겠지? 막연한 생각을 갖고 다시 시작했다. 그렇게 마음을 가지니 여유가 생겼다. '뭐 어때'가 내 삶의 방향이 되었다. 이 의미는 무엇이 되었든 간에 일단 해 보자는 의미다. 어차피 시작했는데 중간에 포기할 수도 없으니 끝까지 가 보자가 내 결론이었다.

1,000권을 읽은 후 변화된 나를 찾다

곰곰이 생각해 보았다. 내가 무엇이 부족할까? 1,000권은 무엇을 의미했던 걸까? 내가 내린 결론은 너무 숫자에 집착했던 게 문제라는 것이었다. 한 권, 한 권 셀 때 그 희열감을 느끼면서 책을 읽었던 게 문제였다. 결과보다 과정을 중요시해야 한다고 했는데 난 결과만 원했다. 그런 생각을 하고 나서 책을 읽기 전과 읽은 후를 생각하게 되었다. 책을 읽은 후 변화된 내 삶에 대해서는 뒤에서 자세하게 다룰 예정이다. 여기서는 간단하게 다루고자 한다. 너무 많아서 그렇다.

가장 많이 바뀐 게 있다면 바로 성격이다. 아직도 부족하지만 예전에 비하면 많이 변했다. 내 스스로가 그렇게 생각할 정도다. 늘 각박한 생활 속에서 숨 쉬기도 힘든 하루하루에서 내 시간을 찾고 내가 하고자 하는 일을 하는 삶이 시작됐다. 삶의 여유가 생겼다. 경제적인 여유가 아니다. 마음의 여유다. '그럴 수도 있겠구나.'라고 생각하니 마음이 편해졌다. 눈을 감고 잠시 명상에 잠기기도 했다. 생각이 바뀌니 행동으로 전해졌다. 아침형 인간으로 변하기 시작했다. 예전에는 매일매일 지각하고 업무 시간에 딴짓하고 심심하면 야근하곤 했다. 그때는 무엇이 중요한지 몰랐다. 그냥 그 순간만 모면하기 위해 살았다. 그런데 달라졌다. 시간이 중요하다는 걸 알게 되었다. 시간을 허비하며 사는 삶을 점점 싫어하게 되었다.

1,000권을 읽었다고 사람이 바뀌지는 않는다. 아니 바뀌긴 한다. 본인이 느끼지 못할 뿐이다. 스스로에게 물어보라. 만약 대답이 없다면 가까운 지인들이나 동료 직원들에게 물어보라. 그럼 알 수 있다. 제3자의 입장에서 보면 변화된 모습이 보인다. 객관적으로 바라보기 때문에 정확하게 알 수 있다. 1,000권을 읽는다고 짜잔! 하고 바뀌는 건 아니다. 서서히 바뀌어 가고 있었다. 한 권을 읽고 100권을 읽고 1,000권을 읽으면서. 왜 독서가들이 사색을 해야 한다고 했는지 그제야 알았다. 책만 읽지 말라고 하는 이유도 알게 되었다. 모두 책에서 시작해 책에서 답을

얻고 책을 통해 삶을 바꾸었다.

지금은 회사를 나와 내 회사를 차렸다. 그리고 공동으로 법인도 설립했다. 책은 내게 이제는 밖으로 나가야 할 때라고 말했다. 아니 그렇게 들렸다. 회사를 나오고 나니 두려움들이 사라졌다. 세상은 나를 버리지 않았다. 오히려 독립을 하도록 나를 가르쳤다. 책을 통해서.

이제는 저녁이 있는 삶을 산다. 책도 읽고 글도 쓰고 강의도 하고 컨설팅도 하고 프로젝트도 수행한다. 어찌 보면 회사 다닐 때보다 더 바쁘다. 그럼 잘못된 거 아닌가? 하고 생각할 수 있다. 아니다. 즐겁다. 몸은 좀 피곤해도 재미있다. 잘하는 일을 더 파고들 수 있으니 더 좋다. 책을 읽고 성격도 바뀌었고 내가 추구하고자 하는 삶을 살도록 나를 바꿀 수 있었다.

이것이 내가 책을 읽고 난 후 바뀐 삶이다. 누구나 바꿀 수 있다. 읽고 또 읽자. 일단 읽자. 다른 사람 말은 듣지 말자. 읽다 보면 자연스럽게 다른 사람들의 말이 들리지 않게 된다. 일종의 필터가 귓속에 장착된다. 그러니 당연히 바뀔 수밖에 없다.

그리고 다시 시작된 2,000권 목표 달성하기

1,000권을 읽고 무엇이 달라졌는가에 대해 많은 고민을 했다. 아내의 권유로 1,000권을 읽었지만 아직도 뭔가 부족하다는 생각은 지워지지 않았다. 숫자에 너무 치우친 나머지 양으로 승부하려고 했던 것이다. 그렇다고 1,000권이 지난 시점에 엄청나게 달라진 것도 아니었다. 이렇게

생각하고 나니 책을 읽는다는 게 권수에 집착하면 안 되겠다는 깨달음을 얻게 됐다. 어차피 시작한 독서 끝까지 해 보자고 생각했다. 이제는 읽는 속도도 빨라졌고 읽고 느끼는 점도 조금씩 많아지고 있어서 나쁘지 않다고 생각했다. 2,000권에 대한 부담감은 있었지만 딱히 다른 취미도 없었기에 처음부터 다시 시작한다는 생각으로 새롭게 시작했다.

그렇게 시작한 독서가 2,000권을 넘어섰다. 권수에 집착한다는 말도 들었다. 사실이다. 내가 시작한 독서는 많이 읽고 그 안에서 하나라도 배우는 게 목적이었다. 인풋이 많아야 아웃풋도 많아진다는 말이 진리라 생각했다. 일단 무조건 내 머릿속에 넣었다고 표현하는 게 맞겠다. 2,000권을 달성하는 게 목표였고 그 목표는 2018년 1월에 달성했다. 원래 목표는 2017년 12월 마지막 날까지였지만 후반부에 몸 상태도 좋지 않았고 의지도 약해져 달성하지 못했다.

이렇게 2,000권을 달성할 수 있었던 이유는 하루에 두 권이라는 목표를 세워 꾸준히 실천했기 때문이다. 내가 잘하는 건 바로 '실천'이다. 일단 해 보고 아니면 바로 포기한다. 이게 내 장점이다. 이제는 어떤 일이든 다 해 본다. 처음에는 두렵지만 막상 시작하면 아무것도 아니기에 두려움도 점점 사라져 갔다. 하루에 두 권도 내 스스로 세운 계획이었다. 시간을 나누어 책을 읽을 수 있는 시간을 확보했다. 아침 두 시간, 점심 30분, 저녁 두 시간이 평상시 독서 시간이다. 주말에는 의외로 많이 읽지 못한다. 집에서 책을 읽는 건 쉽지 않다. 서재라도 있다면 모를까. 집은 조용한 공간이 아니다. 편안한 공간이다. 날씨가 흐리고 조용한 날이면 가능하지만 가족들과 함께 있을 때면 책을 읽기 힘들다. 신경 쓸 일이 많기 때문이다. 다들 경험해 보았으리라 생각한다.

매일 하루에 두 권, 일주일에 최소 10권, 한 달에 최소 40권, 1년이면 600권이다. 이렇게 읽으면 2년이면 1,000권에 도달할 수 있다. 물론 계획대로 모든 게 이루어지지는 않는다. 그런 거에 너무 연연해하지 말자. 그렇게 읽다 보면 한 분야에만 집중되지 않을까 생각하는 사람들도 있는데 내 경험에 의하면 그렇지 않다.

하루에 두 권을 읽으려면 한 분야만 읽을 수 없다. 한 분야만 읽다 보면 지루함을 느끼게 된다. 그렇다면 다양한 책을 읽을 수밖에 없다. 가끔은 내가 고른 책이 별로일 수도 있다. 당연하다. 모든 책이 자신에게 좋고 도움이 될 수는 없다.

한번 시도해 보라. 내가 말한 게 거짓이 아니란 걸 알 수 있다. 확인해 보고 싶다면 내 블로그에 들어와서 그동안 읽었던 책들을 찾아보라. 물론 어떤 분야의 책이 좀 더 많을 수는 있다. 앞서 말한 것처럼 눈에 띄는 책들이 그날 읽을 책이다. 분야는 보지 않는다. 지금 내 눈에 띄는 책이라면 지금 내게 필요한 책이라 생각하고 읽었다.

일주일에 10권을 읽으려면 그 주 주말에는 책을 골라 놔야 한다. 처음에는 책 소개를 통해 읽은 책들이 많다. 그러나 시간이 지나면 더 이상 추천이 필요 없는 시기가 온다. 그때가 진정 자신이 원하는 책을 마음껏 고르고 읽을 수 있는 때다. 하루에 두 권을 읽기 위해서는 그만한 노력이 있어야 한다. 인고의 시간이 필요하다. 왜? 엉덩이가 아프기 때문이다. 엉덩이의 힘이 꼭 공부에만 적용되는 건 아니다. 책을 읽기 위해서도 엉덩이의 힘이 필요하다. 졸릴 때는 자면 된다. 책을 펼쳐 논 상태에서. 난 그때가 가장 행복하다. 그리고 그때 자는 잠이 가장 달콤하다. 이상하게도 책을 덮으면 잠이 오지 않는다. 책을 읽다 지쳐 잠든 내 모습이 그렇게 좋아 보일 수 없다.

2,000권 어렵지 않다. 이렇게 읽으면 4년이면 된다. 넉넉하게 잡아도 5년이면 2,000권을 읽을 수 있다. 집에 2,000권이 있는지 궁금하리라 생각한다. 없다. 이제는 도서관을 자주 이용한다. 이 도서관에 없으면 다른 도서관을 찾아간다. 내가 원하는 책을 읽기 위해서. 지금부터 바로 이렇게 시작하라고 말하는 게 아니다. 책과 친해지는 시간을 보내고 이제는 책을 제대로 읽어야겠다는 생각이 들면 그동안 부족했던 양식을 머릿속에 집어넣는 작업을 해야 한다. 나올 때까지 넣어야 한다. 아무리 해도 나오지 않는다고 생각한다면 아직 꽉 차지 않았기 때문이다. 걱정 말고 계속 읽자. 읽고 또 읽자. 언젠가는 머릿속에 쌓인 지식들이 터질 날이 올 것이다. 그때까지 꾸준히 읽어야 한다. 사람은 달라지기 쉽지 않다. 당연히 그만한 노력이 필요하다. 그러니 다른 생각은 접고 오로지 독서에 전념하기를 바란다. 또 다른 삶을 맞이하기 위해서.

당신도 책을 통해 달라질 수 있다.

이제 책을 말할 수 있다

난 지금 내가 하고자 하는 일을 한다. 그러면서 돈도 번다. 지금은 하루에 다섯 시간 일주일에 4일만 일하고 있다. 나머지는 오롯이 나만의 시간이다. 그리고 내 회사를 차렸다. 개인사업자지만 내가 하고 싶었던 일이다. 또한 나와 뜻이 맞는 사람들과 함께 법인회사도 차렸다. 아직은 어색하지만 이사로 등재되어 있다. 어떻게 이렇게 변화할 수 있었을까?

누구는 그냥 하면 되는 거지 그게 책과 무슨 연관이 있냐고 말할 것이다. 그렇다. 그건 책과 아무런 상관이 없을 수도 있다. 그렇지만 적어도 난 아니다. 처음에는 책이 어떻게 사람을 변화시킬 수 있을지 의심이 많았다. 위인전을 읽으면 거기 나오는 이야기들이 사실처럼 느껴지지 않았다. 그때는 이런 세상이 아니지 않았나? 라는 자기 합리화를 들먹이며 어떻게 하면 책을 읽지 않을까 노력(?)했다. 지금 생각하면 웃음만 나온다.

한마디로 책을 읽고 공감하고 실천하면 지금의 삶에서 벗어날 수 있다. 한 번으로는 절대 바뀌지 않는다. 반드시 시간과 노력이 필요하다. 때로는 포기하고 싶기도 하지만 이겨 내야 한다. 인내가 필요하다. 왜냐하면 지금까지 하지 않았던 일을 하려고 하니 몸에서 거부 반응을 일으키기 때문이다. 우리의 몸은 편한 걸 선호한다. 그래서 나쁜 습관은 금세 익히지만 좋은 습관은 익히기 어렵다. 생각과 몸이 다를 때가 이때가 아닐까 생각한다.

처음에는 책만 읽는 바보가 되라. 독서근육이 잡히지 않았기 때문에 생각하고 기록할 수 없다. 당연한 거다. 처음부터 그럴 수 있다면 기초가 있다고 생각한다. 내가 말하고자 하는 기준은 처음 시작한 사람들이다. 그러니 다른 사람 눈치 보지 말고 아무 책이나 읽자. 책과 친해지는 과정은 반드시 거쳐야 한다.

당신도 책을 통해 지금의 삶에서 벗어날 수 있다

그렇다. 당신도 바뀔 수 있다. 지금에서 벗어날 수 있다. 스트레스받는 다고 술, 담배만 하지 말고 다른 방법을 생각해 보자. 스트레스받으면 본인만 피곤할 뿐이다. 스트레스를 준 사람은 아무런 감정이 없다. 그저 자신의 감정을 겉으로 내뱉었을 뿐이다. 뭔가 이상하지 않은가? 이제는 그렇게 스트레스 주는 사람들과 함께 있지 않으면 불안하다. 그 사람들이 나에 대해 어떤 말을 할지 무섭기 때문이다. 이게 삶인가? 이렇게 살려고 아등바등하면서 살아야 하는가? 깊게 생각해 볼 문제다.

난 그런 삶에서 벗어나고 싶었다. 돈의 굴레에서도 벗어나고 싶었다. 무엇을 좇아야 하는지 몰랐다. 내가 원하는 게 무엇인지도 몰랐고 내가 잘하는 게 무엇인지도 몰랐다. 그저 남과 비교하는 게 전부였다. 누가 하면 나도 하고 누가 하지 않으면 나도 하지 않았다. 그런 내가 지금은 내가 하고 싶은 일을 하면서 살고 있다. 굶어 죽지 않을까 많은 고민을 했지만 할 수 있다는 자신감이 있었기에 시작했다.

지금까지 15년을 직장생활을 했지만 난 독립하는 게 맞는 사람이란 걸 알았다. 물론 무조건 회사를 그만두라는 건 아니다. 조직생활이 맞는 사람도 있다. 인생에는 누구에게나 통하는 정답 같은 건 없다. 그 정답은 본인에게만 있다. 그래서 난 독립을 선택했고 지금은 책도 쓰고 강의도 하고 컨설팅도 하면서 바쁘게 살아가고 있다. 인생이 완전히 바뀌고 있다. 다 책을 읽고 공감하고 실천했기 때문에 가능했던 일이다.

내가 이런 경험을 해 보니 누구나 가능하다는 사실을 알겠다. 물론 자기합리화를 위해 많은 핑곗거리를 비축해 두었을 거라 생각한다. 나

역시 그랬다. 가장 많이 들었던 말이 바로 '시간이 없다'는 것이다. 그렇다. 지금은 시간이 없다. 늘 시간에 쫓기면서 살아 왔기 때문이다. 다른 사람들은 24시간인데 자신은 12시간만 주어진 기분이 든다. 매일 야근과 철야, 주말 출근으로 독서하기가 어렵다고 한다. 가정을 돌봐야 하고 친구를 만나야 하고 데이트를 해야 하기 때문이라고 하기도 한다. 모두 맞는 말이다. 그런데 가만히 생각해 보면 그건 본인이나 다른 사람이나 똑같다. 우리가 영화나 드라마에서 보여 주는 회사생활에 공감하는 이유는 무엇일까? 각자 다른 일을 하지만 공통적으로 받는 스트레스가 같기 때문이다.

'시간은 만드는 것이다'라고 말해 주고 싶다. 누구에게나 시간은 하루 24시간이 주어진다. 혹시 시간은 상대적이라는 말을 들어 본 적 있는가? 싫은 일을 하면 5분이 한 시간처럼 느껴지고 하고 싶은 일을 하면 한 시간이 5분처럼 느껴지는 기분. 누구나 한번쯤은 경험해 보게 된다. 일이 되었든 무엇이 되었든 간에 말이다. 즉 시간은 어떻게 받아들이느냐에 따라 달라진다. 자신의 하루 시간을 하나하나 짚어 보자. 자신이 하루를 어떻게 보내고 있는지 알 수 있다. 창피하다면 어딘가 조용한 장소에서 고민해 보기를 바란다. 반드시 해야 할 일이다.

그렇게 자신의 시간을 파악하면 어디에서 시간이 비는지 알 수 있다. 처음에는 그 시간을 활용하는 게 힘들다. 하지만 이 생활에서 벗어나고 싶다면 꼭 해야 한다. 이제 시간이 만들어졌으니 책을 읽자. 아무 책이나 읽자. 처음에는 책과 친해지는 시간, 즉 단련의 시간이 필요하다.

무술을 배운다고 생각하면서 책을 읽어 보자. 무술을 연마하기 위해서는 끊임없는 연습이 필요하다. 마스터할 때까지 해야 한다. 독서도 그렇다. 책을 읽다 보면 임계점이 보이는 때가 온다. 그 한계를 넘어서면 책이 보이기 시작한다. 의미를 조금씩 알게 된다. 그리고 이렇게 한번 해볼까 하는 생각이 든다. 바로 실천하는 독서로 변화하게 된다.

자신이 책을 읽고 공감하고 실천하고 있다면 이제부터 그 삶에서 벗어나는 시간이다. 관계가 개선되고 업무 능률은 높아지고 긍정적인 마인드로 변화하고 무언가를 더 배우려고 노력하고 있는 자신을 발견하게 된다. 이제는 누가 강요하지 않아도 책을 읽어야겠다는 생각이 든다. 스스로 독서를 시작하고 자신만의 독서법을 익히게 된다.

'난 책을 읽었는데 왜 변화가 없지?' 아니다. 변화는 이미 일어나고 있다. 다만 느끼지 못할 뿐이다. 눈에 보이는 게 전부가 아니다. 내 행동, 말투, 자세, 생각이 변하고 있다. 자신을 자세히 관찰해 보자. 책을 읽으면 반드시 변화하게 되어 있다. 남들에게 보여지는 성공한 모습만 상상하지 않기를 바란다. 예전의 나와 지금의 나를 비교해 보기를 바란다. 지금 생각하고 있는 변화가 남들에게 보여지는 변화라면 아직 부족하다. 책을 읽고 성공(?)하고 성공심리학을 전파하는 사람들의 이야기만 듣다 보면 자신의 길을 벗어날 수 없다. '그래. 저건 저 사람만의 방법이구나. 내 방법을 찾아야겠다'란 생각을 갖기 바란다.

세상에 자신에게 100% 맞는 방법은 없다. 오롯이 자신이 경험하고 자신이 만드는 방법이 100%다. 난 이렇게 생각한다. 지금 책을 읽는 그 자체가 변화된 삶이라고. 이제 다른 삶을 살기 위해서는 반드시 실천해야 한다. 단지 이런 게 있구나 하는 단계에 그치지 말고 그들의 방법을 실천해 보자. 리더십이든 업무든 관계 개선이든 뭐든지 간에 그들이 한 일들을 그대로 따라 하는 시간을 갖자. 그럼 스스로 알게 된다. 무엇이 옳고 그른지. 그러니 '변화'라는 단어에 집착하지 말자.

이제 제2의 인생을 살아갈 준비를 해야 한다. 행동할 시기가 다가왔다고 본다. 독서를 통해 나의 길을 찾고 소통의 길을 찾고 성공의 길을 찾고 새로운 인생을 찾자. 누가 도와주지 않는다. 스스로 해내야만 하는 과정이다. 단지 책이 곁에 있을 뿐이다.

이거 하나만은 말해 주고 싶다. 책을 읽고 공감하고 행동한다면 반드시 변화하고 현재의 불만족스러운 자신의 모습에서 벗어날 수 있다고. 돈을 엄청나게 많이 버는 게 변화가 아니다. 많은 사람들에게 알려지는 게 변화가 아니다. 자신의 모습이 변화할 때가 진정한 변화다. 스스로가 만족하는 삶. 이 삶을 지속함으로써 얻는 자신감과 자부심, 열정, 열의, 의욕 등은 지금까지 경험해 보지 못한 새로운 것으로 탄생하게 된다.

누구나 할 수 있다. 나도 했고 지금도 하고 있다. 당신도 변화할 수 있고 현재의 굴레에서 벗어날 수 있다. 왜 못 하는가? 난 그 이유를 안다. 그건 바로 행동하지 않기 때문이다. 지금부터 움직여라. 움직이면 생각하게 되고 생각하면 행동하게 된다.

독서가 답이라 생각하기

어느덧 나도 독서를 통해 나를 발견하고 내가 하고 싶은 일을 하면서 살아가고 있다. 아직도 믿기지 않는다. 얼마 전까지 한 회사에 소속되어 지시받은 일을 처리하기에 급급했는데 지금은 아무의 지시도 받지 않고 스스로 하고 있다.

회사에서는 내가 좋아하는 일은 시키지 않았다. 언제나 말만 했지 행동으로 가는 일들은 거의 없었다. 상사들은 뜬구름 잡듯이 말만 꺼내고 나 몰라라 했다. 자신이 지시한 일에 대해 자세히 알지도 알려고 하지도 않았다. 그저 실적에 눈이 멀었다. 그러니 일하는 사람, 생색내는 사람이 따로 있었다. 예전의 나였다면 불의를 참지 못해 한마디 하고 싶었겠지만 지금은 아니다. 그럴 수도 있겠구나 하고 생각한다. 그들도 사람이고 한 가정의 가장이자 엄마다. 살아남기 위해서 남을 짓밟고 올라서야 하기에 그렇게 행동할 수밖에 없을 것이다.

관점을 바꿔 생각하니 오히려 불쌍해 보였다. '아. 자신의 색깔이 없구나. 그래서 저렇게 할 수밖에 없구나.'라고 생각했다. 이상하다. 난 이러지 않았는데. 이렇게 생각하는 것 자체가 믿을 수가 없었다. 생각해 보니 난 그들과 다른 게 있었다. 바로 꾸준히 독서하고 생각하고 소통하려고 했다.

독서를 통해 내게 부족한 지식을 쌓았다. 리더십이 부족하다 싶으면 리더십 관련 책을 읽고, 관계에 문제가 있으면 관계 개선에 관련된 책을 읽고, 업무 기술이 부족하면 업무 관련 책을 읽었다. 감수성이 부족하다고 생각되면 일반 문학을 읽었다. 가리지 않고 읽었다. 골고루 읽었는지 묻는다면 답해 줄 수 없다. 그렇게 철저하게 나누어 독서를 하지는 않는다. 누구에게 보여 주려고 읽는 게 아니다. 내 스스로 변화하고 싶어서 읽었다.

지금 고민이 있다면 그 답은 책에 있다. 어떤 책을 읽어야 답이 생기는지 궁금하지 않은가? 책 한 권으로 모든 답을 얻을 수는 없다. 책은 한 권이지만 서로 이어져 있다. '책 속의 책'은 그런 의미를 담고 있다.

책을 읽다 보면 그와 관련된 책이 읽고 싶어진다. 왜 저자는 이런 생각을 했을지 궁금하기 때문이다. 그렇게 책을 읽다 보면 사고하기 시작한다. 저자의 생각과 내 생각이 다를 때도 있다. 그럼 더 곰곰이 생각하게 된다. 답을 얻기 위해서는 이런 과정을 거쳐야 한다.

그렇게 읽고 또 읽다 보면 '유레카'를 외칠 정도는 아니지만 순간 얻게 되는 답이 있다. 책은 그렇게 우리를 이끌고 간다. 그렇게 끌려가다 보니 어느새 내가 얻고자 한 답을 얻었고 이제는 달라지기를 바란다. 마치 바이러스 같다. 한번 감염되면 자신의 몸 전체가 감염되고 난 후 다른 사람을 감염시키는 것이다. 책은 한마디도 하지 않지만 엄청난 이야기를 들려준다. 지금부터라도 읽고 공감하고 실천한다면 얻고자 하는 답을 얻을 수 있을 것이다. 물론 처음은 어렵다. 세상에 쉬운 건 하나도 없다.

이렇게 시작한 독서는 자신에게 자신감을 준다. 내 생각이 틀린 게 아니라고 말해 주기도 하지만 틀렸다고 정확하게 말해 주기도 한다. 남의 시선에서 벗어나기 위해 눈치를 보게 하는 게 아니라 그 눈의 방향을 자신에게 돌리라고 한다. 남들은 내게 관심이 없다고 말한다. 스스로에게 질문을 던지고 고민하게 만든다. 내가 잘할 수 있는 일, 잘하는 일, 하고 싶은 일, 해야만 하는 일에 대해 생각하게 만든다. 남들처럼 사는 게 아니라 나처럼 살아가도록 만든다. 상대방은 나와 다르다는 생각을 하고 비교하지 않는다. 그 사람은 그 사람만의 고충이 있다. 단지 겉으로 보이지 않을 뿐이다.

세상에 고민 없이 사는 사람은 없다. 누가 쳐다본다는 생각을 버려라. 아무도 쳐다보지 않는다. 책을 읽으면 알 수 있다. 사람들이 얼마나 단순한 동물인지. 그러니 시선에서 벗어나고 싶다고 도망치지 말고 책을 읽자. 처음에는 힘들겠지만 그 순간을 벗어나면 자연스레 시선에서 벗어날 수 있다. 그들도 나와 같다는 생각을 한다면 크게 어렵지 않다. 이것도 책에서 얻은 교훈이니 부디 읽고 또 읽자. 그러면 달라진다.

'나'에서 '나'로 독립하기

『무조건 달라진다』라는 책이 있다. 생각하고 행동하는 게 아니라 행동하고 생각하는 게 중요하다고 말하는 책이다. 매우 공감한다. 생각만 하면 생각으로 끝나는 경우가 대부분이다. 생각하면 할수록 부정적으로 변해 버리는 경우가 많다. 실천할 수 있는 계획을 세웠다면 바로 시작하자. 조금씩 성취감을 얻다 보면 하려는 마음이 굳어진다. 좋은 습관을 들이기 위해서 최소 21일이 필요하다고 하는데 이건 숫자에 불과하다. 사람마다 다른데 어떻게 딱 정해진 날짜가 기준이 될 수 있을까? 단지 평균적으로 21일이 걸린다는 얘기지 나도 21일 안에 해야 한다는 생각을 가질 필요는 없다. 평균은 평균일 뿐이다. 평균의 함정은 생각보다 깊다. 가장 큰 함정은 바로 생각하지 않게 만든다는 것이다. 왜? 평균이니까 그 정도만 하면 되겠지 하는 생각으로 더 이상의 생각을 포기하게 되기 때문이다. 그러나 좋은 습관은 꾸준히 하다 보면 몸에 새겨지게 되어 있다. 가장 중요한 건 바로 '꾸준함'이다.

'나'에서 '나'로 독립하기는 바로 자신을 찾는 과정이다. 사람들은 자신이 자신을 잘 안다고 생각하지만 의외로 자신을 잘 모른다. 왜냐하면 자신에 대해 생각해 본 적이 없어서다. 자신이 아닌 자신은 남들이 본 시선에 의해 해석된 자신일 뿐이다. 진정한 자신이 아니라 보여졌던 자신이다. 이것 또한 생각하지 않기 때문에 남들에게 보여지는 부분을 전부라 생각하고 그렇게 자신을 만들어 버렸기 때문이다. 자신의 삶을 주체적으로 살라는 말을 듣고 부정적인 생각이 든다면 조심스레 물어보고 싶다. 지금 자신은 자신이 잘하는 일, 해야 하는 일, 하고 싶은 일을 알고 있는지. 꿈은 있는지. 가까운 미래에 대한 생각은 있는지. 막연히 누구와 비교한 삶 말고 자신에 대한 삶을 생각해 보았는지. 나조차도 힘들다. 어떻게 미래를 알 수 있는가? 그리고 미래를 알고 싶지도 않다. 만약 내 미래가 어떻게 진행될지를 안다면 내가 굳이 수고를 할 필요가 있을까? 오히려 의욕이 떨어지고 삶의 의미를 잃어버린 채 살지 않을까? 난 지금을 충실하게 살려고 한다. 지금이 이 세상에서 내가 살아 있는 유일한 시간이기 때문이다. 과거에도 살았지만 이미 지나가 버린 시간일 뿐이다. 미래는 오지 않았으니 생각할 필요도 없다. 바로 지금이 중요하다. 지금을 어떻게 보내느냐에 따라 내 미래가 달라지기 때문이다.

여기서 '독립'은 회사에서의 독립을 의미하지 않는다. 나약한 자신에게서 빠져나와 당당한 모습으로 살아가기 위한 독립이다. 누군가에게 부탁만 하지 말고 스스로도 누군가에게 도움이 되는 사람으로 거듭나기를 바란다. '나도 그러고 싶다'라고 생각한다면 희망이 보인다. 일단 그렇게 생각했다는 건 지금의 나에서 벗어나고자 하는 의지가 있다는 것이다.

주체적인 삶을 살고자 한다면 이제 생각은 그만하고 독서를 시작하자. 내가 누구인지 고민하는 시간을 갖자. 자신이 잘하는 일이 무엇인지 찾아보자. 그리고 하고 싶은 일이 무엇이고 꼭 해야만 하는 일이 무엇인지 생각해 보자. 잘하는 게 없다고 생각하지 말자. 부정적인 생각은 지워 버리고 자신에게만 오롯이 집중하자. 나에 대해서.

나에게서 독립하기는 쉽지 않은 과정이다. 지금껏 상사가 시킨 일에만 반응했던 나를 능동적으로 변화시켜야 하는데 쉬울 리 없다. 이런 과정에서 위로와 힘이 되는 것은 바로 '책'이다. 책 몇 권으로는 얻기 어렵다. 지금까지 살아온 시간을 생각해 본다면 쉽게 변할 수 있다는 생각은 버려야 한다. 단단한 각오가 필요하다.

흔히 간절함이 있으면 변할 수 있다고 한다. 난 그렇게 생각하지 않는다. 간절함도 생각일 뿐이다. 행동하지 않으면 그 당시 가졌던 생각에 그치고 만다. 내가 나에게서 벗어나기 위해서는 많은 시간과 노력이 필요하다. 나에게서 벗어나는 순간이 곧 진정한 나로 거듭나는 과정이다. 혼자서는 힘들다고 생각한다. 만약 혼자가 가능하다면 무엇이 고민이 겠는가? 행동하는 독서, 실천하는 독서로 하루에 한 장이라도 좋다. 꾸준히 읽자. 내가 나를 움직이는 힘을 얻기 위해서는 반드시 독서가 필요하다. 나에게서 독립하고 싶은가? 그럼 책을 읽어라.

잘하는 일 찾기

'당신이 가장 잘하고 좋아하고 즐길 수 있는 일을 찾으세요.'

내가 독서를 시작하고 늘 머릿속에서 맴돌았던 문구다. 지금 내가 하고 있는 일이 가장 잘하는 일 아닌가? 만약 그렇다면 난 이 일을 좋아하고 있을까? 아니면 즐기고 있을까? 솔직히 처음에는 나도 헷갈렸다. 도대체 가장 잘하는 일이 무엇이고 좋아하는 일, 즐길 수 있는 일은 무엇을 말하는 걸까? 지인들에게 물어보면 지금 하는 일이나 잘하라는 소리밖에 돌아오지 않았다. 지금 내가 잘하고 있는 걸까? 잘한다는 의미부터 나를 괴롭히기 시작했다.

잘하는 일이 무엇인지에 대해 생각해 보았다. 깊게 생각할 필요도 없었다. 지금 하는 일 외에 해 본 일이 없기 때문이다. 잘하는 일에 대해 목록을 작성해 보았다. 곧 실망했다. 잘하는 일이 없었다. 그저 회사에서 했던 일의 연장선일 뿐이었다. 도대체 나란 인간은 지금까지 무얼 하며 살았던 걸까? 어떻게 잘하는 게 하나도 없을 수 있나. 이렇게 해도 먹고사는 거 보면 신기할 따름이었다.

가까운 지인이 있다면 자신에 대해 물어보라. 의외로 쉽게 답을 얻을 수 있다. 자신이 보지 못한 '자신'을 볼 수 있기 때문이다. '아니. 그게 안 되니까 힘든 게 아닌가?' 그렇다. 가까운 지인을 찾기가 그렇게 쉽지 않았다. 지인이 있다면 그나마 다행이다. 난 없었다. 나에 대해 물어볼 사람이 없었다. 지인? 글쎄. 그럼 어디서 힌트를 얻어야 할까? 주위를 살펴보면 가장 가까운 사람이 있다. 바로 '가족'이다. 물론 가족들에게 자신의 모습에 대해 듣다 보면 화가 치밀어 오를 때도 있지만 참고 그들의 말을 들어 보라. 내가 잘하는 게 무엇인지 바로 알려 준다. 왜냐하면 그만큼 자신과 가깝게 있는 사람들이기 때문이다.

가족 없이 혼자 지낸다고? 그럼 이 방법을 사용해 보자. 일단 자신이 지금 하는 일에서 다른 사람과 차별되는 일은 무엇인지 생각해 보자. 예를 들어 컴퓨터 프로그램을 잘 다루는지, 컴퓨터 시스템을 잘 다루는지,

주변기기를 잘 다루는지, 남들보다 스마트폰을 스마트하게 다룰 수 있는지, 일처리 속도나 정확성이 남다른지, 보고서를 잘 쓰는지, 정리정돈을 잘하는지, 자기관리를 잘하는지, 운동을 잘하는지, 자기계발을 하고 있는지, 절약하는 정신이 투철한지, 배려하는 마음이 깊은지, 상대방을 존중하는 마음이 있는지, 글씨를 잘 쓰는지 등 다양한 일을 생각해 보자. 이는 주관적인 생각이긴 하지만 이를 통해 내가 잘하는 일을 찾게 되면 앞으로 무엇을 해야 할지 힌트를 얻을 수 있다.

분명 자신이 잘하는 일이 있다. 그렇지 않고서야 회사에서 월급을 주지 않을 것이다. 자신의 장점에 대해 시간이 들더라도 꼭 체크해 보자. 나는 특별하지 않지만 컴퓨터를 조금 다룰 줄 안다. 운영체제를 깔고 각종 프로그램도 쉽게 깔 수 있다. 또한 내 직업에서 사용하는 프로그램을 잘 활용하고 시간을 단축시킬 요소를 발견하고 발전시켰다. 그리고 4차 산업혁명을 대비한 건 아니지만 3차원 관련 프로그램을 다루게 되었고 이제는 그것을 통해 새로운 수익을 창출하고 있다.

난 독립을 했다. 회사와 결별했다. 내가 하고자 하는 일을 회사에서 하게 두지 않았다. 함께 발전하는 경쟁이 아니라 소모성 경쟁에서 지쳐 버렸다. 더 이상은 발전이 없을 거라 생각했다. 지금부터 5년 후의 내 모습을 상상해 보라고 지인이 보내 준 카톡 메시지를 보고 많은 고민을 했다. 5년 후의 내 모습은 지금과 다를 바 없으며 내 상사들의 모습 또한 변하지 않을 거란 결론이 났다. 이젠 결단을 내리지 않는다면 안 된다는 생각에 내가 잘하는 일, 좋아하는 일, 즐길 수 있는 일을 생각해 보았다.

내가 잘하는 일에 대해 생각해 보자 불안해졌다. 검증받지 않은 상태인데 어떻게 이 일로 독립을 하고 경제 활동을 할 수 있을까? 그래서 과외를 시작하고 쪽강의를 시작하게 되었다. 스스로 자신의 위치가 어디인지 알 수 있었고 남들이 쉽게 할 수 없었던 일이란 걸 알게 되었다. 자신감이 생기기 시작했다. 앞으로 이 일로 내가 나라는 사람을 알리고 경제 활동도 할 수 있겠다는 자신감이 생겼다. 세상은 참 재미있다. 이런 생각을 하고 이와 관련된 사람들을 알게 되면서 나와 비슷한 생각을 하는 사람들을 만나게 되었다. 그들을 통해 기회가 왔다. 30~40명 되는 사람들을 가르치고 큰 회사에 컨설팅을 하게 되었고 함께하는 이들과 프로젝트도 하게 되었다. 그리고 지금은 이렇게 책도 쓰고 있다.

어떤가? 내 자랑처럼 들리는가? 절대 자랑이 아니다. 난 아직도 변해가고 있고 계속 바뀔 것이다. 한곳에 안주하지 않고 나를 꾸준히 계발할 작정이다. 이렇게 할 수 있었던 중요한 한 가지가 있다. 내 의식을 변화시키고 행동하게 만들어 준 가장 중요한 한 가지. 바로 '책'이다.

매일매일 독서를 하며 배우고 느끼고 행동하려고 노력하고 있다. 완벽하지는 않다. 꾸준히 발전하고 더 나은 모습을 사람들에게 보여 주고 싶을 뿐이다. 책은 그렇게 하라고 간접적으로 말하고 있다. 그렇기 때문에 한두 권으로 나를 바꿀 수는 없다.

꾸준한 독서를 통해 나를 단련시키고 생각할 수 있는 근육을 길러야 진정한 나로 변할 수 있다. 내가 잘하는 일은 나를 찾아가는 일 중 하나라고 생각한다. 나를 찾아야만 내가 원하는 걸 알 수 있다. 막연한 부자만을 외치는 게 아니라 잘하고 즐기고 좋아하는 일을 하는 게 중요하다. 중용에 나와 있는 문구처럼 말이다.

작은 일도 무시하지 않고 최선을 다해야 한다. 작은 일에도 최선을 다하면 정성스럽게 된다. 정성스럽게 되면 겉으로 드러나고, 겉으로 드러나면 이내 밝아진다. 밝아지면 남을 감동시키고. 남을 감동시키면 변하게 되고, 변하면 생육된다. 그러니 오직 세상에서 지극히 정성을 다하는 사람만이 나와 세상을 변하게 할 수 있는 것이다.

잘하는 일로 먹고살기

그렇다면 잘하는 일로 어떻게 먹고살 수 있을까? 시대 흐름에 맞는 산업이 아니면 쉽지 않다는 생각은 나도 했다. 솔직히 내가 하고 있는 일이 4차 산업혁명의 한 직업으로 생겨날지는 몰랐다. 그때 그 시기에 좀 더 다른 방법으로 효율적인 일을 해 보고 싶다는 생각으로 시작했을 뿐이다. 그리고 꾸준히 했을 뿐이다. 미래? 그런 건 생각지도 않았다. 다만 컴퓨터를 좋아하고 그 일이 컴퓨터와 관련된 일이기에 잘 맞았다. 운이 좋았을 수도 있다. 그렇게 시작했다. 누구의 강요도 없었다.

이 일로 내가 독립을 하고 돈을 벌 수 있을 거라고는 상상조차 하지 못했다. 그저 이 일이 앞으로 먹거리로 이어질 수 있겠다는 막연한 생각밖에 없었다. 지금에 와서 생각해 보면 그것이 내면의 목소리가 아니었을까 싶다. 바꾸고 싶은데 아무도 하지 않으니 그럼 나라도 해 보자, 라는 생각이었다. 그렇게 5~6년이 지났지만 내 주변은 아무런 변화가 없었다. 이 일도 변화가 없었다. 그저 한순간의 이벤트로 보여졌을 뿐. 앞으로의 미래는 불투명했다. 그런 불투명함 속에서도 꾸준히 했다.

회사에서도 혼자 했다. 같이 하고 싶어도 할 사람이 없었다. 많은 시간을 쏟아부었다. 안 되면 될 때까지 했다. 그래도 안 되는 건 포기했다. 그렇게 몇 년이 흐르자 분위기가 달라졌다. 무언가 꿈틀대는 느낌이 들었다. 변화해야 한다는 목소리가 커지기 시작했다. 체감할 정도는 아니지만 전반적으로 변화해야 한다는 목소리가 모아지고 있었다.

이제는 이 일이 전반에 깔려야 한다는 목소리가 커지기 시작했고 여기저기서 시작하는 움직임이 있었다. 드디어 내가 잘하는 일이 내게 답을 주기 시작했다. 한꺼번에 많은 곳에서 시작하다 보니 인력난이 발생했다. 사람이 없어서 못 할 지경에 이르렀다. 이제야 내가 잘하는 일로 먹고살 수 있는 시간이 왔다는 확신이 생겨 회사를 나와 독립했다.

나는 내가 좋아하는 일을 찾는 데 시간이 오래 걸렸다. 시간에 쫓기고 돈에 쫓기는 삶에서도 변화하고 싶었다. 지금과 다른 삶을 살고 싶었다. 완전히 다른 삶으로 탈바꿈하지는 못했지만 그렇게 살아가려고 노력하고 있다. 잘하는 일을 발견하고 꾸준히 노력해서 나만의 색을 찾게 되었다.

지금은 잘하는 일로 예전보다 더 많은 돈을 벌고 있다. 내겐 주말이나 휴일이 없다. 모두 다 같은 시간이다. 왜냐하면 일하고 싶을 때 일할 수 있기 때문이다. 할 때마다 조금씩 발전하고 있다는 걸 체감하고 있다. 잘하는 일을 더 잘할 수 있도록 스스로 계발한다면 누구나 그 일로 살아갈 수 있다. 회사생활도 나쁜 건 아니다. 다만 기회가 많이 오지 않기에 난 그 기회를 찾기 위해 독립했다.

잘하는 일, 좋아하는 일, 즐길 수 있는 일을 하며 살아갈 수 있는 삶을 살기 위해서는 먼저 마음가짐을 다잡아야 한다. 그러기 위해서는 책을 읽어야 하고 스스로를 다져야 한다. 책 속에 '이것이 답이다'라고는 나와 있지 않다. 힌트만 줄 뿐이다. 그 답은 오롯이 자신이 찾아야 한다. 그 답을 찾기 위해 더 많은 책을 읽어야 하고 실천해 봐야 한다. 실패를 두려워하지 말자. 실패는 하지 말아야 할 방법 하나를 찾은 것이다. 하지 않으면 그만이다.

모든 책이 도움이 될 수는 없다. 나만의 책을 찾기 위해 꾸준히 독서하자. 자신의 마음을 안정시키고 여유를 찾게 될 때 진정 자신이 잘하는 일, 좋아하는 일, 즐길 수 있는 일이 보이게 된다. 앞으로의 남은 인생을 주체적인 삶으로 살고 싶다고 생각한다면 반드시 책을 읽어야 한다. 지금처럼 살고 싶은가? 아니라면 움직여라. 그리고 읽어라. 읽고 나서 찾아라. 그러면 원하는 것을 얻을 수 있을 것이다.

아내가 인생의 터닝포인트를 선물하다

나는 건축설계를 하지만 시공 경험도 있고 4차 산업에 당당히 이름이 올라간 BIM 매니저도 하고 있다. 특이한가? 전혀. 말만 어렵지 누구나 하고 있는 일이다.

건축 하면 떠오르는 이미지가 있을 것이다. 잦은 야근에 주말도 당연하게 출근하는 직업인데 박봉(이제는 박봉인지 의심스럽다)이다. 경제 상황에 지대한 영향을 받는 직업이다. 경제가 휘청이면 건설이 휘청하고 동시에 설계도 휘청거린다. 도미노란 말이 많이 나오는 직업이다.

야근이 많아지면 술자리도 많아진다. 아니 피곤하면 들어가서 쉬어야 하지 않느냐고? 의문스럽겠지만 그럴수록 더 악착같이 모여 한잔하면서 상사 욕하는 재미에 빠지게 된다. 술이 있으면 당연히 담배도 곁에서 자신을 태워 달라고 외친다. 하루에 10개비가 술자리에서는 한 갑으로 둔갑한다. 다음 날 왜 가슴이 답답하지? 생각하지만 당연히 많이 피웠으니 답답한 것이다. 군대보다 더 단순화가 되는 내 자신을 세상 탓, 나라 탓, 상사 탓을 하며 보낸 세월이 지속되었다.

그럴 시간에 '자기계발서'나 '리더십', '인간관계'에 대한 책을 읽었다면 얼마나 좋았을까 하는 생각이 든다. 왜 그때는 시간에 관대했을까? 뭐가 그토록 부족해서 매일 술과 담배에 젖어 가족은 안중에도 없이 살았을까? 회사에서 받은 스트레스를 포장해 집에서 풀어 헤쳤던 내 모습에 부끄러울 따름이다. 지금은 그렇게 하지 않냐고? 100%는 아니지만 그때에 비하면 거의 없다고 생각한다.

매일매일이 다른데 나는 늘 똑같은 날이라는 생각으로 사회생활을 했다. 어떤가? 물론 나보다 더 심한 사람도 그렇지 않은 사람도 있을 것이다. 그러나 나도 여러분과 같다. 연봉 100만 원 차이로 회사를 옮겨도 보았고 사표도 여러 번 내 보았다. 마음이 내키지 않으면 '자체적으로' 회사는 휴무에 들어갔다. 그렇게 회사를 일명 '양아치'처럼 다녔다. 이건 어떤가? 좀 심했다는 생각이 들지 않은가? 그럼 그렇게 옮긴 회사가 7군데라면 어떤가? 좀 수긍이 되는가? 난 그런 놈이었다.

그리고 조금 특이하다면 특이한 일이 있다. 난 결혼을 했다. 아이도 있다. 이렇게 말하면 뭐 별거 없네 하고 생각할 것이다. '25, 40, 15.' 내게 의미 있는 숫자들이다. '25'는 내가 결혼한 나이다. '40'은 지금 내 나이다. '15'는 내 딸아이의 나이다. 이제 이해가 되는가? 그중에 '25'는 의미가 더 있다. 내가 사회생활을 시작한 나이이기도 하다. 아주 젊은 나이에 가정을 꾸리고 살아가야 했던 내 심정이 조금은 이해가 되리라 생각한다.

결혼 생활이 결코 쉽지 않았으리라는 건 짐작이 갈 것이다. 매일매일이 고된 노동과 같았다. 돈에 눈이 뒤집혀 있었다. 그러니 내 머릿속에 좋은 기억이 있을 리 만무하다. 매일 야근과 철야가 반복되니 집에도 못 들어갔다. 당연히 나머지 일은 아내가 했다. 죽일 놈이었다.

그렇게 살았던 나는 하루하루가 지옥 같았다. 돈은 적고 일은 많고 아이는 키워야 하는 상황이었으니까. 그나마 다행이었던 것은 처가에서 살았다는 것 정도. 그러지 않았다면 진즉에 사달이 날 수도 있었을 거라 생각한다.

그런 생활을 하는 중에 둘째가 생겼다. 기쁨과 동시에 걱정이 밀려왔다. 어쩌겠는가. 내가 더 많이 벌어야지. 그런 마음을 갖고 살아가려 했지만 아이는 임신 8개월에 하늘나라로 갔다. 내 인생에서 가장 큰 슬픔이 밀려온 날이었다. 눈을 뜨고 있는 상태에서 눈물이 흘렀다. 왜 내게 이런 시련이 올까? 내 눈물을 첫아이가 닦아 주었다. 울지 말라며. 아내는 더 힘들었을 것이다. 살면서 가까운 가족을 잃은 건 처음이었으니까. 그때를 생각하면 아직도 눈물이 난다. 잘 있지?

경제적인 상황과 사랑하는 이를 잃은 슬픔은 내게 변화를 해야 한다는 메시지처럼 들렸다. 터닝포인트를 준 것은 아내다. 바로 책을 권해 주었던 것이다. 나, 아내한테 잘해야 한다!

가방 속에는 화장품 대신 책을 넣어라

언젠가부터 내 가방 속에는 책 두 권이 들어 있다. 특별한 이유는 없다. 이제는 예전보다 책을 조금 빨리 읽게 되었다. 한 권으로도 부족한 하루가 많았다. 한 권을 다 읽고 나면 아쉬운 마음에 한 권을 더 가지고 다닐까 생각을 했다. 그렇게 두 권이 되었고 지금은 두 권 또는 세 권까지 가지고 다닌다. 읽을거리가 있어 기분은 좋으나 가방이 무거워지는 게 단점이다. 의외로 책이 무겁다는 걸 알게 되었다. 한 권일 때와 두 권일 때는 많은 차이가 있다. 지금은 단련(?)이 되었는지 그렇게 무겁다는 생각은 들지 않는다.

가끔은 이런 생각도 한다. 전자책을 들고 다니면 어떨까? 인터넷에서 검색해 보니 다양한 크기에 다양한 가격대가 있다. 살까 말까 고민하다 아직은 구매하지 않았다. 그 이유는 종이책이 갖고 있는 느낌을 주지 못하기 때문이다. 전자책이 가볍기는 하지만 넘기는 재미가 없다는 게 가장 큰 단점이다. 물론 공감되는 글을 저장하고 좋아하는 페이지를 기록하는 기능은 매우 편리하다. 아쉽지만 아직은 끌리지 않는다. 나중에는 필요할 거라 생각한다. 기기가 점점 발달하고 무게도 가볍고 저장 공간도 많아지고 배터리도 오래간다면 말이다. 하지만 난 아직까지는 종이책이 좋다. 그래서 조금 무겁더라도 몇 권을 가방에 넣어 다닌다.

난 책을 읽기 전과 후가 다르다. 당연하다고 생각한다면 오산이다. 그렇지 않은 사람도 많기 때문이다. 어제 뉴스를 보니 우리나라 성인 40% 이상이 1년에 책 한 권도 읽지 않는다고 한다. 지금은 이런 뉴스를 보면 안타까운 마음이 든다. 그 많은 시간을 무엇을 하며 허비하고 있을지 어느 정도는 알고 있기 때문이다. 책을 읽기 전에는 이런 뉴스는 그저 스쳐 지나가는 뉴스일 뿐이었다.

책을 읽기까지의 마음가짐이 얼마나 어려운지 너무나 잘 알고 있다. 옆에서 아무리 책을 읽으라고 권해도 책을 읽지 않는다. 왜냐하면 변화에 두려움이 있기 때문이고 또 하나는 자신이 꾸준히 책을 읽을 수 없을 거라는 생각에서 그렇다. 그런데 시도는 해 보았는지 묻고 싶다. 내가 아는 대부분의 사람들은 이렇게 말한다. '책? 읽어야지. 그런데 책 읽을 시간이 없어.' 혹시 이런 말 해 보지는 않았는가? 나도 그랬다. 그랬던 내가 책을 읽고 달라지고 있고 앞으로도 달라지려고 하고 있다. 거짓말 같았던 이야기가 실천을 해 보니 거짓말이 아니었다는 걸 알게 되었다.

지금 자신의 가방에 무엇이 들어 있는지 열어 보라. 아직 책이 없다면 얇은 책이라도 한 권 넣어 둬라. 그렇게 들고 다녀 보면 아까워서라도 읽게 된다. 읽다 보면 다른 책에도 관심이 가게 된다. 한 권이 두 권이 되고 두 권이 세 권이 된다. 책 읽기가 쉽지는 않다. 하지만 책 읽기는 의외로 쉽다. 어떤 규칙을 버린다면 책 읽기가 쉬워진다.

많은 책에서 공통적으로 말하고 있는 방법 중 하나는 눈에 띄는 곳에 책을 두라는 것이다. 인문학이나 철학 관련 책이 아니라 그보다는 쉽게 읽을 수 있는 책을 곁에 두면 된다. 물론 가방 속에도 넣어 두면 좋다. 그렇게 큰 가방에 화장품을 제외하면 자주 사용하는 물건이 얼마나 되는가? 어쩌다 사용하는 물건을 무겁게 들고 다닐 바에는 차라리 책 한 권을 넣고 다니면 더 좋지 않을까?

가방에서 책을 꺼내어 읽는 모습이 얼마나 멋있는지 아는가? 읽고 공감하고 실천하면 좋지만 책 읽는 그 모습 자체도 멋있고 아름답다. 당신도 할 수 있다. 책? 겨우 종이에 불과한데 왜 두려워하는가? 그냥 읽자. 읽고 또 읽자. 읽다 보면 친해진다. 친해지고 나면 당신도 달라지고 있는 걸 느끼게 된다. 일단! 가방 속에 한 권만 넣고 다녀 보자. 무거워서라도 읽게 될 테니까.

꾸준히 독서를 하다 보니 책과 친해지다

독서법이라고 할 수 있을지 모르지만 내 독서법은 주로 이동하면서 읽는 것이다. 독서는 조용한 곳에서 해야 하지 않는가 하고 생각할 수도 있겠지만 그건 어디까지나 취향의 문제다. 조용한 곳에서만 책이 읽히는 사람이 있고 그렇지 않은 사람도 있다. 어떤 방법이 맞고 어떤 방법은 틀린 게 아니다. 자신의 독서법을 찾고 꾸준히 하는 게 중요하다. 밑줄을 쳐야 한다, 모퉁이를 접어야 한다, 필사를 해야 한다, 라는 말을 많이 들어 보지 않았는가? 많은 사람들이 그렇게 한다고 그게 정답일까? 난 아니라고 생각한다. 어떻게 하든 꾸준히 독서할 수 있는 환경과 습관을 만드는 게 중요하다. 책을 읽었는데 기억나지 않는다고? 당연하다고 생각한다. 지금은 책과 친해지는 시기지 책을 기억하기 위해서 읽는 게 아니다. 이제 첫걸음을 시작했는데 벌써 100미터 앞을 생각하는가? 그때는 그때 맞는 방법이 있다. 그러니 성급한 마음을 진정시키기 바란다.

내가 독서에 대해 이렇게 책을 쓰는 이유가 있다. 만 권을 읽었다, 3,000권을 읽었다, 1,000권을 읽었다, 하는 분들을 볼 때마다 부러웠다.

어떻게 하면 저렇게 많은 책을 읽을 수 있을까? 도대체 독서를 언제 했을까? 그런데 그들의 방법을 찾아 자신의 삶에 대입해 보면 대부분 실패한다. 물론 그중에는 그와 같은 방법이 맞는 사람도 있다.

여기서 잠시 짚고 넘어가 보자. 그럼 회사를 관두고 몇 년이 되었든 책만 읽을 수 있는가? 아니면 지금 자신의 삶을 던지고 책에 빠질 수 있는가? 그것도 한순간에? 아니면 이른 새벽과 쉬는 주말을 온종일 책과 지낼 수 있는가?

많은 책은 '간절함'이 있다면 가능하다고 한다. 물론 간절함이 필요하다. 자신이 왜 독서를 해야 하는지 이유를 상기하기 위해서 필요하다. 목적이 있어야 우리는 움직인다. 무언가를 얻기 위해서 행동하는 게 인간이기 때문이다. 그런네 그 목적이 왜 책이었을까? 간절함이 생겼다고 무턱대고 책으로 시작할 수 있을까? 난 아니라고 생각한다. 간절함을 느끼고 벗어남에 갈증을 느끼도록 무언가가 필요하다. 그게 바로 '책'이다. 내가 생각하는 독서는 바로 몇 천 권을 읽는 독서가 아니다. 그럴 수 없다. 한순간에 어떻게 바뀔 수 있는가? '천천히 꾸준히'가 중요하다. 그래서 난 시작이 중요하다고 생각한다.

독서가 나를 변화시킨 것들

1. 아침형 인간으로
2. 이동 시 무조건 책을 드는 습관
3. 꼭 하루에 두 권 이상을 가방에 담기

4. 머릿속에 있는 생각을 바로 내뱉지 않기

5. 상대방에게 어떤 게 배려일지 우선 생각하기

6. 주말마다 도서관 가기

7. 하루에 한 번 이상은 블로그에 서평 남기기

8. SNS 사용 시간을 반으로 줄이기

9. 담배 끊기

10. 술 끊기

11. 가족의 소중함 알기

12. 상대방 입장에서 생각해 보기

13. 남들 앞에 자신 있게 서 있기

14. 낯가림 줄이기

15. 꿈꾸기

16. 계획하기(일, 교육 등)

17. 실천하기

18. 귀차니즘 줄이기

19. 기록하기

20. 펜과 메모지 들고 다니기

21. 생각의 깊이 늘리기

22. 작은 것에 만족하기

23. 기다리기

24. 신중하기

25. 무분별한 구매욕 없애기

26. 돈보다 더 중요한 게 나와 가족이란 걸 알기

27. 희생하기

28. 인내하기

29. 사랑하기

술과 담배에서 해방되다

대학에 들어갈 무렵 친구한테 담배를 배웠다. 술은 고3 때 아르바이트할 때 배웠다. 다른 건 몰라도 술은 어른한테 배워야 한다고 했는데 내겐 그런 추억이 없다.

잠시 아버지에 대한 이야기를 하겠다. 아버지는 건설 현장에서 일을 하신다. 고등학생 시절에는 그런 아버지가 싫었다. 매일매일 술을 드시는 바람에 하루도 조용한 날이 없었다. 너무나 괴로웠다. 창피하기도 했다. 나만 이런가 하는 생각도 들었다. 지금은 술을 끊으셨다. 좀 늦었지만 다행이라고 생각한다. 그런 아버지가 절대 하지 않으신 것은 바로 흡연이었다. 참 다행이다. 그것까지 하셨다면 지금 난 여기에 없을 것이다. 다른 길로 빠졌을 것이다. 그 정도로 그때는 내게 좋지 않은 기억이었다.

그런데 난 술과 담배를 했다. 학창 시절에는 선배들 따라서 술을 마셨다. 당연히 담배는 술과 친구이기에 술을 마시면 평소보다 몇 배를 피워 댔다. 다음 날 가슴이 아플 정도로 피웠다. 지금 생각하면 미친 짓이었다. 바보 같았다.

군대에서도 술과 담배를 했다. 100일 휴가 때 그 흔하디흔한 헤어짐도 겪었다. 그냥 떠도는 이야기라 생각했던 일이 내게 일어났다. 충격이 어마어마했다. 그때부터 군 생활에 나름 충실했다. 면회도 한 번 하지 않았다. 그저 시간이 빨리 흘러가기만을 바랐다.

제대하고 얼마 후 지금의 아내를 만나 결혼을 했다. 아이가 태어나고 어느 정도 컸을 때 일이다. 분명 회사에서 담배를 피우고 들어왔는데 담배 냄새가 난다는 아이의 말에 그날로 담배를 끊었다. 골초가 아니었기에 가능했다고 하지만 난 그래서 끊은 게 아니다. 담배가 시간이 지나도 아이한테 영향을 미칠 수 있다는 생각에 끊은 것이다. 담배 끊은 사람과는 상종도 하지 말라는 말이 있다. 주변에서 나를 바라보는 눈빛이 그랬다.

그렇게 쉽게(?) 담배를 끊고 술도 끊어 보자고 노력했다. 누구는 술은 끊어도 담배는 못 끊는다고 하지만 난 술 끊는 게 힘들었다. 알코올중독은 아니다. 사회생활을 하려면 술을 마셔야 한다고 생각했기 때문이다. 하지만 그건 틀린 생각이었다. 의지가 약했던 것이다. 거절을 못 했던 것이다. 싫으면 싫다고 말하면 그만인데 후일이 두려워 그러지 못했다. 술도 그렇게 해서 끊었다. 그때쯤 중이염이 심해진 이유도 있었다. 하지만 그 때문만은 아니다. 이제 그만 마셔야겠다고 생각해서 끊었다. 지금은 아내가 좋아한다. 아내가 술을 마시면 내가 운전해 줄 수 있기 때문이다. 그래서 마음 놓고 마셔서 좋다고 한다. 좋은 건지 아닌지 잘 모르겠지만 이제 그런 말을 들으면 기분이 좋다. 뭔가 할 수 있다는 생각이 들기 때문이다.

술과 담배를 끊은 게 책과 무슨 관계가 있을까 의아할 수도 있다. 솔직히 술과 담배와 책은 전혀 상관관계가 없다. 아니! 매우 깊다. 술과

읽고 공감하고 실천하는 **내 맘대로 독서법**

담배는 자신만 만족하면 그만이기 때문에 다른 사람은 신경 쓰지 않는다. 배려가 사라진다. 개인의 취향이라고 합리화한다. 난 그런 생각에서 벗어났다. 바로 책을 통해서다. 술과 담배가 좋지 않다고 말하는 책은 많다. 문제는 의식이 변화하지 않기 때문에 끊을 수 없다는 것이다. 당장 내일 죽는다고 협박해도 지금의 만족감을 위해 또 손을 댄다. 그렇기에 끊을 수 없다. 심각한 중독이라면 약물과 병행하며 치료해야 하지만 일반적으로 그 정도는 아니기에 충분히 끊을 수 있다.

책은 자신을 위해 노력하지 않는다. 책은 자신이 아닌 다른 사람들을 위해 노력한다. 의식을 변화시키기 위해 노력한다. 공유하고 나누고 함께하려고 한다. 반대로 술과 담배는 자신도 타인도 아무 죄도 없는 지나가는 사람에게도 피해를 입힌다. 간접흡연, 술로 인한 폭력 사고, 음주운전을 떠올려 보라. 책은 일차적으로는 자신에게만 영향을 미치지만 이차적으로는 다른 사람에게도 영향을 미친다. 술과 담배도 그렇다. 단지 다른 건 좋은 영향이냐 나쁜 영향이냐의 차이다. 전자는 좋은 영향, 후자는 나쁜 영향이다.

난 책을 읽고 난 후 술과 담배를 끊었다. 아니 버렸다는 게 맞는 표현일 것이다. 담배 근처만 가도 냄새가 싫어졌다. 저 멀리서 피우는 담배 냄새도 귀신같이 맡을 수 있다. 술은 어느 자리건 간에 절대 마시지 않는다. 분위기상 입술에는 대지만 마시지는 않는다. 그 대타로 사이다를 마신다. 사이다도 취한다는 것 아는가? 단점이 있다면 배에 가스가 차서 고통이 따른다는 것이다. 그 점만 제외하면 분위기도 맞추고 맛있는 사이다도 마실 수 있어 매우 좋다.

술과 담배를 하지 않으면 사회생활을 하지 못한다고 하는데 그렇지 않다. 자신이 두려운 것이다. 남들이 자신을 욕할까 봐 자신만 뒤처질까 봐 두려운 것이다. 어울려야 하기 때문에 필요하다고 하지만 차라리 그 시간에 책을 읽어라. 그것이 본인을 변화시키고 발전시키는 데 더 나은 선택이다. 아예 어울리지 말라는 얘기가 아니다.

독서토론을 해 보는 건 어떤가? 처음에는 어렵지만 익숙해지면 이렇게 좋은 걸 왜 진즉 하지 않았지 하는 생각이 들 것이다. 독서를 통해 얻는 지식과 경험이 무엇인지 안다면 이 얘기가 무슨 말인지 알 것이다. 그러니 어서 독서를 시작하자. 불평불만 그만 하자. 국가가 나에게 해 준 게 뭐가 있나 하고 따질 시간에 책을 읽자. 책을 읽으면 달라질 것이다. 술과 담배도 멀리하고 좋은 사람들과 사귈 수도 있고 내가 하고자 하는 일을 찾아 인생을 변화시킬 수도 있다. 거짓말처럼 허무하게 들릴 수 있다. 그렇다. 나도 처음에는 그랬다. 지금의 나는 그 말처럼 살고 있다. 그러니 여러분도 충분히 가능하다.

『슬픈 열대』가 가져온 가장 힘들었던 시간

『슬픈 열대』는 책 속의 책 추천으로 읽기 시작했다. 표지의 첫인상은 딱딱하다는 느낌이었다. 책의 모양새는 매우 두껍고 하얀 바탕에 빤짝이는 종이 재질이다. 사람들 손이 잘 안 가는 종류의 책인데도 고른 이유는 꼭 읽어야 한다는 추천에 의해서다. 온라인 서점에 들어가 과감하게 책을 고르고 구매를 했다. 읽는 데 약 23일 정도 걸린 것으로 기억한다.

책을 받아 들자 '이걸 어떻게 읽지?' 싶었고 책을 펼쳐 본 순간 그 생각은 더 짙어졌다. 깨알 같은 글씨가 페이지를 빼곡히 채우고 있어 보는 것만으로도 질려 버렸다. 과연 내가 이 책을 끝까지 읽을 수 있을까? 왜 사서 고생하지? 쉬운 책들도 많은데 왜 이 책을 읽어야 하는지를 고민했다.

첫 장을 펼치고 몇 줄을 읽고 난 뒤 바로 기절했다. 저절로 눈이 감기게 만드는 책이다. 엄청난 텍스트에 기가 질리고 내용에 기가 질렸다. 게다가 책이 너무 두껍고 무거워 이동하면서 읽을 때 팔이 아팠다. 책을 읽다 내려놓으면 팔이 접히는 부위에 통증이 올 정도였으니 그 무게가 어느 정도인지 상상할 수 있을 것이다.

지금 생각해 보면 그냥 포기해도 괜찮았을 것 같다. 하지만 뭔가 변하고자 하는 의지가 더 강했기에 읽었다. 장장 두 달이 걸렸다. 내가 읽은 책 중에 가장 오래 걸린 책이었다. 하도 가방에 넣었다 뺐다를 많이 해 표지가 더러워지고 여기저기 찢겼다. 들고 다니기에도 벅찼던 이 책을 읽었다는 데 묘한 성취감이 들었다.

내용을 다 기억하는지 궁금해할 것이다. 솔직히 자신이 읽은 책을 다 기억한다는 건 불가능하다. 많은 독서인들이 독서록이나 서평을 쓰는 이유는 그 책에서 말하고자 하는 내용을 자신의 해석에 맞춰 기록하기 위해서다. 그러기에 저자의 의도도 중요하지만 각자가 공감하는 부분만 기억하기에 같은 책을 읽어도 다른 느낌을 받을 수 있다. 이 책 또한 그럴 것이다.

책의 내용은 우리의 자아를 찾기 위한 어느 인류학자의 기록이다. 우리가 살아가고 있는 지금, 우리가 쓰는 언어나 관습, 음식이 어디에서 출발해서 지금에 이르렀는지 아프리카를 탐방하면서 바라본 이야기다. 소수 부족들이 살아가는 아프리카에서 현대 사회에서 이루어지고 있는 것들을 발견하는 과정을 보여 주는 책이다. 새로운 공통점을 발견하고 우리가 서로 다른 것 같지만 사실은 하나라는 생각에 이른다.

인간의 궁극적인 목적은 종족 번식이다. 번식하기 위해 일하고 돈을 벌고 더 좋은 음식을 먹는다. 그런데 우리는 그런 모습을 경멸한다. 자신은 아니라고 단정 짓는다. 사실 본질은 같은데 스스로가 차별을 두는 것이다. 이 지구에서 함께 살아가야 하는 우리의 본질이 무엇인지 알고 무엇을 위해 살아야 하는지 보여 주는 책이다. 책을 읽는 사람이라면 꼭 한번은 읽어 봐야 한다고 생각한다.

간단한 서평은 내 블로그(https://blog.naver.com/yws7830/194759250)에 담아 놓았다. 이때가 2013년 9월이었다. 그러니 8월부터 읽었다는 얘기다. 정말 오랜 시간 읽은 책, 그리고 참 더운 날에 읽었기에 기억에 남는다. 지금도 내 책장에 꽂혀 있다. 아직은 다시 펼쳐 보지 않는다. 그러나 언젠간 다시 읽게 되지 않을까 생각한다. 그때의 기억을 떠올리며.

5

어떻게 하는 게 좋을까?

독서를 시작하려는데

읽고 공감하고 실천하는 내 맘대로 독서법

독서를 하기 위한 최고의 방법은 그냥 읽는 것이다.

첫 번째, 가장 만만해 보이는 책 한 권을 읽는다

가장 만만한 책부터 시작하자.

독서를 시작하기 위한 기본적인 방법을 소개하겠다. 독서법은 어디서나 비슷하다. 다만 각자 실천을 통해 자신만의 방법을 터득하게 되는 것이다. 큰 흐름은 비슷하지만 과정이 다르게 보이는 이유다. 나도 독서를 시작할 때 (시작했다고 말하기도 어색하지만) 이런저런 고민이 많았다. 지금의 생활에서 어떻게 시간을 나누어 책을 읽을지 또 몇 권을 읽어야 할지 막막했다. 어떻게 할까?

우선 책을 읽겠다고 가족들이나 SNS에 선포를 하라. 자신이 책을 읽고 있지 않을 때 주변 사람들이 '왜 책을 읽지 않는 거지?'란 궁금증을 갖고 물어보기를 바라서다. 그래야 한 글자라도 읽게 된다. 작심삼일도 계속하면 한 달이 되고 1년이 된다고 한다. 혼자서는 힘들다. 포기하는 이유도 혼자 하기 때문이다. 이럴 땐 가족이나 친구, 지인에게 도움을 요청하자. 자신이 책을 읽고 있지 않을 때 지적해 달라고.

어떤 책이 가장 좋을까? 요새 트렌드가 인문학이니 그것부터 시작할까? 아니면 어렵지만 철학 책부터? 어려운 책을 일부러 읽으라고 하는

데 사실 자신이 없다. 에세이? 너무 가볍지 않을까? 자기계발서를 읽을까? 사람들은 자기계발서를 피하라고 하는데 그렇담 이것도 아닌가? 소설책? 전문서적? 도대체 모르겠다. 엄청난 책의 양에 스스로가 짓눌려 버린다. 언제 이 많은 책을 다 읽을까?

고민하지 말자. 그 많은 책 누가 읽으라고 한 적 없다. 스스로 변화하고 싶어 독서를 시작했다. 스스로 선택한 일이다. 그러니 많이 읽으려고 하지 말고 그중에 자신이 가장 만만한 책을 고르면 된다. 나중에 후회하더라도 일단 읽는다. '난 지금까지 책을 읽은 적이 없다.'고 말하지 마라. 초등학교에서 대학교까지 읽었던 책이 한 권도 없다는 건 말이 되지 않는다. 교과서도 책이다. 문제집도 책이다. 지금 책을 읽고자 하는 이유는 종이 위에 인쇄되어 있는 글자들과 친해지기 위해서다. 책을 읽고 감명받고 영감을 얻고 공감을 하고 주변 사람들에게 전달하자? 아니, 지금은 읽자. 자신의 틀을 만드는 단계다.

나도 그랬다. 한 문장을 읽고 한 장을 읽고 한 권을 다 읽는 게 힘들었다. 고통스러웠다. 중도에 포기하고도 싶었다. 이런다고 달라질까? 매일 매시간 매분 내 귓가에 속삭였다. 이럴 바에는 하지 말자란 생각도 했다. 그런 마음은 정상이다. 이겨 내야 한다. 그래야 다음 과정으로 넘어갈 수 있다. 누구나 할 수 있다. 나도 하지 않았는가? 나는 누구 못지 않은 평범한 망나니였다. 그러니 걱정하지 말고 마음이 혼란하면 잠시 쉬었다 다시 시작하자. 앞으로 달라질 내 삶을 위해서.

내가 추천하고자 하는 책은 자기계발서다. 자기계발서에 부정적인 사람도 많다. 안다. 그런 부정도 읽어 봐야 알 수 있다. 참고만 하고 시작하자. 독서를 하고자 하니 독서 관련 책을 고르자. 책을 추천해 주세요, 하고 생각했다면 그 생각은 버리기 바란다. 독서 관련 자기계발서는 너무나 많다. 그리고 어떤 책을 읽더라도 기본 골격은 같다. 독서의 중요성과 방법을 알려 준다. 만약 그래도 어렵다면 서점에 설치되어 있는 컴퓨터에 '독서법'으로 검색해 보라. 그리고 가장 눈에 띄는 제목의 책을 골라라.

책을 읽고 후회할 수도 있다. 이것도 과정이니 받아들여라. 돈이 아깝다고? 책을 읽으려면 그런 생각은 버리기 바란다. 자신이 쓰는 돈 중에 가장 적게 쓰고 가장 큰 효과를 가져오는 건 책밖에 없다.

그래도 부담된다면 e-book을 사서 읽어라. 그나마 저렴하다. 단, e-book 리더기를 구매해야 한다. 물론 스마트폰이나 태블릿 PC로 봐도 된다. 어떤 방법을 사용해도 좋다. 자신에게 가장 좋은 방법을 선택하라. 시간이 걸리더라도 말이다.

한 권 읽는 데 얼마나 걸렸는지 체크하고 기억나는 장면들을 생각해 본다

한 권을 읽는 데 얼마나 걸릴까?

한 권을 읽는 데 얼마나 걸릴 거라 생각하는가? 2~3일? 일주일? 이주일? 참고로 내가 가장 오래 읽은 책은 한 달 이상 걸렸다. 글자도 많았지만 크기도 크고 무게도 상당했다. 걱정하지 마라. 일단 생각하지 말고 읽자. 하루에 몇 시간을 독서에 할애하겠다고 시간을 나눌 필요도 없다. 일단 읽자. 언제 어디서든 읽자. 시간을 나누는 작업은 그 이후에 해도 된다. 지금은 자신이 책을 읽고 다 읽는 데 얼마나 걸리는지 알아보는 시간이다.

지금은 스마트폰 시대니 처음 읽기 시작한 날을 일정에 기록한다. 하루하루 읽은 페이지 수는 기록할 필요 없다. 경기에 나가는 것도 속독을 하는 것도 아니니 신경 쓰지 말고 읽자. 일어나기 전, 출퇴근 길, 자기전, 카페에서, 도서관에서, 공원에서, 자기 방에서 어디든 좋으니 다 읽으면 책장을 덮고 다 읽은 날을 기록해 보자. 얼마나 걸렸는가? 다 읽어보고 기록해 보기를 바란다.

책을 읽었는데 기억나는 게 없다

그렇게 책을 읽었는데 기억나는 게 없다. 뭐지? 시간만 버린 게 아닐까? 아니다. 지금 가장 중요한 시간을 거쳐 왔다. 한 권을 읽지 않았는가? 처음 도전의 목표는 한 권을 다 읽는 것이지 그 안에서 무엇을 뽑아내려고 하는 게 아니었다. 욕심은 끝이 없다. 스스로 욕심을 버릴 수 있기를 바란다.

책과 친해지는 단계가 지나면 자연스럽게 책에서 자신이 원하는 것을 뽑아내려고 노력하는 자신을 만날 수 있다. 지금은 읽는 게 중요하다. 글자에 대한 거부감을 이겨 내기 위한 과정이다. 마음의 문이 열려야 받아들일 수 있다. 처음 독서는 그 문을 두드리는 행위다. 열릴 때까지 두드려야 한다. 너무 오래 열리지 않아서 열리기까지 시간이 걸릴 것이다. 인내하는 과정이 필요하다.

목적 있는 독서, 생산적인 독서는 저자의 의도와 책의 내용, 감명 깊었던 문장, 자신의 생각 그리고 다짐을 권한다. 틀린 것은 아니다. 책을 읽는 목적이 그것이기에 그렇게 해야 한다. 난 단지 처음부터 그렇게 할 필요는 없다고 생각한다. 아직 책에 익숙해지지도 않았는데 어떻게 그 많은 걸 알 수 있겠는가.

난 이렇게 생각한다. 책은 신문과 같다고. 많은 사건 사고나 각종 소식을 담은 이야기를 읽고 그걸 다 기억하는가? 강조하는 큰 크기로 인쇄된 제목을 기억하는가? 몇 페이지에 뭐가 있는지 기억하는가? 아마 그렇지 않을 거라 생각한다. 그날 있었던 사건 사고나 자신이 얻고자 하는 정보만 기억난다. 그거도 어렴풋이. 즉 큰 맥락과 주요 사건만 기억한다. 나머지는 버리게 된다. 자신이 중요하다고 생각한 부부만 제외하고 버리게 된다.

그런데 책은 어떤가? 신문보다 몇 배의 글자가 담겨 있는데 어떻게 다 기억할 수 있겠는가? 처음에는 저자가 이걸 말하고자 이렇게 썼구나 라고만 느껴도 다행이다. 모르면 어떻게 하냐고? 걱정하지 마라. 알 수 있는 방법이 있다. 어떻게? 책 맨 뒤를 보라. 그 안에 다 담겨 있다. 줄거리라고 생각하면 된다. 그걸 읽고 궁금하다면 책장을 펼쳐 보면 된다. 얼마나 간단한가. 그러니 글자와 친해지도록 노력하기 바란다.

내가 말하고자 하는 의도는 이것이다. 일단 글자나 책과 친해지고 그 후에 비판도 해 보고 서평도 남겨 보는 과정으로 나아가기를 바란다. 급하니까 빨리빨리 해야 한다는 생각은 버려라. 독서는 시간을 반드시 필요로 한다. 그러니 천천히 우직하게 독서를 하기 바란다. 써먹는 독서는 나중에 하자. 지금 중요한 게 무엇인지 계속 되새기며 책을 읽자. 당신도 달라질 수 있다. 꾸준히 하면 말이다.

목적 있는 책 읽기보다 목적을 갖기 위한 책 읽기

내가 독서를 시작하고 가장 많이 본 글은 '목적 있는 독서'다. 목적 있는 독서를 해야 후회하지 않는 독서를 한다고 한다. 방법은 간단하다. 책을 읽기 전 어떤 내용일지 생각해 보기, 공감되는 글에 밑줄 치기, 자신의 생각을 그 페이지에 쓰기, 다 읽고 자신의 노트에 옮겨 적기다.

여기서 말하지 않는 게 하나 있다. 어떤 책을 읽고서 그렇게 해야 하는지는 말해 주지 않는다. 좋은 책이 너무 많은 이유도 있고 각자의 취향이 있기 때문이기도 하다. 그래도 다행히도 이런 고민을 하는 사람들을 위한 책들이 있다. 박웅현 저자의 『여덟 단어』, 『책은 도끼다』다. 이런 책을 읽고 자신의 방법을 세우면 그만이다. 참고만 하기를 바란다.

나는 목표가 중요하다고 생각한다. 책을 읽는 목적에 따라 달라진다. 자신이 책을 통해 무엇을 얻고자 하는지가 중요하다. 회사생활을 잘하기 위해서, 자신의 인생을 변화시키기 위해서, 강연을 하기 위해서, 책을 쓰기 위해서 등 다양한 이유가 있다. 그 이유를 정하고 책을 읽는다면 달라지게 되어 있다. 그렇게 시작하면 그에 맞게 책이 보이기 때문이다. 그게 책을 읽는 목적이 된다.

그렇다면 처음부터 목적 있는 독서를 해야 할까? 나는 그게 궁금했다. 아직 책도 읽지 못하고 있는 현실에서 목적 있는 독서가 내게 맞을까? 내가 생각한 독서는 이렇다(그때는 아니었다). 목적 있는 독서는 책과 친해지고 나서라 생각해도 된다. 왜? 난 부족했다. 목적 있는 독서? 그게 뭔데? 난 지금 책조차 읽기 힘든데 그게 가능한가? 많은 고민을 했다. 나도 그렇게 독서를 해야 하는가? 지금 내가 하고 있는 독서가 틀린 것일까? 자신감도 낮아지고 의기소침해졌다. 이래서 난 바뀌지 않았던 걸까?

나는 그 답을 책에서 찾았다. 책을 읽고 실망하고 변화도 생기지 않아 책을 포기하려고 했다. 목적 있는 독서를 해야 한다는 말을 버렸다. 난 내 방식의 독서를 해야 한다는 결론을 내렸다. 한동안은 독서 관련 책은 읽지 않았다. 내게 맞는 독서를 하기 위해서다. 그리고 닥치는 대로 읽었다. 가리지 않고 있었다. 인문학, 철학, 자기계발서, 에세이, 전문서적, 비소설, 소설 등 다 읽었다. 목적 있는 독서보다 목적을 갖기 위해 독서를 했다. 업무상 필요하면 관련된 책을 읽었다. 엑셀, 파워포인트, 포토샵, 인디자인 등 컴퓨터 관련 책들도 읽었다. 건축 관련 책들도 읽었다. 그냥 무작정 읽었다. 생각하지 않고 읽었다.

그렇게 읽다 알게 되었다. 목적 있는 독서를 해야 한다는 생각을 버리자 목적 있는 독서가 되었다. 이제 책에 자신이 생겼다. 책을 좋아하게 되었고 책을 통해 바뀌는 내 모습을 보았다. 지금 알았다. 그런 책들이 도움이 될 때도 있지만 그 반대도 있다는 사실을 말이다.

자신이 어떻게 받아들이느냐에 따라 책은 카멜레온처럼 변한다. 그러니 지금 독서를 시작한다면 불안해하지 말자. 부러워하지도 말자. 그저 이렇게들 하는구나라고만 생각하자. 그리고 잊어버리자. 난 나고 그는 그니까.

일단 읽자. 읽고 또 읽자. 욕심 부리지 말자. 지금은 시작이니 부족한 건 당연한 거 아닌가. 책과 친해지자. 가장 중요한 건 책이지 다른 사람들을 부러워하는 게 아니다. 명심하자. 책과 친해지기부터라는 사실을.

다독가로 변신하다

그렇게 읽다 보니 다독가가 되어 있었다. 분야를 가리지 않고 읽어서 그 런지 생각이 많아졌다. 전문서적은 어느 정도 아는 부분이 있어 수월하 게 읽으면서 내가 얻고자 하는 정보만 취했기에 큰 어려움은 없었다. 자 기계발서는 대부분 쉽게 읽을 수 있도록 구성되어 있고 주장하는 내용 이 명확해 읽기 쉬웠다. 인문이나 사회, 고전은 뭔가 알쏭달쏭하지만 알 기 어려웠다. 아내가 말했듯이 '기초 지식이 부족하기 때문에 읽기 어려 웠던 것'이다. 역시 책마다 읽는 방법이 다르구나라고 느꼈다. 내 부족 함을 알기에 그런 것에 얽매이지 않고 꾸준히 읽었다.

책을 읽다 보면 자신에게 맞는 분야가 생긴다. 전문서적을 제외하고 말이다. 각자 취향이 다르듯 좋아하는 책도 다르다. 난 에세이가 좋다. 어떤 지식을 얻기보다는 저자의 생각과 느낌을 공유할 수 있기 때문이 다. 에세이도 종류가 다양하지만 에세이라고 하면 일단 읽어 본다. '이 사람은 이렇게 사는구나.'라는 사람 냄새가 나기 때문이다.

처음부터 목적 있는 독서, 생산적인 독서보다는 분야를 가리지 않고 읽기를 추천한다. 독서하는 마음을 단련시키는 과정이 반드시 필요하다 고 생각하기 때문이다. 책을 읽는 것도 중요하지만 장소를 가리지 않고 읽기, 분야를 가리지 않고 읽기, 무게를 견뎌 가며 읽기가 필요하다. 책 이 없으면 다소 불안한 마음이 들 정도로 책과 친해진다면 누구나 다독 가가 될 수 있다.

여기서 이런 의문이 들 수 있다. 책만 읽고 변화가 없는 사람들이 많 은데 왜 책을 읽으라고 할까? 아니다. 그 사람은 분명 변했다. 몇 백 권을 읽은 사람이라면 변해 있다. 단지 자신이 그걸 인지하지 못하고 있을 뿐이다. 이럴 때는 관점을 다르게 생각해 보기를 권한다. 삶의 변화의 기준을 생각하고 자신이 어떻게 변해 가고 있는지 느껴 보고 무엇을 해야 할지 고민하는 시간이 필요하다.

독자에서 저자로

책을 읽어도 변화가 없다는 생각은 버리자. 아직은 독서마음이 단단하지 않아 마음의 껍질을 뚫고 들어가지 못했다. 물방울이 바위에 떨어져 그 바위를 갈라지게 만드는 꾸준한 힘이 필요하다. 책은 물방울이다. 독서는 그 물방울을 위에서 아래로 떨어뜨린다. 바위는 우리 마음이다. 그러니 책 몇 권으로는 자신의 마음을 깰 수 없다는 생각을 하자. 세월의 무게가 많을수록 쉽게 깨질 수도 있지만 오히려 더 단단해질 수도 있다. 누구나 같지 않다. 그래서 시간이 필요하다.

인고의 시간이 지나고 나면 한 가지 생각에 사로잡힌다. 책을 읽고 난 후 무엇을 해야 할까? 그냥 책만 읽을까? 달리 할 수 있는 게 없는데 이대로 책만 읽으면 너무 재미없는 거 아닌가? 그렇다. 재미없다. 책만 읽으면 재미없다. 그런 생각이 든다면 이제 혼자 하는 독서에서 함께 읽는 독서로 나아가야 한다.

창피하더라도 독서모임이나 독서토론에 나가라. 자신의 생각을 과감 없이 공유하자. 창피함은 그 이후에 느껴도 된다. 아무도 이상하게 생각하지 않는다. 다들 비슷한 생각을 갖고 만났기 때문이다. 처음에만 어색하지 아이스 브레이킹을 하고 자신들의 생각을 말하다 보면 어느새 재미있는 토론을 하게 된다. 내가 읽은 책이 기억에 오래 남게 만드는 최고의 방법이다.

이렇게 사람들과 의견을 나누다 보면 또 부족함이 생긴다. 가슴 한편이 채워지지 않는다. 지금까지 이렇게 많은 걸 받아들였는데도 왜 이토록 허전할까? 이제는 나누어야 할 때가 된 거다. 자신의 이야기를. 나만의 성공스토리를 세상에 내놓아야 한다. 바로 '글쓰기'로 나아가야 한다.

어떤 책을 써야 할지 고민하지 말자. 지금 가장 잘하고 있는 독서를 주제로 쓰면 된다. 베스트셀러에 대한 욕심은 버리자. 일단 쓰자. 쓰다 보면 알게 된다. 쓰는 게 참 쉬운 거구나를. 책은 자신의 굳게 닫힌 문을 열게 하고 창고를 가득 채워 준다. 그런 양식이 가득 차면 나누어 주라고 말한다. 이제는 그럴 때라고. 지금 내가 그렇다. 아직은 다 변하지 않았다. 그 변함의 기준을 본다면 부족한 점이 많다. 그러나 변하고 싶다는 마음이 더 강하다. 이런 나와 같은 생각을 하는 사람들과 생각을 공유하고 싶다. 그래서 지금 이 책을 쓰고 있다. 독서를 통해 무엇이 바뀌고 있는 중인지를 알리고 함께 독서하기를 바라기 때문이다.

스스로가 독서지도사가 되라

처음부터 독서를 스스로 하는 것은 쉽지 않은 길이라 말하고 싶다. 물론 할 수도 있다. 내 경험에 비추어 볼 때 주변에 지인이 있으면 좋다. 가족 중에 있으면 더 좋다. 세상에서 가장 편한 사람이고 자신에게 쓴

소리를 잘하는 사람이기 때문이다. 가장 가까운 사람 중에 독서를 많이 하는 사람이면 좋다. 이렇게 말하면 나 역시도 그랬지만 '없는데 어떻게 찾나?' '있으면 나도 하지.'란 생각을 하게 된다. 그렇다. 나도 없었다. 주변에 독서를 통해 달라진 사람이 없었다. 나 스스로가 평범하게 아니 그 이하로 살았기 때문이다.

사람들은 대부분 의지가 약하다. 약하기 때문에 쉽게 상처받고 스트레스도 받는다. 주변의 말에 흔들리기도 쉽다. 소문에 너무너무 약하다. 그 의지를 버리고 스스로 독립하기 위해서 무엇이 필요할까? 바로 '책'이다. 책을 읽기가 힘들다? 힘들다는 게 글자가 많아서 힘든지 책이 두꺼워서 힘든지 책 내용이 생각나지 않아서 힘든지 아니면 읽는 것 자체가 힘든지 생각해 봐야 한다. 막연한 생각으로 포기할 생각은 버리자. 왜? 누구나 같은 생각이었다. 그걸 넘어섰기에 책과 친해지게 되었고 언제나 책과 함께하고 있다. 책에서 배우고 깨닫고 실천하는 삶이 가능하게 되었다.

그렇다면 지인은 어디서 구해야 하나. 난 스스로가 지인이 되기로 했다. 왜? 없으니까. 독서모임이나 토론에서 만난 고수들도 내가 도움을 필요로 할 때는 도와줄 수 없다. 왜? 늘 곁에 없으니까. 언제든지 편하게 말할 수 없으니. 혹 회사에 독서 관련 도움을 주는 사람이 있다면 행복한 사람이다. 롤모델이 될 수 있기 때문이다.

'내가 다니는 회사는 중소 규모 회사라 도서관 자체가 없고 그렇다 보니 책을 좋아하는 사람도 없다.' 맞는 말이다. 그게 현실이다. 대기업을 제외하고 사내 도서관을 갖춘 회사는 드물다. 있더라도 책을 읽는 사람도 적다. 또한 자신이 책을 읽고 있다는 사실을 밝히기도 싫어한다. 아직은 혼자 하는 독서이기 때문이다. 그래서 난 내 스스로를 독서 지도사로 만들었다.

지도사라 하니 거창하게 들리겠지만 내 스스로에게 책을 읽어야 한다는 생각을 하도록 만들었을 뿐이다. 책을 읽지 않으면 불안하게 만들었다. 부작용일지 모르지만 시험 기간에도 책을 읽었다. 주변에서 권하는 책은 읽기 목록 우선순위에 두고 읽었다. 그렇게 읽도록 스스로를 다독였다. '네가 지금 읽지 않으면 넌 다시 예전으로 돌아갈 거야.' 다시 예전으로 돌아간다고? 절대 그럴 수 없었다. 그 생활로 다시 돌아가기 싫었다.

내 자신이 독서지도사가 되어 뭘 가르친다는 게 아니다. 책을 읽어야 한다는 생각을 하도록 만들었다. 어떻게 하냐고? 간단하다. 일단 거실에 책장을 들여놓는다. 책을 채운다. 그리고 자신이 활동하는 주 동선에 책을 놓는다. 무슨 책을 놓느냐고? 아무 책이나 놓는다. 읽어야 할 책, 읽고 싶은 책을 놓는다. 책이 눈에 띄도록 만드는 게 중요하다. 다 아는 방법이라고? 지금 주변을 둘러보라. 자신과 책의 거리를 재어 보라. 60cm 이내가 되는지. 책이 곁에 있어야 책을 읽게 된다. 내 독서지도사는 나를 빙자한 책이다. 책을 가까이 두는 것이 가장 좋은 방법이다.

하루에 한 권, 1년에 365권 도전하기

나는 속독에 대해서는 잘 모른다. 무엇이 속독인지도 잘 모른다. 그냥 빨리 읽는 게 속독은 아니라고 생각한다. 속독을 하면 처음에는 글자를 읽고 그다음 한 문장을 읽고 그다음 한 문단을 통째로 읽는다. 마지막으

읽고 공감하고 실천하는 **내 맘대로 독서법**

로는 한 장을 인쇄로 찍어 내듯이 읽는다고 하는데 해 보려고 해도 되지 않았다.

내가 속독을 시도한 이유가 있었다. 많이 읽고 싶었기 때문이다. 어떤 사람은 속독을 하면 책을 제대로 읽기 어렵다고 한다. 그건 어디까지나 개인차라 생각한다. 속독을 하더라도 전체적인 흐름과 저자의 의도를 파악할 수 있는 사람이 있다. 속독을 하든 정독을 하든 자신이 원하는 방법으로 독서를 하는 게 좋다고 생각한다. 그래도 시도는 해 보는 게 좋다. 왜 사람들이 그렇게 말하는지 몸소 체험한다면 제대로 알 수 있을 것이다.

속독에 대해 말하는 이유가 있다. 나는 지금 하루에 한 권 또는 두 권 정도를 읽는다. 소설책이든 뭐든 분야에 관계없이 이렇게 읽고 있다. 그게 속독이라고 한다면 난 아니라고 말하고 싶다. 앞에서도 밝혔지만 난 속독을 하지 못한다. 한 문단을 통째로 읽을 수 없다. 시도는 해 보았지만 눈에 들어오는 것은 단어밖에 없었다. 단어만 가지고 전체 내용을 유추하라고 한다면 불가능하다. 아직은 말이다.

내가 하루에 이렇게 읽을 수 있는 이유가 있다. 바로 '시간'이다. 독서 시간을 만들어 무조건 책을 읽는다. 하루에 네 시간이 내게 주어진다. 집에서 더 읽게 되면 다섯 시간으로 늘어난다. 어떻게 가능하냐고? 내가 처음 독서를 시작하고 장소를 불문하고 책을 읽었다고 했다. 어디를 가든 독서를 할 수 있는 환경을 스스로 만들었다. 예를 들면 버스로 이동하는 시간, 지하철로 이동하는 시간, 약속 장소에 30분에서 한 시간 일찍 도착해 기다리며 읽는 시간, 점심시간, 잠자기 전 시간이다.

이렇게 할 수 있는 이유가 있다. 우리 집이 경기도에 있기 때문이다.

대부분의 일이 서울에서 일어나기 때문에 기본 이동 시간이 두 시간 정도 걸린다. 물론 갈아타는 시간까지 포함하면 좀 더 걸린다. 그렇게 만들어진 시간을 독서에 할애한다. 그렇기에 내게 왕복 네 시간이라는 시간이 주어진다. 책을 읽기 전 내 시간이 어디가 비어 있는지부터 파악하자. 시간은 만들면 만들수록 생기는 이상한 존재다.

하루에 책 한 권 도전기

이렇게 만들어진 시간은 독서를 하기에 좋다. 물론 이 시간을 공부에 활용해도 좋다. 자신의 목적에 따라 시간을 활용하면 된다. 이 시간에 꼭 독서를 해야 한다는 생각은 버리자. 모든 건 자신이 판단하고 선택하면 된다. 단지 난 그 시간을 독서하는 데 썼을 뿐이다.

아침에는 주로 가벼운 책을 읽는다. 자기계발서나 소설류를 읽게 되는데 이것도 그때그때 다르다. 즉 그날 마음에 드는 책이 그날 읽을 책이다. 버스를 타고 자리에 앉으면(내가 보통 버스를 타는 시간은 새벽 6시다) 가방에서 책을 꺼내 든다. 책표지를 보고 저자가 누구인지 잠시 읽어 본다. 그리고 목차를 훑어보고 바로 읽기 시작한다. 내가 속독이 안 되는 이유는 어떤 책이라도 아무리 빨리 읽어 봐야 한 시간에 100페이지 내외를 벗어나지 못해서다. 물론 자기계발서나 에세이는 더 빨리 읽을 수 있지만 그 외의 책은 어렵다. 철학이나 인문학, 사회, 경제, 경영, 종교 관련 책을 읽을 때는 그 이상은 어렵다. 페이지가 500이 넘는 책은 하루 반나절이 걸리기도 한다. 한 시간에 100페이지 내외를 읽을 수 있는 것

읽고 공감하고 실천하는 **내 맘대로 독서법**

도 꾸준히 읽었기 때문에 가능해졌다. 그 전에는 반에 반 정도? 기억도 안 난다. 왜냐하면 한 권 읽는 데 일주일 이상은 걸렸으니까.

왜 하루에 한 권을 읽는지 궁금하지 않은가? 다른 이유는 없다. 그저 한 권을 3일 정도 읽으면 내용이 잘 기억나지 않아서다. 그나마 기억나는 부분은 마지막 결론 부분이다. 결론만 읽어도 전체 흐름을 알 수 있겠지만 중간 중간 저자가 말하고자 하는 포인트를 놓치게 된다. 모든 포인트를 다 파악할 수야 없지만 하나라도 얻어 가야 책을 읽는 보람이 생긴다. 하루에 한 권을 읽다 보니 내용이 머릿속에 남았다. 그 내용에 대해 생각해 보게 되었고 내게 어떤 작용을 하는지도 고민해 보았다. 이렇게 읽다 보니 밑줄 치고 기록하고 내 생각을 적기보다는 머릿속으로 어떤 부분이 좋았는지 어떤 생각이 들었는지 그로 인해 내게 어떤 변화가 생겼는지를 떠올렸다. 그 생각을 버리지 않고 바로 블로그에 올렸다. 그렇게 올리다 보니 벌써 2,000권이 넘었다.

하루에 한 권은 1년에 365권을 의미한다. 물론 쉬는 날도 생긴다. 몸이 좋지 않다든가 급한 프로젝트가 주어진다든가 아니면 애인과 데이트를 하느라 시간을 낼 수 없을 때도 있다. 이럴 때 어떻게 해야 하는지 궁금해하지 마라. 그냥 그 순간을 즐기고 최선을 다해라. 몸이 아프면 푹 쉬는 게 좋다. 그런 상태에서 책을 읽는 건 바보짓이다. 책을 읽어도 눈에 들어오지 않는다. 독서도 몸 상태에 따라 읽는 속도나 받아들이는 깊이가 달라진다. 그런 시간들을 보내고 나서 다시 독서를 시작하면 된다.

토요일이나 일요일 중 하루는 독서의 날로 지정해서 밀린 책을 읽으면 된다. 뭐 어떤가. 내가 하는 거지 다른 사람이 시켜서 하는 게 아니지 않은가. 그렇게 되지 않아도 실망하지 않는다. 사람이 어떻게 계획한 대로만 살 수 있는가. 계획은 그저 그렇게 되기를 소망하는 마음일 뿐. '플랜B'를 가지면 된다.

이렇게 딱 2년만 해 보기를 권한다. 습관은 21일이면 들일 수 있다고 하지만 독서는 더 많은 시간이 필요하다. 읽고 또 읽고 또 읽다 보면 왜 책을 읽어야 하는지를 생각하게 되고 그 생각의 연장으로 앞으로 무엇을 해야 하는지도 고민하게 된다.

책 한 권이 인생을 변화시킬 수 있다고 하지만 한 권의 내용으로 모든 게 변하기는 힘들다. 다양한 분야의 책을 읽고 생각을 넓히기 위해서는 시간이 필요하다. 그래서 속독을 하는지도 모르지만 난 추천하지는 않는다. 같은 책을 몇 번 반복해서 읽는 것도 시간이 아깝다고 생각한다. 물론 인생의 책을 제외하곤 말이다.

일단 눈에 띄는 책을 골라 담는다

주제에 맞는 책을 골라 읽어야 한다고 한다. 주제라… 지금 단지 책을 읽으려고 하는데 꼭 주제까지 정해서 읽어야 할까? 난 지금은 아니라고 말하고 싶다. 처음부터 인문이나 고전을 읽어야 한다고 하지만 독서근육도 없는 사람에게는 가혹한 말이다. 독서의 흥미를 일으키는 게 1차 목표라 생각한다. 일단 재미있고 유익해야 한다. 조금이라도 자신에게 도움이 된다는 생각이 들어야 한다. 그래야 책을 더 가까이하려는 마음이 든다. 스마트폰보다 책이 더 좋아질 때가 바로 주제에 맞는 독서가 가능한 때라고 생각한다. 그럼 어떤 책을 읽는 게 좋을까?

일단 시간을 내 서점에 가자. 전문서적부터 문제집까지 다양한 책이 즐비하게 나열되어 있다. 그야말로 책밖에 없다. 자격증을 따려고 하는 게 아니니 그 분야만 피하고 소설책부터 에세이, 시집, 소설, 인문, 경제, 경영, 문학 코너를 천천히 둘러보자. 제목을 보면서 둘러보자. 마음에 드는 책이 있다면 만져 보고 넘겨도 보자. 그렇게 몇 권을 찾아 서점을 헤매고 다녀 보자. 더 이상 눈에 들어오는 책이 없다면 이제 고른 책을 사서 집으로 가면 된다. 단! 가면서 읽어야 한다. 서점에서 느꼈던 호기심이 사라지지 않도록 말이다.

오프라인 서점에 가는 게 어렵다면 온라인 서점에 들어가자. 만져 볼 수는 없지만 볼 수는 있다. 목차도 볼 수 있고 저자의 약력도 볼 수 있다. 난 누가 추천하지 않으면 온라인 서점을 잘 이용하지 않는다. 예전에는 많이 이용했다. 책 속의 책을 읽기 위해서다. 지금은 도서관을 자주 이용하고 있기에 횟수가 많이 줄었다. 가끔 들어가 신간을 찾아보고 눈에 띄는 책들을 구매한다. 온라인 서점은 보이는 게 전부이기 때문에 추천받은 책이나 평상시에 관심 있었던 책이 아니라면 자주 이용하지 않는 게 좋다. 난 아직은 만져 보는 걸 더 선호한다. 무게나 종이 재질, 크기가 중요하기 때문이다.

주제에 맞는 책을 고르는 방법

책과 친해지기 시작하면 분야를 확장해서 읽고 싶다는 욕심이 생긴다. 내가 한창 독서에 빠졌을 때는 리더십 관련 책을 많이 읽었다. 회사에서 관계로 인해 상처받고 본의 아니게 상처를 주는 상황에서 벗어나고 싶었기 때문이다. 직급이 올라가니 팀원들이 생겼다. 리더십을 발휘해야 하는데 그걸 내게 가르쳐 준 사람도 없고 배울 사람도 없었다. 내 선배들도 같은 기분이지 않았을까. 혼자서는 일을 잘해도 함께 하면 일이 어긋나는 사람이 있다. 나도 그랬다. 그렇게 되지 않기 위해서 리더십 관련 책을 읽었다.

생각해 보면 읽고 싶은 책은 지금 내가 고민하고 있는 주제라 생각한다. 나처럼 리더십이 부족하다고 느끼면 관련된 책을 읽으면 된다. 최소 3권 이상은 읽어야 한다. 의외로 다른 의견들이 많기 때문이다. 그 안에서 자신만의 방법을 찾아야 한다. 그래야 변화하기 때문이다.

이번 주는 인문학, 다음 주는 철학, 그다음 주는 경제 등 계획을 세울 수 있겠지만 그때그때 상황에 맞게 주제를 정하고 관련 책들을 읽는게 좋다고 생각한다. 애인과 관계가 힘들어질 때, 가족들과 멀어질 때, 삶이 고달플 때, 주식으로 돈을 벌고 싶을 때, 부동산 부자가 되고 싶을 때, 나를 찾고 싶을 때, 프로그램을 배우고 싶을 때, 성격을 고치고 싶을 때, 상식을 쌓고 싶을 때, 지식을 배우고 싶을 때, 지혜를 얻고 싶을 때 등 다양한 주제로 상황에 맞게 책을 고르면 된다. 그게 어디 말처럼 쉽나? 그렇다. 쉽지 않다. 특히 주제에 맞는 독서를 하기 위해 책을 고르는 것 자체가 어렵다. 어떤 책을 읽어야 할지 난감하기 때문이다.

나도 궁금했다. '주제에 맞는 책을 골라 적어도 10권은 읽어라.' 10권? 그래. 한번 해 보자. 그런 생각으로 서점으로 향했다. 얼마 되지 않아 다시 돌아왔다. 내가 원하는 주제에 맞는 책이 너무 많아서 고르지 못했을 때도 있었고 2~3권밖에 없지만 그것도 이미 읽은 것밖에 없어

읽고 공감하고 실천하는 **내 맘대로 독서법**

서일 때도 있었다. 도대체 어떻게 책을 고르라는 건지 몰랐다. 말만 그렇게 하는 게 아닐까 하는 의심도 들었다. 그들은 어떻게 책을 고르고 읽었을까? 그래서 찾아봤다. 하지만 알 수 없었다. 그들이 읽었다는 책은 어디서도 찾을 수 없었다. 이유가 뭘까?

내가 가장 힘들었던 부분이 바로 주제에 맞는 책 고르기였다. 주제에 따라 많은 책이 있다고 생각하겠지만 의외로 적다. 인문이나 사회, 경제, 경영, 철학 등은 많다. 그 분야 책은 꾸준히 나오고 번역본도 나오기 때문이다. 추천하는 책들이 대부분 그런 분야의 책이다. 전문서적을 추천하는 곳이 있었는지 생각해 보라. 난 아직 본 적이 없다. 책은 팔려야 한다. 그래야 다음 책을 낼 수 있기 때문이다. 그래서 잘 팔리는 책이 벽장을 장식할 수밖에 없다. 그렇다 보니 내가 원하는 책을 찾기 위해서는 서점이 아닌 지인들을 통해 알 수 있었다. 쉽지는 않았지만 자신이 읽었던 책들을 공유해 주었고 난 따라 해 보았다. 역시 책은 이렇게 읽는 거구나 하는 생각이 들었다.

주제에 맞는 책을 고르기 위해서는 그만큼 책과 친해져야 한다. 고전이 무조건 좋다고 하지만 고전도 번역을 어떻게 하느냐에 따라 그 해석 정도가 달라진다. 자신이 좋아하는 작가가 있다면 그가 쓴 글들을 유심히 바라보자. 책 속의 책이란 말의 뜻을 알게 된다. 자신이 이 글을 쓸 때 어떤 책을 참고했는지 나오기 때문이다. 다 읽을 필요는 없다. 자신에게 영향을 미친 문구에 관련된 책이 있다면 지금은 그 책을 읽어야 한다. 책 속의 책은 서점에 없는 경우도 많다. 절판되어 시중에 나오지 않는 책들도 있는데 이럴 때는 어쩔 수 없이 헌책방을 찾아다녀야 한다. 발품을 팔아야 진정 원하는 것을 얻을 수 있다.

특이한 주제가 아니라면 블로그나 카페에서 추천하는 책들을 참고해서 읽어 보는 게 좋다. 이미 검증된 책이고 어떤 내용이 도움이 될지도 간략하게 정리가 되어 있기 때문이다. 나중에는 자신이 스스로 책을 찾고 정리해서 올리고 있는 모습을 발견하게 된다. 왜냐하면 자신도 누군가에게 영향을 줄 수 있는 사람으로 변하고 싶기 때문이다. 좋은 모습이라 생각한다. 더 많은 사람들이 이렇게 되기를 희망해 본다. 주제에 맞는 책. 지금 당장은 어렵다. 도움을 청하자. 누군가는 반드시 도움을 주게 되어 있다. 손을 뻗을 수 있는 용기만 있다면 말이다.

한 달 책 구입비 약 30만 원이 부담된다면 도서관으로 달려가자

온라인 서점을 이용하는 이유는 아직 내가 무슨 책을 읽어야 하는지 모르기 때문이다. 자기계발서나 인문, 고전, 사회, 일반문학, 전문서적 등 다양한 분야에서 지금 내가 읽어야 할 책을 고른다는 건 쉽지 않다. 일단 다른 건 생각하지 말자. 추천하는 책이 있다면 그 책을 구매해서 읽으면 된다. 도움이 될 만한 책은 지인이 소개해 줄 때도 있지만 스스로 선택해야 한다는 점을 잊지 말자. 그러기 위해서는 많이 읽어 봐야 한다. 책을 고르는 촉도 생겨야 하고 그 책을 읽고 독서근육도 길러야 한다. 처음에는 무작정 시작하는 게 좋다.

그렇게 난 시작했다. 일단 책이란 게 무엇인지 알고 읽어 보고 무엇이 달라질지 일단 해 보자라는 게 그때 생각이었다. 다양한 책을 골라 카트에 담고 주문을 한다. 한번 구입할 때 비용이 15~20만 원 정도 되었다. 한 달에 약 30만 원 정도를 책 구입비로 썼다. 꽤 큰 비용이었다. 다행히도 술과 담배를 끊었기 때문에 가능했다. 매달 그렇게 책을 사들이기 시작했다. 1년에 약 300만 원 정도를 책 구입비로 쓰게 되었다. 책이 좋아지기는 했으나 솔직히 부담되었다.

책은 읽고 싶은데 부담이 되어 구매가 힘든 상황에서 생각해 낸 것이 바로 도서관이었다. 그동안 도서관을 이용하지는 않았다. 도서관에서 책을 대출하는 것도 그곳에서 책을 읽는 것도 상상해 보지 않았다. 또한 도서관이 집에서 멀어 이용하는 게 쉽지 않았다. 다른 대안이 없었기 때문에 집에서 가장 가까운 도서관으로 향했다. 도서관에 대한 느낌이 별로 없었다. 학교 안에 있는 도서관만 생각했지 주민을 위한 도서관은 생각도 못 했다. 매체를 통해 책을 읽자는 운동이 일어나고 지자체마다 도서관을 많이 지었다는 말만 들었지 실제로 이용해 본 건 그때가 처음이었다.

처음 도서관에 들어서고 보니 다양한 분야의 책들이 분류 방법에 따라 진열되어 있었다. 또한 쉽게 검색할 수 있도록 컴퓨터가 배치되어 있었다. 그리고 매달 사서가 고른 신작코너가 별도로 마련되어 있었다. 내가 태어나고 처음 도서관을 이용한 순간이었다. 이렇게 많은 책이 있다니 믿기지 않았다. 그때부터 도서관을 이용하기 시작했다.

매주 주말마다 도서관에 가서 신간이나 자기계발서, 인문, 사회, 철학 등 다양한 책들을 대출하기 시작했다. 한 사람당 7권을 대출할 수 있고 기본이 2주지만 3주까지 연장할 수 있다. 가족 단위로 등록을 하면 가족 수에 7권을 곱하면 최대로 빌릴 수 있는 권수가 많아진다.

대출카드도 만들고 스마트폰 어플도 깔면 온라인으로 책을 검색할 수 있고 대출 기간을 연장하거나 상호대차도 가능하고, 읽고 싶은 책을 신청할 수도 있다. 시간은 좀 걸리고 내부에서 심사를 거쳐 구입을 하기 때문에 원하는 책을 다 읽을 수는 없지만 웬만한 책은 신청이 가능하다. 최소 한 달에서 두 달 정도 기다리면 읽을 수 있다. 당장 읽지 않으면 안 되는 책은 없기에 신청해 두고 다른 책들을 읽으면 된다. 이렇게 시작한 도서관 이용이 이제는 자연스러워졌다. 가족들도 처음에는 도서관 가기를 부담스러워했지만 자주 가다 보니 사서와 친해지기도 했다. 주말 아침마다 도서관에 가자는 말이 아주 자연스러워졌다.

지금도 도서관을 자주 이용한다. 하루에 많으면 두 권 정도를 읽기 때문에 한 주에 읽을 책을 미리미리 대출해 놓는다. 그중에 괜찮다고 생각하는 책들을 온라인 서점을 통해 구매한다. 책은 읽고 싶지만 도서 구입비가 부담이 된다면 지금 가장 가까운 도서관을 이용해 보기를 권한다.

무조건 책을 사서 읽어야 한다고 주장하는 분들이 있다. 물론 소장 가치가 있는 책은 그렇게 할 수 있다. 하지만 반드시 살 필요는 없다. 책을 구매하면 장점이 있는데, 바로 밑줄을 치고 접고 마크하고 여백에 글쓰기를 할 수 있다는 것이다. 그런데 잘 생각해 보면 그런 책은 그리 많지 않다. 모든 책이 다 도움이 되지는 않는다는 말 기억하는가? 두 번, 세 번 보는 책이 얼마나 있을지 생각해 보면 그 답은 쉽게 얻을 수 있다.

나도 처음에는 무조건 책을 많이 사들였다. 그러나 경제적인 이유도 그렇거니와 책을 들여놓기가 점점 힘들어지기 시작하니 무조건에서 조건으로 바뀌게 되었다. 독서를 처음 시작한다면 구매를 권하고 싶다.

자신이 직접 구매를 하면 돈이 아까워서라도 읽게 되기 때문이다. 한두 권만 사면 그렇지 않겠지만 권수가 많아지면 아까워서라도 읽게 된다. 그렇게 시작한 독서에서 스스로 책을 고르고 비판할 수 있는 시간이 다가오면 도서관을 이용하는 게 좋다. 어떤 방법을 활용하든 독서를 하는 게 목적이기에 자신에게 맞는 방법을 따르면 된다. 비용 부담이 없고 책을 보관할 장소가 있다면 구매를 하는 것도 나쁘지 않다. 어떤 방법을 사용하든 책과 친해지기가 우선이라는 것을 잊지 않으면 된다. 독서를 통해 바뀌는 시간은 책과 친해지고 나서부터니까.

6

읽는 독서에서 쓰는 독서로

읽고 공감하고 실천하는 내 맘대로 독서법

독서를 어떻게 하는지에 대한 고민은 고민으로만 남겨 두자.

목차를 보고 저자의 의도를 파악하라고?

'먼저 저자의 의도를 파악하고 읽어야 한다.' 독서를 시작하면 이런 말을 많이 듣는다. '그래? 나도 파악하고 싶다. 그런데 어떻게 파악하는 게 잘하는 건지 잘 모르겠어.'가 내 답이다. 독서를 시작한 지 얼마 되지 않았는데 어떻게 저자의 의도를 파악할 수 있을까? 난 아직까지도 의문 스럽다. 책을 읽는 것 자체도 어려운데 어떻게 의도까지 파악할 수 있는가? 어느 정도 독서근육이 잡히고 여유가 생겼다면 모를까. 솔직히 처음부터 의도를 파악하면서 읽는 건 불가능하다. 난 그 말을 이해도가 높아진다는 말로 이해했다.

그래도 저자의 의도를 알 수 있는 방법이 궁금하다면 방법은 있다. 그것도 아주 간단한 방법이다. '정말? 그게 뭔데?' 책 뒤표지를 보라. 거기에 있다. 출판사에서 판매를 목적으로 한 홍보성 문구가 있다. 이 문구가 그 책을 한마디로 요약한 문구다. 물론 자세한 내용은 저자가 말해 주거나 책을 읽어야 알 수 있다. 그 전에 어떤 내용인지 짐작할 수는 있다.

난 그렇게 하지 않았다. 그러고 보니 하라는 대로 하지 않았다. 참고는 해 봤다. 실천도 해 봤다. 그런데 나와는 맞지 않았다. 틀린 게 아니라 다르다고 생각했다. 아직 책과 거리 좁히기도 못 하고 있는데 저자의 의도를 어찌 알겠는가. 독서근육이 있다면 모를까. 내 근육은 근육이라 부르기가 민망할 정도였다. 그냥 아무것도 없었으니까. 채워도 채워도 부족할 것만 같은 내 독서근육이 조금씩 채워지면서 단단해지는 걸 느끼고 있다. 지금도 말랑거리지만 어느 정도 근육이 생겨 책을 읽는 데 어려움이 없어졌다.

어떻게 그럴 수 있냐고? 그냥 읽었다. 무작정 읽었다. 의도고 뭐고 상관하지 않고 읽었다. 누구는 나를 책만 읽는 바보라고 한다. 그래 난 바보다. 책을 좋아하게 된 바보였다. 지금도 바보인지는 모르지만 책을 통해 내 자신이 바뀌고 있는 걸 느끼고 있다. 아직은 진행형이다. 아마도 평생 진행형이지 않을까.

그냥 읽으면서 파악하자

나도 파악하고 싶었다. 목차를 읽고 어떤 내용인지 사전에 파악해 보기도 했다. 지금은 좀 나아졌지만 그때는 아무 생각도 나지 않았다. '뭐래? 뭐라는 거지?' 이게 내 솔직한 느낌이었다. 방법이 생각나지 않으면 정공법으로 나가는 게 최선이다. 그게 무슨 방법이냐고? 그냥 읽는 거다. 읽다 보면 이해되는 페이지가 있고 아무리 읽어도 이해가 되지 않는 페이지가 있다. 모든 걸 다 이해하려고 하면 오히려 스트레스를 받아 책을 읽기 싫어진다. 버릴 건 버리고 얻을 건 얻는 것이 내 방법이다. 저자

읽고 공감하고 실천하는 **내 맘대로 독서법**

의 의도까지는 모르지만 왜 이런 이야기를 쓰고 있는지는 희미하게 알 수 있었다. '아… 이게 이 내용이구나.'라고 생각했지만 여지없이 틀렸다. 내가 해석한 내용과 저자가 말하고자 하는 내용이 달랐다.

그럼 누구 잘못일까? 난 둘 다 잘못이 없다고 생각한다. 물론 저자가 의도한 결과는 아니다. 아직은 독서에 대한 생각이 부족하기 때문이다. 걱정하지 말자. 이건 어디까지나 독서를 시작하고 겪는 일 중 하나일 뿐이다. 꾸준히 독서를 하다 보면 결국 나아지게 되어 있다. '꾸준히'가 어렵지만 그렇게 해야 한다. 그래야 독서근육이 단단해진다. 독서체력이 있어야 어떤 책도 읽을 수 있으니까.

독서가 끓어오르는 온도

물은 반드시 100도에서 끓는다. 99도라도 끓어오르는 기미조차 보이지 않는다. 반드시 100도가 되어야만 굵은 물방울이 넘치듯이 올라온다. 라면을 끓이기 위해 냄비에 물을 받고 가스레인지에 올려놓고 불을 켠다. 냄비가 달궈지는 것 같지만 아직 변화는 없다. 시간이 조금씩 지나면서 냄비 가장자리에 기포가 하나둘 생겨나기 시작한다. 조금 더 기다리면 기포들이 냄비에서 떨어져 나와 물 표면으로 올라와 하나둘 터지기 시작한다. 점점 많은 기포가 올라오고 수증기가 일어난다. 이제 물이 끓어오르기 바로 전 단계다. 여기서 포기하면 안 된다. 조금 더 기다려야 한다. 드디어 100도가 되면 굵은 물방울들이 넘치듯이 위로 올라오고 물 전체가 뒤흔들린다. 이제 라면과 수프를 넣고 면이 읽을 때까지

기다렸다 맛있게 먹으면 된다.

책을 읽는 것도 이와 같다고 생각한다. 처음 책을 읽을 때는 아무런 변화가 없다. 자신의 생각도 행동도 아무런 변화가 없다. 오히려 피로하다. 이제 몇 도 올랐을 뿐이다. 아직 기포가 생기려면 한참을 더 읽어야 한다. 점점 더 많은 책을 읽다 보면 그 책들이 기포로 변해 자신의 주변에 하나둘 붙게 된다. 자신의 내면을 끓이기 위해서는 이런 기포들이 주위에 가득 차야 한다. 여기저기 오만 곳에 다 붙어야 한다. 빈 곳이 없을 정도로 기포들이 온몸에 붙으면 이제 변화의 시작 앞에 서게 된 것이다. 이제는 읽고 공감하고 실천해야 할 시기다. 자신에게 붙어 있는 기포들의 크기를 키워야 하고 이를 수증기로 변화시켜야 한다. 크기를 키우는 것은 공감이고 수증기는 행동이다. 여기서부터가 힘들다. 조그마한 변화로 인해 모든 게 변한 것처럼 느껴지기 때문이다. 하지만 아직 부족하다. 물은 끓기 전이 가장 오래 걸린다. 그 순간을 넘어야 한다. 바로 우리의 임계점이다.

여기서 사람들은 오해를 하게 된다. 자신이 이제 변했다는 자만심에 빠질 수 있다. 아직은 1도가 부족한 상태다. 행동하기까지 힘든 여정을 보내 왔다면 이제는 그 행동을 통해 자신의 주변을 변화시켜야 한다. 결정을 내려야 하는 단계이자 책을 써야 하는 시기가 온 것이다. 이 마지막 단계가 가장 어렵다. 지금까지 해 왔던 모든 것을 바꿀 수도 있는 결정의 시간이기 때문이다.

독서는 자신의 부족한 면을 채우고 변화시키기 위한 것이 첫 번째다. 그다음은 자신의 내면을 변화시키는 단계를 거쳐야 한다. 몸 안에서 거부하고 있는 자신을 돌려 세워야 한다. 이것이 독서가 끓어오르는 단계라고 생각한다. 독서를 통해 변화가 없다고 느낀다면 자신의 온도를 곰곰이 생각해 보라. 아직 100도가 아니라면 책을 더 많이 읽고 공감하고 실천해야 한다. 꾸준히. 변화가 올 때까지.

책을 읽다 흐름을 놓치면 어떻게 해야 하나

책을 읽다 보면 처음부터 끝까지 집중할 수 없다. 중간에 잠시 쉬어야 한다. 눈도 피로해지고 먹먹한 느낌이 들어 읽어도 눈에 들어오지 않는 느낌이 든다. 그럴 때는 과감하게 책을 덮는다. 잠시 눈을 감든가 음악을 듣는 것도 좋다. 멍상 아닌 명상을 하면서 내가 좀 전끼지 무엇을 읽었는지 생각해 본다. 전체를 다 기억할 수는 없다. 그리고 전체를 기억할 필요도 없다. 저자가 말하고자 하는 큰 흐름은 알고 있기에 읽는 흐름이 끊어져도 걱정할 필요는 없다.

한 권을 다 읽을 수 있는 상황이면 괜찮겠지만 차를 갈아타거나 잠시 쉬는 시간에 읽게 되면 중간중간 끊기는 느낌이 든다. 흐름을 놓쳐 불안해질 때도 있다. 걱정하지 말자. 정상이니까. 그리고 그런 흐름은 놓쳐도 된다. 책에서 중요하게 다루는 분량은 그렇게 많지 않다. 의외라고 생각하겠지만 사실이다. 처음 10%에서 주장하는 바를 다루고 나머지는 그 주장에 대한 근거를 설명해 놓았기 때문이다.

내가 흐름을 놓쳤는지 알 수 있는 방법이 있다. 좀 전까지 읽었던 페이지를 다시 읽어 보라. 자신이 좀 전까지 읽었는데 기억하지 못할까? 그렇다. 기억하지 못한다. 일부밖에 생각나지 않는 경험을 하게 된다.

마치 처음 읽는 느낌이다. 그리고 조금 더 읽다 보면 '아! 이거 읽었던 기억이 나네.'라고 알게 된다. 내가 전 페이지를 읽으라고 한 이유는 흐름을 다시 잡기 위해서다. 그래도 모르겠다면 그냥 다음 페이지부터 읽어도 괜찮다. 이미 앞부분에서 전체적인 내용을 알았기 때문이다. 좀 놓친다고 해가 되지는 않는다.

'중간에 중요한 내용이 있으면 어떻게 하나?' 중요한지 아닌지 어떻게 아는가? 만약 그렇게 중요하다면 그 페이지는 앞에 배치될 확률이 크다. 그러니 걱정하지 말고 잊으면 잊은 대로 생각나면 생각난 대로 읽어라. 뭐가 두려운가? 어차피 내가 읽고 내가 느끼고 내가 변하기만 하면 되는데. 누구를 위해 그런 생각을 하는가? 아깝다고? 정말 아까울까? 다시 생각해 보라.

책은 편하게 읽어야 한다. 책은 읽고 싶은 대로 읽어야 한다. 읽고 싶지 않은데 읽는 시간이 가장 아깝다. 차라리 다른 걸 하라. 운동을 하든가 영화를 보라. 책에 갇혀 살지 마라. 책에서 자유를 얻고자 하면서 왜 자신을 책에 가두는가? 흐름 좀 놓친다고 달라질 건 없다. 아쉽다면 다시 읽으면 그만이다. 그러니 걱정하지 말자. 굳이 마음의 위로를 얻고 싶다면 이 말을 해 주고 싶다. 다른 사람도 그렇다. 똑같다. 다를 건 없다. 그들도 이런 생각들로 고민했다. 읽자. 그냥 읽자. 나를 바꾸기 위해서 읽자. 의외로 한글이 어렵다는 걸 느끼게 된다. 이겨 내야 한다. 흐름이나 양은 그다음이다.

다 읽었다면 잠시 눈을 감고 내가 무엇을 읽었는지 생각하라

책을 열심히(?) 읽었다. 그래 나도 이제 독서가가 되어 보자. 인생을 바꾸기 위해 책을 읽자. 이 삶에서 벗어나고 싶다. 그렇게 읽고 책을 덮는 순간 아무것도 기억나지 않았다. 난 지금까지 무엇을 읽었는가? 내가 잘못된 방법을 사용하고 있나? 어려웠다. 책을 읽었는데 생각나지 않으니 답답했다. 다른 사람들은 책을 쉽게 기억하는 것 같은데 나는 왜 기억나지 않는 걸까? 어떻게 하면 기억할 수 있을지 곰곰이 생각해 보았다. 그렇다면 독서법에 대한 책을 읽어야겠다고 생각하고 그와 관련된 책을 읽었다.

독서법 관련 책의 공통적인 부분이 있었다. 꼭 책에 밑줄을 쳐야 한다, 필사를 해야 한다, 자신의 생각을 빈 공간에 채워야 한다, 이를 정리한 독서노트를 써야 한다, 그래야 제대로 된 독서다, 하고 말한다는 것이다. 어떻게 매번 줄을 치고 필사를 하고 자신의 생각을 적어 넣을 수 있을까?

이 방법밖에 없는 걸까? 이렇게 하는 게 좋은 사람이 있는 반면 그렇지 않은 사람도 있다는 생각으로 나만의 독서법을 익히기 위해 고민하기 시작했다. 내게 맞는 독서법은 어떤 것일까? 나처럼 책을 읽는 사람들은 어떻게 책의 내용을 기억할 수 있을까? 내용이 기억이 나야 저자의 의도도 알 수 있을 것 같았다. 답답했지만 직접 부딪혀 보는 수밖에 없었다. 누구도 나와 같지는 않으니까.

내 독서법을 말하자면, 일단은 다 읽는다. 기억나는 것도 그렇지 않은 것도 있다. 잠시 눈을 감고 이 책이 무엇을 말하고자 하는지를 생각해 본다. 어떤 주제가 있으면(대부분 책 제목이다) 그 주제에 맞게 강조하고자 하는 내용이 무엇인지 생각해 본다. 기억이 가물가물하다면 책장을 펼치고 목차를 본다. 그리고 해당 부분을 스르륵 읽어 본다. 눈으로 빠르게 읽기 때문에 읽는다기보다는 스캔한다는 표현이 적당할 것이다. 그렇게 보다 보면 자신의 생각과 같은 장소에 멈추게 된다. 해당 구절을 읽어 본다. 다 읽어도 내 생각과 동일하다면 해당 페이지를 사진으로 남긴다. 그렇게 전체적인 내용이 무엇인지 파악한 후 중요하다고 생각되는 부분을 다시 한번 본 다음 서평을 작성한다. 내가 기억하는 부분과 저자가 말하는 부분을 쓰다 보면 그 안에서 내 생각이 자라게 된다. 정답은 없다. 내가 그렇게 느꼈다면 그렇게 느끼는 것이 옳은 것이다. 다른 사람의 의견은 필요 없다. 지금 읽은 책을 통해 얻은 감정이 옳은 감정이라 생각한다.

어떻게 하면 읽은 내용을 기억할 수 있을까? 단기 기억이라도 하려면 어떻게 해야 할까? 내가 하는 방법은 한 권을 다 읽고 조용히 눈을 감는 것이다. 특정 부분만 읽지 않는다. 간혹 그런 책들이 있지만 무시하고 처음부터 끝까지 읽는다. 그 이유는 내가 지금 무엇이 필요한지도 모르지만 제목을 통해 막연한 기대감으로 책을 읽기 때문이다. 읽다 보면 내가 필요한 부분이 '이거'라는 생각이 든다. 그러면 그 부분을 집중해서 읽는다.

그렇게 끝까지 읽고 난 다음 눈을 감고 생각해 본다. 조금 전까지 읽은 책 내용은 무엇인가? 전체적으로 무엇을 말하려고 하는가? 저자가 말하고자 하는 의도를 추측해 본다. 어떤 문장이 내게 남아 있는가? 정확하지 않아도 좋다. 왜 그 문장이 머릿속에 남아 있는지 생각해 보자.

읽고 공감하고 실천하는 **내 맘대로 독서법**

그리고 어디에 적용해야 하는지, 어떻게 실천해야 하는지 생각해 본다.

이제 조금 전까지 읽은 책의 큰 흐름이 잡히게 된다. 기억이 가물가물하다면 다시 책을 펼치면 된다. 이건 시험이 아니다. 모르면 다시 보면 그만이다. 그만큼 그 책을 좋아하게 된 것이라 생각한다. 일단 눈을 감고 생각하기만 하면 된다. 장소에 영향을 받지 않아서 좋다. 흔들려도 사람이 많아도 가능하다.

그렇게 생각을 하다 보면 희미하게 기억들이 떠오르게 된다. 희미하지만 한 번 더 보면 알 수 있을 것 같은 느낌이 든다면 다시 책을 펼쳐 본다. 책을 훑어보다 보면 페이지 사이로 눈에 띄는 문장들이 보이게 된다. 왼쪽 페이지인지 오른쪽 페이지인지 기억하며 찾아보면 쉽게 찾을 수 있다. 찾지 못했다면 이 방법을 여러 번 반복하면 된다.

시간이 아깝다는 생각은 버리자. 이 방법은 그렇게 시간이 오래 걸리지 않는다. 기억하기 위해 떠올리는 방법이니 조금만 참고 시도해 보자. 드디어 자신이 원하는 문구를 찾게 되면 다시 해당 구절을 읽어 본다. 빠른 속도로 읽어 보기를 권한다. 그 이유는 처음과 지금의 생각이 같은지를 알아보기 위해서다. 빠르게 읽어도 처음 생각과 같다면 사진을 찍거나 메모장에 기록한다. 난 그렇게 책을 읽고 기록하고 서평을 남긴다.

우리는 IT 선진국이다. 스마트폰 보급률이 세계 최고다. 인터넷 속도도 최고다. 그럼 무엇을 사용해야 할까? 바로 스마트폰이다. 난 사진을 찍는다. 좋은 책이라고 생각하면 목차도 찍는다. 각 페이지를 찍다 보면 여러 장의 사진으로 남는다. 그러면서 한 번 더 읽게 된다. '아… 저자가 이런 얘기도 했네?'라는 걸 느끼게 된다. 읽은 것 같지만 읽지 않았던 대목이다. 그러면서 하나 더 건질 수 있다. 내가 무엇을 읽었는지 자연스럽게 알 수 있다. 간혹 기억나지 않는 책도 있다. 그럴 경우는 다시 전체를 훑어보고 목차를 보고 강조하는 문구를 본다. 그렇게 기억나는 생각들은 적어서 블로그에 올린다. 찍은 사진은 어떻게 하는지 궁금하다고? 그 사진들은 내 메모장에 차곡차곡 쌓여 있다. 언젠가 소중한 내 재산으로 쓸 때를 대비해서.

시간이 아깝다는 생각이 든다면 이제 기록하자

책을 읽고, 느끼고, 기억하고, 쓴다. 책을 읽다 보면 자연스럽게 익혀 가는 과정이다. 이 모든 과정은 시간과 엉덩이의 힘이 필요하다. 서서 읽는 방법도 좋다. 졸음에서 벗어날 수 있는 방법이다. 책을 읽기 위해서는 글자와 싸워야 하고 졸음과도 싸워야 한다. 오래 앉아 있을 수 있다면 책을 읽는 데 도움이 된다. 하루 종일 앉아 있을 수 있다고 말할 수 있지만 책을 펼치고 앉아 있다 보면 오래 앉아 있기가 쉽지 않다. 믿기지 않으면 도전해 보기 바란다. 왜 엉덩이의 힘이 필요한지 알 수 있다.

독서는 시간을 잡아먹는다. 대신 흔적을 남기고 떠난다. 우리는 그 흔적을 보지 못하기 때문에 독서 후 찾아오는 공허함으로 시간이 아깝다고 생각한다. 나도 책을 읽으면서 그런 생각을 많이 했다. 일종의 부작용이라고 할 수 있다. 아무것도 변하지 않는데 왜 자꾸 책을 읽으라고 하는지 몰랐다. 지금 생각해 보면 달라지기 위한 과정이었는데 너무 성급했다. 지금 이런 생각으로 독서를 포기하려고 한다면 조금만 더 참기를 바란다. 번데기가 나비로 탈바꿈하기 위한 과정이니 포기하지 말고 꾸준히 읽기를 바란다.

책과 친해졌다면 이제는 기록해야 한다. 이제부터 제대로 된 시간을 만들어야 한다. 자신이 집중할 수 있는 시간, 자신이 기록할 수 있는 시간을 말이다. 기록하는 방법은 많다. 작은 메모장을 가지고 다니면서 생각나는 것들을 수시로 기록하는 방법, 독서노트를 만들어 독서 후 자신의 생각과 공감되는 글을 기록하는 방법, 녹음기를 통해 자신의 생각을 기록하는 방법, 책 여백에 그때그때 떠오른 생각들을 적는 방법 등 다양한 방법이 있다. 이렇게 기록하는 이유는 자주 들어 봤던 생산적인 독서를 하기 위해서다. 혼자만의 독서에서 함께하는 독서로 거듭나는 시간이다.

기록은 어렵다. 독서보다 더 많은 시간이 들기도 한다. 어떤 방법을 사용하든지 꾸준히 하는 게 중요하다. 꾸준히 하다 보며 자신의 생각이 적지 않고도 정리되는 것을 경험하게 된다. 이렇게 기록하는 것은 독서를 독서답게 느끼도록 만들기 위한 과정이다. 앞서 함께하는 독서로 변한다고 말했다. 그 이유는 기록하면 자연스레 다른 사람들에게 알리고 싶은 욕구가 생기기 때문이다. 이 과정들을 겪다 보면 자신이 책을 쓰고 있는 모습을 볼 수 있다.

독서하는 시간이 아깝다는 생각은 지금 당장 무엇을 바라는 마음이 강해서 그렇다. 독서도 리듬이 있다. 쉴 때도 있고 집중해서 읽을 때도 있다. 그러니 조급한 마음을 달래고 꾸준히 읽기를 바란다. 기록도 조금씩 해 보기를 바란다. 하다 보면 는다. 처음의 어색함만 참으면 된다. 다른 생각은 하지 말자. 자신이 변화하기 위해 독서보다 더 나은 방법은 없다. 지금 잘하고 있다. 조금 더 힘을 내자.

지금 기억에 남는 것이 당신이 기억할 수 있는 전부다

책을 읽고 기억에 남기기를 바라는 이유가 무엇인지 생각해 보자. 왜 책을 읽고 기억에 남기려고 하는가? 기억에 남겨 어디에 활용하려고 하는가? 우선 이것부터 자신에게 묻고 독서를 시작하기 바란다. 많은 독서법 관련 책들은 '기억'에 대한 집착이 크다. 밑줄을 치고 형광펜으로 마크를 하고 모퉁이를 접고 여백에 글을 남기라고 권한다. 그 이유는 읽고 흔적을 남기고 기억하기 위해서다. 그리고 그러한 글들을 독서노트 등에 옮겨 적으라고 한다. 좋은 방법이다. 이렇게 책 한 권을 읽게 되면 그 책의 많은 내용을 이해하고 자기화할 수 있다. 전제는 그런 책이어야 한다는 것이다. 모든 책이 그렇지는 않다는 말이다.

난 아직 독서 고수가 아니다. 그런 방법을 활용하고 있지 않다. 그렇게 못 해서 그렇다. 책에 줄을 치고 형광펜으로 긋고 접고 메모하는 행위를 하지 못한다. 이 방법이 꼭 좋은 방법이라고 생각하지 않기 때문이다. 어디까지나 그럴 만한 시간적 여유가 없다. 그래서 난 책을 읽고 공감하고 느끼고 생각한다. 책을 덮는 순간 지금 읽었던 책에 대해 생각한다. 저자가 무엇을 말하고 있는지 내용은 어디가 좋았는지 그것이 나에게 어떤 작용을 미치는지 생각해 보면 떠오르는 이미지가 있다. 난 바로 그런 이미지를 바탕으로 서평을 남긴다. 지금 내 기억에 남는 것이 있다면 그게 이 책이 나에게 영향을 미친 전부라 생각하기 때문이다.

내가 기억하기 위한 방법은 블로그에 글을 올리는 것이다. 이건 어디까지나 개인적인 방법으로 내가 좋다고 생각한 책들에 한해서 하고 있다. 내가 책을 읽고 서평을 남기는 이유는 내 삶에 반영할 부분을 찾고 읽고 난 흔적을 남기는 동시에 버리기 위해서다. 버린다는 것은 머릿속을 비운다는 의미다. 그래야 다음 책을 읽을 수 있기 때문이다. 아깝지 않냐고? 나도 예전에는 그렇게 생각했다. 책을 읽고 기억나지 않으면 읽은 시간이 아깝다고 생각했다. 결론은 아니다. 그 시간만큼 책을 읽었기 때문에 이런 생각도 할 수 있게 된 것이다. 기억에 남지 않았다면 대충 읽었거나 기억에 남지 않을 책이거나 둘 중 하나라고 생각한다. 그중 기억에 남는 책은 블로그에 남긴 글을 확인해 보면 나중에라도 그때의 기억이 되살아난다. 이게 내가 책을 기억하는 방법이다.

난 이렇게 말하고 싶다. "지금 내 머릿속에 남은 기억이 내가 기억할 수 있는 전부다." 책 한 권을 읽는다고 '냉장고 파먹기'식으로 하나에서 열까지 기억할 수는 없다. 지금은 그럴 시간조차 없다. 그렇다고 속독을 하라고 하는 게 아니다. 좋은 책과 그렇지 않은 책을 고르기 위해서는 그만큼 독서에 시간을 투자해야 한다. 독서근육이 생기면 책 고르는 능력(?)이 생긴다. 느낌이라고 할까? 책을 많이 읽으면 내게 맞는 책이 무엇인지 알게 된다.

단 한 줄이라도 기억나는 대로 기록하자. 지금은 책과 친해지는 시간이지 무엇을 얻기 위해 전투적으로 읽는 시간이 아니다. 책과 친해져야 한다. 그래야 그다음을 할 수 있다. 기억나지 않는다고 자신을 다그치지 말자. 지금은 지극히 정상이고 앞으로 나아가려고 하는 과정일 뿐이다. 과정이 있어야 결과가 있는 법. 기억나지 않는다고 실망하지 말고 꾸준히 읽기 바란다. 그래야 바뀐다.

내가 책을 읽고 기록하는 방법을 소개한다. 이 방법이 마음에 들지 않을 수도 있다. 어디까지나 나만의 방법이다. 누구에게 보이고 싶어서

하는 방법이 아니다. 나에게 맞는 방법이라 생각하고 꾸준히 바꾸어 나가고 있다. 누가 강요해서 책을 읽는다면 오래 버티지 못한다. 좋아하지도 않는 일을 어떻게 오래 할 수 있는가? 이 간단한 논리를 통해 난 나만의 방법으로 책을 고르고 읽고 공감하고 실천하고 흔적을 남긴다.

첫 번째로 제목을 읽어 본다. 읽고 또 읽는다. 그리고 제목에 대해 생각해 본다. 생각한다고 하니 거창한 것처럼 보이지만 그렇지 않다. 제목이 내게 주는 느낌에 대해 생각해 볼 뿐이다. 내게 맞는지 내가 원하는지 내게 필요한지. 예를 들어 독서법이면 독서법에 대한 내용이 나오겠구나, 책 쓰기면 책 쓰기에 대해 나오겠구나, 그 정도다.

두 번째로 목차를 훑어본다. 아주 빠르게 큰 제목 위주로 읽는다. 눈에 띄는 제목은 한 번 더 읽어 본다. 그러다 이거 좋겠는데? 하는 생각이 들면(이건 내가 책을 어느 정도 읽고 난 후다. 처음에는 그냥 읽었다. 책이 눈에 들어올 때까지) 그와 연관된 소제목을 읽는다. 그런 다음 저자가 누구이고 왜 이 책을 썼는지에 대해 간략히 정리된 글을 읽는다. 제목과 저자의 소개글을 읽으면 이 책이 무엇을 말하는지 큰 틀이 잡히게 된다.

세 번째로 자신의 책을 뒤나 중간에서 읽어도 된다는 말을 무시한다. 왜냐하면 내가 읽고자 하는 것이 정확히 무엇인지 모르기 때문이다. 전체적인 느낌으로 책을 읽고 싶은 마음이 들어 고르는 것이지 어떤 특정 부분을 보고 고르지는 않는다.

이제는 읽기 시작한다. 한 챕터를 다 읽고 나면 잠시 책을 덮는다. 책 제목과 저자의 소개글을 기억해 본다. 지금 읽은 이 부분과 어떤 관계를 이루는지 생각해 본다. '아… 그래서 이렇게 말하는 거구나.'라고 느끼면 다음 챕터로 넘어간다. 그렇지 않다면 다시 챕터를 훑어본다. 눈에 띄는 문장이 있으면 그 부분을 빠르게 읽어 보면 감이 잡힌다. 아예 생각나지 않는다고? 그럼 무시하고 넘어간다. 그 부분은 내 상황과 맞지 않기 때문에 아주 사소한 기억도 나지 않는다고 생각한다. 자신에게 강요하지 말자. 기억나면 기억나는 대로 기억나지 않으면 기억나지 않는 대로 읽으면 된다.

나는 책을 처음부터 끝까지 읽는다. 누구는 읽지 않아도 된다고 하지만 이게 내 방법이다. 끝부분에는 대부분 저자가 다시 강조하는 글이 있다. 이 글을 읽고 전체적으로 이 책이 말하고자 하는 의미를 생각해 본다. '음… 이런 거구나. 내게 어떤 도움이 될까?'라고 생각하는 순간 스치고 지나가는 느낌이 있다. 뚜렷하게 기억나지는 않지만 그런 느낌이 들면 다시 전체적으로 훑어본다. 그리고 서평을 블로그에 올린다. 그렇게 난 내 기억을 만들고 있다.

이렇게 책 한 권을 고르고 읽는다. 책에 대해 엄청난 기대는 하지 않는다. 내가 책을 읽었다고 모든 걸 알 수는 없다는 사실은 알고 있다. 저자가 말하는 의도의 10%만 가져와도 성공했다고 본다. 한 권의 책을 다 읽고 기억을 꺼내어 보자. 지금 내가 무엇을 읽었는지. '지금 내 머릿속에 남은 기억이 내가 기억할 수 있는 전부다.'를 생각해 보자. 기억해야 할 문장이 없어도 된다. 지금 이 순간 내 머릿속에 남아 있는 기억들이 있다면 그 책이 내게 보여 준 전부다. 더 이상은 없다. 난 그 기억을 고스란히 블로그에 기록한다. 기록하면서 생각하고 생각하면서 기억나는 게 있다. 잘 생각이 나지 않으면 다시 책을 훑어본다. 언제든지 가능하다. 이건 시험이 아니다. 강박에 사로잡힐 필요도 없다. 내가 읽고 내가 기억하고 내가 쓰면 그만이다. 오롯이 자신만의 시간이다. 그러니 걱정 말고 기억나지 않으면 기억나지 않는 대로 기억나면 기억나는 대로 읽고 쓰면 된다. 난 이렇게 읽고 느끼고 쓴다. 그렇게 한 권의 책을 기록하고 있다. 내가 책을 기억하는 방법이다.

각종 SNS에 올려라

단순한 독서에서 나만의 독서법을 익히고 쓰는 독서로 나아가기 위해서는 기록해야 한다고 했다. 기록을 해야 남는 게 있다. 뇌가 기억하기 위해서는 평상시보다 조금은 특별한 행동을 해야 한다. 읽고 느끼고 기록해야만 실천하게 되고 실천해야만 이해하게 된다. 꼭 책을 읽고 쓰는 서평만을 말하는 게 아니다. 기록하는 행위를 의미한다.

기록이라고 하니 거창한 것처럼 들리겠지만 그렇지 않다. 작은 메모부터 시작하는 게 좋다. 종이에 남겨도 좋고 스마트폰의 메모장을 이용해도 좋다. 쓰기가 귀찮으면 사진으로 찍어 두기만 해도 좋다. 자신이 읽었다고 말하는 책에 대해 최소한의 흔적을 남겨 두기 위해서다. 그런 작은 행동들이 내 몸 안에 기억되고 생각하게 만들고 행동하게 만들기 때문이다.

메모를 해야 한다고 해서 꼭 어떤 틀을 갖춰 해야 하는 건 아니다. 자신의 취향에 따라 자유롭게 기록하면 된다. 처음에는 다양한 방법을 보고 따라 할 수 있다. 하지만 그 방법에 자신이 스트레스를 받는다면 지속하기가 쉽지 않다. 책을 읽든 글을 쓰든 재미가 없으면 금세 지쳐 버리기 때문이다.

난 주로 스마트폰을 이용한다. 장소에 제한을 받지 않고 어디서나 기록할 수 있는 게 장점이다. 손으로 글을 적는 걸 별로 좋아하지 않기 때문에 주로 이 방법을 이용하고 있다. 메모장을 이용하거나 구글 문서를 이용하기도 한다. 어떻게 하든 간단한 기록이라도 남기려고 한다. 이 작은 습관이 쓰는 독서로 가기 위한 발판이 되어 준다.

독서노트나 서평을 잘 쓰도록 도와주는 다양한 방법이 있다. 공통적인 것은 어떤 틀을 만들고 우선 그 안에 제목과 저자, 출판사, 연도 등을 넣는 것이다. 그리고 자신이 공감한 부분을 적고 왜 공감했는지 이유를 적고 이것을 통해 자신에게 어떤 영향을 미쳤는지를 적는다. 한 장을 적는 데 꽤 시간이 걸리게 되어 있다. 마치 학교 리포트를 쓰는 기분이 든다. 겉으로 볼 때는 체계적이고 괜찮은 방법 같다. 하지만 난 그렇게 하지 않는다. 처음 몇 번 시도해 보았지만 내게 맞지 않았다. 주로 이동하면서 책을 읽고 있는데 그 중간중간 시간을 내어 양식에 맞춰 작성해야 한다는 것이 스트레스였다. 이 방법이 잘못된 것은 아니다. 나처럼 맞지 않는 사람이 있을 것이고 맞는 사람도 있을 것이다. 취향에 따라 다르기 때문이다. 처음에는 그런 방법을 활용해 시작하는 게 좋다. 몇 번 시도해 보면 자신과 맞는지 아닌지를 알 수 있다. 재미가 있으면 맞는 것이고 없으면 안 맞는 것이다.

방법을 조금씩 고쳐 나가다 보면 자신만의 방법을 찾을 수 있게 된다. 난 주로 메모장에 기록하고 SNS에 남기고 있다. 아침 독서와 저녁 독서를 하기 전 SNS에 짧은 인사말과 함께 읽을 책에 대해 간단한 이야기와 함께 올리고 있다. 자랑을 하려고 하는 게 아니다. 내 스스로 이제 올렸으니 읽어야 한다는 다짐을 하기 위해서다. 그리고 언제든지 내가 그날 무슨 책을 읽었는지도 알 수 있다. 때로는 쉴 때도 있다. 아무것도 안 하고 뒹굴거리기도 한다. 그러다 심심하면 책을 읽고 서평을 남긴다. 이렇게 시작한 서평이 벌써 2,000개가 넘었다. 개수가 중요하지는 않지만 그만큼 읽다 보니 생각이 깊어지고 부족한 나를 발견하게 되었다.

SNS에 간략하게 올려 보기

SNS에 올리는 건 조금만 배우면 누구나 할 수 있다. 이게 가장 큰 장점이라 생각한다. 찍고 간단한 글과 해시태그(#)를 달면 끝이다. 더 배울 것도 없다. 그게 전부다. 해시태그를 다는 이유는 검색을 쉽게 할 수 있기 때문이다. 책 제목을 치면 쉽게 찾아볼 수 있다. 난 주로 이동하며 읽기 때문에 찍는 곳이 버스 정류장 또는 지하철 안이다. 가끔은 도서관이나 집 안에서 찍을 때도 있다. 그렇게 시작한 사진 독서가 내 블로그나 SNS를 가득 채웠다. 지금은 책밖에 보이지 않는다. 예전에는 내 직업에 대한 이야기를 많이 했지만 지금은 오로지 책밖에 없다. 매우 뿌듯하다. 책 한 권 읽지 않았던 내가 이렇게 달라졌으니 뿌듯하지 않을 수가 없다. 그럼 간단하게 내가 기록하고 있는 방법을 소개하겠다. 나보다 더 잘할 수 있을 거라 생각한다. 그리 대단한 게 아니기 때문이다. 중요한 건 꾸준히 하는 것이다.

우선 그날 읽을 책을 전날 골라 놓는다. 아침에는 주로 읽기 편한 책을, 오후에는 시간을 들여 읽을 책을 고른다. 이렇게 준비하고 외출을 한다. 자리에 앉아 책을 꺼내고 표지가 카메라 기준으로 아래로부터 2/3에 들어오도록 찍는다. 정류장에서 찍을 때도 있지만 주로 버스 안에서 찍는다. 그리고 내가 자주 이용하는 SNS을 열고 올릴 사진을 선택한다. 약간의 필터를 적용한다. 밝기나 주변 어둡기, 초점을 맞춘 다음 선택을 완료한다. 그리고 간단한 인사말과 함께 책 제목과 어떤 책일지 나만의 생각을 적고 맨 마지막 줄에는 해시태그를 달고 올리는 게 전부다.

무척 간단하지 않은가? 이렇게 올리는 데 5분 정도 걸린다. 짧지 않은 시간이다. 처음에는 몇 줄만 적고 끝냈지만 조금씩 말이 늘어나다 보니 시간이 길어졌다. 내게 책을 읽게 하기 위한 수단으로 이만한 방법이 없다. 그렇게 하루하루 책을 읽기 시작했고 읽고 난 다음에는 블로그에 반드시 서평을 올렸다. 처음에는 블로그로만 시작했다. 아주 짧은 서평으로 시작했다.

그럼 블로그만 하지 왜 SNS를 하는지 궁금해하리라 생각한다. 그렇다. 블로그만 해도 된다. 그런데 내가 SNS를 하는 이유는 재미와 좀 더 다양한 소통을 하기 위해서다. 책과 친해지지 않으면 독서를 오래 하지 못하는 이유와 같다고 생각한다. 서평도 올리는 맛이 있어야 더 재미있게 쓸 수 있다. 인간은 관심을 받고 싶고 인정받고 싶어 하는 동물이기에 흥미가 없는 일은 금세 포기하게 되어 있다.

난 SNS를 이용해 독서를 하고 싶은 마음을 불러일으키고 있다. 약간의 강제성은 반드시 필요하다. 그로 인해 좋은 스트레스가 쌓여 책을 읽어야 한다는 마음이 흐트러지지 않도록 하기 위해서다. 누구에게 강요받으면 하기가 싫어진다. 스스로 해야 즐겁게 할 수 있다. 난 SNS를 이용해 그렇게 만들고 있다.

SNS를 이용하는 게 어떻게 책을 읽는 방법인지 의아해할 수 있다. 어디까지나 내 방법이지만 내가 강조하고 싶은 부분이 있다. 내가 책을 읽어야 하는 이유를 찾기 위해서다. 다양한 사람들에게 이 책을 읽을 것이라 선언하고 나면 꼭 읽어야 한다는 생각이 든다. 사진만 올리고 읽지 않으면 거짓말밖에 되지 않는다. 그건 달라지기 위한 독서가 아니라 자랑하는 독서일 뿐이다. 다짐을 하기 위해서라도 사람들에게 말을 걸고 책을 읽고 공감하고 실행하기 위해 반드시 블로그에 서평을 남긴다.

지금은 자연스럽게 이 과정을 꾸준히 하고 있지만 처음에는 중간중간 맥이 끊겼다. 방법을 조금씩 바꾸면서 나만의 방법을 찾았다. SNS는 책을 읽고자 하는 나와의 약속을 조금은 더 강하게 하기 위해서다. 혼자만의 다짐은 쉽게 깨질 수 있다. 누군가에게 선언하게 되면 쉽게 깨뜨릴 수가 없다. 그런 점을 이용해 SNS를 이용하는데 내겐 맞는 방법이다. 내 방법이 좋다고 말하는 게 아니다.

다양한 방법을 따라 해 보고 자신의 방법을 찾아 책과 친해지고 꾸준히 독서를 해야 달라질 수 있다. 읽기만 하는 독서에서 조금씩 변화하고자 한다면 써야 한다. 아주 짧은 글이라도 써야 한다. 처음에는 어렵고 귀찮고 짜증 난다. 한 줄도 힘들다. 그러나 점점 길어지게 된다. 이건 자신과 시간과의 싸움이다. 이것을 이겨 낸다면 당신도 달라질 수 있다. 제2의 인생을 살 수 있다.

자신의 블로그를 만들어라

지금도 내가 읽은 책들을 SNS에 올리고 좋다고 생각하는 책들은 추천도 하고 있다. 내가 추천한 책들을 읽는 사람도 있겠지만 그렇지 않은 사람도 있다. 조금이라도 도움이 된다면 감사할 따름이다. 지금은 아니지만 예전에는 '왜 내 글에는 '좋아요'를 눌러 주는 사람이 적지?'란 생각에 스트레스를 받았다. 내 글에 '좋아요'를 눌러 주고 댓글까지 달아 주면 그렇게 기분이 좋을 수가 없었다. 어떻게 하면 더 늘릴 수 있을까 고민했다. 여기에 함정이 있었다. '좋아요'는 그냥 '좋아요'일 뿐이지 내가 독서를 하는 데 중요하지 않았다.

과연 팔로워 수가 내 독서에 어떤 영향을 줄 수 있을까? SNS에 올리면서 고민을 계속 했다. 만약 이게 사업을 목적으로 했다면 중요하게 여겼을 것이다. '좋아요'와 댓글은 많은 사람들에게 쉽게 퍼질 수 있게 해 주기 때문이다. 하지만 난 그런 생각으로 올리는 게 아니다. 내가 책을 읽는 이유는 나를 변화시키고 싶기 때문이다. 그렇게 생각하고부터 '좋아요'가 많이 달리든 적게 달리든 아예 없든 크게 상관하지 않게 되었다. 간혹 댓글을 달아 주는 분들께는 최대한 답글을 남겨 드린다.

블로그를 제대로 시작하다

나를 변화시키기 위해 블로그를 시작했다고 했다. 그런데 블로그를 시작하려고 보니 아주 오래전에 만들어 둔 게 있었다. 그동안 관리를 하지 않았기 때문에 매우 허접했다. 블로그를 정비하고 서평을 올리기 위해 카테고리를 만들었다. 처음에는 서평보다는 내 직업에 관련된 내용을 매일매일 올렸다. 마치 일기처럼 말이다. 이유가 있었다. 그동안 글이란 걸 써 보지 않았기에 시작한 것이다. 어느 정도 익숙해진 후 서평을 올리기 시작했다. 한 달에 하나, 2주에 하나. 점점 그 간격이 줄어들게 되었고 지금은 거의 매일 올리고 있다.

블로그에 올린 글이 하나씩 쌓이다 보니 어느새 1,000권이 넘어서게 되었다. 1,000권이 넘는 날 블로그 이웃이 갑자기 늘어나기 시작했고 그 수가 1,000명이 넘어섰다. 블로그 이웃이 늘어남에 따라 이제 블로그를 관리할 때라 생각했다. 최대한 간략하게 만들고 사람들이 읽기 편하도록 만들려고 노력했다. 서체나 글자 크기가 문제가 되어 여러 번 고치기도 했다. 그렇게 시작한 블로그를 지금도 꾸준히 하고 있다. 그렇게 2,000권이 넘어섰고 지금은 3,000권을 목표로 하고 있다.

책을 읽고 서평을 남기는 일을 꾸준히 하다 보니 출판사에서 서평을 요청하는 메일이 오기 시작했다. 다양한 출판사에서 신간에 대한 서평을 요청하는 메일을 보내왔다. 신기했다. 내가 한 것이라고는 책을 읽고 서평을 올린 게 전부였다. 기쁘기도 하고 부담도 되었다. 내가 뭐라고 나한테 서평을 부탁하지? 하는 생각을 하면서도 내가 조금씩 성장하고 있다고 느꼈다.

SNS나 블로그? 말로만 듣고 나도 해 볼까 생각만 했지 이렇게 하리라고는 상상도 못 했다. 그런데 지금 그렇게 하고 있다. 책을 읽고 행동으로 만들고 실천하고 실패해도 다시 도전하고 꾸준히 할 수 있는 힘을 길렀다. 내가 지금 가장 잘하는 행동 중 하나는 바로 '꾸준함'이다. 지루하고 힘들고 귀찮은 일이지만 일단 시작하면 꾸준히 하려고 노력하는 스타일로 변했다. 그러고 보니 참 많이 변했다. 내가 나인지도 모를 정도로. 그러니 책을 읽자. 읽고 또 읽자. 블로그? 당장 하기 싫으면 안 해도 된다. 언젠가는 하게 되어 있으니까.

네이버 블로그를 만들다

블로그 개설은 대부분 검색 사이트에 회원 가입이 되어 있으면 바로 된다. 신청만 하고 블로그를 어떻게 구성할지 고민만 하면 된다. 처음에는 어려우니 기본 블로그 틀로 시작하면 된다. 허전하고 성의 없어 보이지 않을까? 그렇다. 지금은 그렇다. 자신의 블로그가 인기가 높아지고 방문하는 사람들이 많으면 꾸준히 업데이트하면 된다. 배치를 바꿔 읽기 편하게 만들어 주면 훨씬 더 정감이 간다. 단 이건 어디까지나 어느 정도 사람들이 방문했을 때 얘기다. 지금은 초보니 일단 시작에 집중하자.

내가 주로 이용하는 사이트는 '네이버 블로그'다. 다른 블로그들도 많다. 각 블로그만의 특징이 있어 어떤 게 좋다고 하기는 어렵다. 자신에게 맞는 블로그가 있다. 무료로 가입하고 만들 수 있으니 연습 삼아 다양하게 블로그 활동을 시작해도 좋다. 중요한 건 누가 뭐라고 하지 않는다는 것이다. 왜냐하면 사람들의 관심을 받는 건 쉽지 않기 때문이다. 그러니 하나씩 만들어 보자.

난 개인적으로 네이버하고 아무런 연관이 없다. 주로 쓰는 블로그가 이곳이기에 소개한다.

네이버는 우선 블로그 개설을 신청하면 된다. 그러면 기본적으로 제목이나 글감, 방문자기록 등 다양한 위젯 기능을 사용할 수 있다. 좌니 우니 위니 아래니를 생각해서 배치해야 하는데 처음에는 귀찮으니 기본 틀로 시작하면 된다. 기본 틀도 몇 개가 지원이 되니 그중에 하나를 골라 시작하면 된다.

다른 건 나중에 하자. 블로그로 돈을 벌 수 있다는 말도 나중에 생각하자. 일단 자신만의 공간을 만드는 게 중요하다. 여기서 중요한 부분이 있다. 우선 책 구성에 대해 생각해 보자. 책 제목이 있고 목차가 나온다. 목차에는 중간 제목이 있고 소제목이 나오는데 이 구성이 가장 기초적인 구성이다. 여기서 중간 제목을 하나의 카테고리로 생각하면 된다. 해당 제목을 카테고리 제목으로 선정한 후 작은 제목을 내가 이야기할 제목들이라 생각하고 만들면 된다.

예를 들어 중간 제목을 '책을 통해 인생을 바꾸다'라고 잡는다면 소제목으로는 '나의 서평', '생각하는 나', '꿈을 꾸다', '변화된 삶' 같은 제목을 붙이면 된다. 각각의 소제목에 맞추어 글감들을 하나하나 추가하면 된다. 일단 우리는 책을 통해 인생을 바꾸고 싶기 때문에 중간 제목을 만들고 서평을 쓰기 위해 블로그를 활용하는 것이니 소제목을 '나의 서평'으로 작성하면 된다. 이건 언제든지 바꾸거나 위치를 변경할 수 있으니 걱정하지 말자. 일단 꾸준히 읽고 올리는 게 중요하다.

그리고 한 가지 더 있다. 바로 블로그로 돈을 벌 수 있는 방법이다. 다양한 책에서 말하는 블로그로 돈을 번다는 의미는 블로그를 통해 강연이나 강의, 컨설팅 등을 한다는 뜻이다. 사람들에게 호응이 좋고 공감된다면 충분히 가능하다. 난 아직까지는 없다. 목적을 그렇게 설정하지 않았기 때문이다. 물론 기회가 된다면 해 보고 싶은 욕심은 있다.

또 여기서 말하는 '돈'은 광고 수입을 말하기도 한다. 구글처럼 광고를 통해 수입을 얻을 수 있다. 많은 돈은 아니지만 블로그 방문자가 많아지면 그에 대한 비용을 지급한다. 블로그를 만들 때 보면 '애드 포스트'가 있다. 내 블로그에 비슷한 주제로 광고를 하라고 허락하면 끝이다. 광고 관련은 추가 개인정보를 입력해야 한다. 지급 시기와 어디로 입금할지에 대한 내용을 입력하면 된다. 바로 되지는 않는다. 일단 신청해 두면 검토한 뒤 메일 주소로 알려 준다. 내가 처음 받은 광고 수입 비용은 2,000원 정도였다. 지금은 월 1만 원씩은 꼬박꼬박 나온다. 커피 2~3잔을 마실 수 있으니 얼마나 좋은가? 글도 쓰고 용돈도 벌고. 일석이조다.

광고 수입이 있는 타 블로그도 검색해 보면 친절하게 설명해 놓았으니 쉽게 만들고 적용할 수 있다. 내가 블로그를 하라고 하는 이유가 또 있다. 필기를 한다는 건 참 좋은 습관이다. 직접 써 보면서 글을 한 번은 더 읽을 수 있다. 기억력에도 도움이 된다. 단 그렇게 적을 수 있는 환경이 갖춰져야 한다. 냅킨에 적을 수도 있다. 그러나 한 문단의 내용을 적을 수 있을까? 어렵다. 그리고 나중에 보면 끊기고 찢기고 해서 읽기 어려워진다.

우리는 지금 스마트한 시대에 살고 있다. 더없이 좋은 기계 세상에 살고 있다. 그러면 스마트하게 읽고 스마트하게 쓰면 된다. 지금 자신과 가장 가까이 있는 물건이 있다. 바로 '스마트폰'이다. 다양한 어플을 활용해 메모나 사진, 녹음 등을 할 수 있다. 여기에 블로그 앱을 깔면 된다. 언제 어디서나 읽고 기록할 수 있다. 장소를 가리지도 않는다. 좁은 장소든 넓은 장소든 조용하든 시끄럽든 어디서나 기록이 가능하다.

집에서 한번에 정리할 정도로 여유가 있는 사람에게는 굳이 이 방법을 권하고 싶지 않다. 지금은 시간을 만들어야 하는 시대다. 장소를 가리지 않고 시간이 비면 활용해야 한다. 펜과 종이는 장소에 구애를 받는다. 작은 메모장의 기록은 장문을 의미하지 않는다. 순간 떠오르는 아이디어를 기록하기 때문에 짧은 문장이거나 그림이거나 단어일 뿐이다. 책을 읽고 공감 가는 글을 적기에 적당한 환경을 갖추어야 가능하다. 그러니 쉽고 빠르고 친하고 언제든지 볼 수 있는 게 무엇인지 생각해 보면 바로 '스마트폰'이다.

블로그도 만들었고 앱도 깔았으니 이제 읽고 느끼고 기록하면 된다. 기록하다 보면 생각이 정리되고 정리된 내용을 바탕으로 자신이 어떻게 실천해야 할지를 생각하면 된다. 이때는 긍정적인 마음으로 의심하지 말고 실천하자. 블로그 만드는 방법은 의외로 쉽다. 더 자세하게 알고 싶다면 블로그 관련 책들이 꽤 많이 있으니 참고하면 된다. 어렵다고 생각하지 말고 일단 시작해 보자. 시작하면 하게 되어 있고 하다 보면 꾸준히 하려는 마음이 생긴다.

조금씩 쌓여 가는 블로그 글, 그리고 점점 길어지는 내 글

단순한 독서에서 쓰는 독서로 나아가기 위해 내가 선택한 방법은 '블로그'였다고 말했다. 처음에는 여기저기 흔적을 남겨 보았지만 꾸준히 할 수 없었다. 아무리 좋아도 자신과 맞지 않으면 오래 지속될 수 없다. 그렇게 시작한 블로그 활동은 지금도 꾸준히 유지하고 있다.

지금도 초반에 올린 글들을 읽어 보면 너무 짧거나 내용이 산으로 가는 것들이 많다. 난 그 글들을 지우지도 수정하지도 않는다. 처음 시작한 마음을 잊지 않기 위해서이며, 내 소중한 자산이기 때문이다. 지금도 내가 쓴 글들이 좋은 글이라 생각하지 않는다. 다만 예전보다는 여유가 생겼고 책에 대해 생각을 하게 되었다. 단지 그것밖에는 달라진 게 없다.

그러다 보니 점점 글이 길어졌다. 어떤 기술을 습득한 것도 없다. 꾸준히 이 방향이 맞을 것이란 생각으로 쓰면서 점점 늘려 갔다. 때로는 내가 써도 무슨 말인지 모를 때가 있다. 그때는 내가 책을 다 이해하지 못했다는 생각을 하게 되므로 이것도 중요한 경험이라 생각하고 있다. 다시 읽지는 않는다. 정말 중요하다면 그렇게 읽지 않았을 것이라는 생각에서다. 이제는 스스로에게 신뢰가 생겼다.

글을 써 보지 않아서 글쓰기가 두렵다고 말하고 있지 않은가? 자신이 글을 쓰면 무슨 말을 하는지 자신도 잘 모르겠다고 생각했던 적이 있지 않은가? 글은 아무나 쓰는 게 아니라고 생각하고 있지 않은가? 나역시 그랬다. 그런 내가 지금 이렇게 글을 쓰고 있다. 내가 특별해서가 아니다. 단지 꾸준히 블로그에 글을 올리면서 감을 익혔을 뿐이다. 내가 이렇게 할 수 있었던 이유는 바로 '책'이 있었기 때문이다. 책을 읽고 책대로 하다 보니 이렇게 되었다. 다른 방법은 없다. 책을 읽다 보면 공감이 되고 공감이 되면 '나도 해 볼까?' 하는 생각이 들고 그렇게 실천하다 보면 책을 쓰고 싶어진다. 전문적인 학문을 다루는 게 아니다. 전혀 부담감을 가질 필요 없다.

처음 글을, 아니 메모라고 하자. 메모를 해 보자. 한 권을 읽고 한 줄로 말할 수 없다면 그 책을 읽은 게 아니다는 말은 잊어버리자. 내가 지금까지 책을 읽어 보니 한 줄로 요약이 가능한 책은 그리 많지 않다. 그만큼 다양한 주제를 한 권에 실은 책들이 많다. 굳이 한 줄로 한다면 '재미있다', '재미없다'가 아닐까? 그러니 그런 말에 위축되지 않아도 된다.

일단 어떤 책이든 읽어 보고 생각나는 대로 메모를 해 보자. 문장이 아니라도 좋다. 유독 생각나는 단어들을 나열해 보자. 생각은 나는데 뚜렷하지 않다고? 그럼 다시 책을 펼쳐 보면 된다. 시험도 아닌데 다시 본다고 누가 뭐라 하지 않는다. 자신이 생각한 단어를 찾게 되면 그 주변의 단어들이 보이고 이어진 문장이 눈에 보이게 된다. 눈에 보인다면 그 문장을 옮겨 적으면 된다. 지금은 자신의 생각을 적지 않아도 된다.

그렇게 한 권 두 권 시작하다 보면 옮겨 쓰거나 생각난 단어들을 통해 자신의 생각을 적게 된다. 이건 이래서 이렇고 저건 저래서 저렇다. 비판보다는 자신이 생각을 위주로 쓰면 된다. 비판은 아무나 할 수 없다고 생각하는가? 아니다. 누구나 할 수 있다. 비판하는 내용이 맞다 틀리다는 누가 말할 수 있는가? 오로지 자신의 생각이니 다른 사람은 신경 쓸 필요 없다. 그렇게 한 줄 두 줄 쓰다 보면 어느새 페이지를 넘길 수 있는 양의 문장들이 완성된다. 문장의 완성도는 고려하지 않아도 된다. 산으로 가도 상관없다. 일단 책을 읽고 생각나는 것들을 적는 게 중요하다.

이렇게 하기 위해서는 긴 시간이 필요하다. 스스로 많은 책을 읽게 될 것이고 당당하게 자신의 취미를 '독서'라고 말할 수 있게 된다. 그전에는 뭔가 찜찜한 마음에 스스로도 독서가 취미라고 말하기 힘들었을 것이다. 이제는 할 수 있다. 왜냐하면 읽고 공감하고 이를 글로 옮겨 적는 행위를 하고 있기 때문이다. 처음에는 아무런 변화가 생기지 않는다. 오히려 귀찮고 자신의 글을 보며 창피함을 느낄 수 있다. 당연하다. 처음 글을 쓰는데 어떻게 잘 쓸 수 있겠는가? 그런 생각은 생각만으로 접어 두자. 중요한 건 꾸준히 책을 읽고 자신의 평을 남기는 것이다.

블로그에 꾸준히 글을 올리다 보면 자연스럽게 달라지고 있는 자신을 느낄 수 있다. 말투가 달라지고 행동이 달라지고 사고가 달라진다. 사람들과의 관계도 달라지고 누군가를 리드하고 싶은 생각이 강해진

읽고 공감하고 실천하는 **내 맘대로 독서법**

다. 왜냐하면 책을 읽고 공감하고 이를 조금씩 실천하고 있기 때문이다. 이렇게 되기까지는 준비하는 시간이 필요하다. 시작한 지 얼마 되지 않았는데 자신은 왜 바뀌지 않는가라고 생각하는 건 욕심이다. 변화는 순간에 찾아오지 않는다. 자신의 빈 그릇을 채우고 그것이 넘칠 때 변화한다. 그러니 조급한 마음을 버리고 수양한다는 생각으로 책을 읽고 글을 써 보도록 하자. 반드시 변화할 것이다.

내가 이 책에서 말하고자 하는 것이 있다. 바로 '꾸준함'이다. 꾸준함이 없으면 인생은 절대 달라지지 않는다. 꾸준히 책을 읽고 꾸준히 글을 쓰다 보면 독서근육이 발달하고 생각도 단단해진다. 짧은 글도 소중하다. 그 짧은 글도 책을 읽었기 때문에 나올 수 있다. 점점 책에 대한 관심이 높아지고 책을 느껴야겠다는 생각이 강해지면 실천하고 싶은 생각이 든다.

서평은 책을 통해 느낀 점을 실천하는 단계다. 그러니 책을 읽지 않으면 어떠한 글도 쓸 수 없다. 지금 시작한 초보 블로거라면 자신의 글에 당당함을 갖기 바란다. 꾸준히 지속한다면 원하는 것을 얻을 수 있는 날이 온다. 나를 보라. 난 지극히 평범한 사람이었다. 존재감이 없었다. 지금은 다르다고 생각한다. 이제 내가 좋아하는 일을 하고 좋아하는 사람들과 함께 있고 하고 싶은 일을 하면서 살아가고 있다. 책을 읽고 실천하지 않았다면 지금도 불평과 불만으로 가득 찬 인생을 살고 있을 것이다. 변화는 한순간에 찾아오지 않는다. 꾸준히 책을 읽고 느끼고 글을 쓰고 이를 실천한다면 달라질 수 있다. 그러니 실천하기 전 짧은 글이라도 꾸준히 써 보자. 그렇게 쓴 글들을 언젠가는 사람들이 공감하는 날이 올 테니까.

7

나만의 독서법 만들기

읽고 공감하고 실천하는 내 맘대로 독서법

독서법에는 정답이 없다. 독서를 하면서 자신만의 독서 방법을 찾아야 한다.

무료 세미나나 오프라인 모임에 참석해 보자

책을 읽기 시작하면 피곤해진다. 일도 해야 하고 사람도 만나야 하고 책도 읽어야 하고 가정도 챙겨야 하는데 책까지 읽어야 하기 때문이다. 재미를 찾기보다는 오히려 왜 시작했을까 하고 후회하게 된다. 그렇다면 정상이다. 누구나 그렇다. 몸에서 변화를 감지하고 방어를 하고 있는 상황이다. 그 싸움에서 이겨야 한다. 그 상황을 벗어난다면 변화되는 자신을 만날 수 있다.

인생은 고난의 연속이다. 고난이 없다면 삶이 아니다. 모든 게 편할 수는 없다. 모든 게 생각대로 되지는 않는다. 특히 타인과는 절대적이다. 그렇다면 자신은 어떤가? 자신은 바꿀 수 있다. 세상에서 가장 쉬운 게 자신을 바꾸는 일이다. 세상에서 가장 어려운 게 남을 바꾸는 것이다. 그러니 우리 가장 쉬운 방법을 선택하자. 이 작은 스트레스는 그에 합당한 고난일 뿐이다.

인터넷이나 SNS를 검색하다 보면 독서법이나 책 쓰기 강좌가 있다. 무료강좌도 있지만 대부분 1~2만 원을 받는다. 장소 대여 비용이다. 다른 건 없다. 자신의 시간을 투자해야 하는 것만 있다. 그 정도는 할 수 있지 않은가. 간혹 10만 원을 넘는 강의가 있다. 하루 만에 비법을 알려주는 강의는 이 세상에 없다. 말이 되는가. 하루 만에 할 정도라면 신이다. 난 그런 건 없다고 생각한다. 상술에 치우친 거라 생각한다. 어디까지나 개인적인 생각이다.

그런 강의에 참석하면 자신과 비슷한 사람들과 만나게 된다. 카페나 SNS를 통해 나가면 사람들이 많을 것 같지만 그렇게 많이 나오지는 않는다. 의외로 외부에 노출되는 걸 싫어하는 사람들이 많다. 오프라인은 몸은 조금 힘들지만 사람들을 직접 만나고 좋은 말을 들을 수 있는 기회가 생긴다. 강의를 듣고 사람들의 이야기를 듣다 보면 '아, 내가 지금 어디까지 왔구나.'라고 느낄 수 있다. 모든 강의가 그렇지는 않다. 발품을 팔아 여러 강의를 들으러 다녀야 한다. 자신을 알기 위해서는 꼭 해야만 한다. 마음이 맞고 함께 하고 싶다면 정식 강의에 등록을 해도 된다. 조금이라도 도움이 되기 때문이다. 책을 통해 마음이 맞는 사람들과 대화를 하다 보면 내가 가야 할 방향이 무엇인지 알게 된다. 그리고 무엇을 해야 하는지도 음미하게 된다. 그것이 오프라인의 참맛이다.

독서모임에도 나가 보자

독서모임에도 나가 보자. 처음부터 나가는 건 어려울 수 있다. 책을 제대로 읽지 않으면 창피함을 당할 수 있다는 두려움 때문이다. 처음 만난 사람들과 대화하기도 힘든데 어떻게 책에 대해 토론을 할까. 생각만 해도 고개를 절레절레 흔들게 된다. 내가 독서모임을 나가야 한다고 하는 이유는 혼자 하는 생각과 함께 하는 생각의 차이를 느낄 수 있기 때문이다.

누군가에게 영향을 미치고 싶다면 공감 능력을 길러야 한다. 그것을 기르기에 가장 좋은 곳이 바로 독서모임이다. 전문적인 독서 토론까지는 아니더라도 자유로운 독서모임은 자신의 발자취를 돌아볼 수 있는 시간이다. 처음에는 두렵지만 딱! 한 번만 나가도 두려움은 사라진다. 오히려 편안해진다. 왜냐하면 나와 같은 사람들이 있고 서로의 말에 귀 기울여 주기 때문이다. 위로를 받기도 하고 위로를 주기도 한다. 생각을 공유하는 데서 생기는 힘이다.

처음에는 좁은 공간에 앉는 것 자체가 어색하다. 인사를 하는 둥 마는 둥 하고 얼른 자리에 앉는다. 그날 참석하기로 한 사람이 다 오면 각자 소개를 한다. 아이스 브레이킹을 하면 더 좋다. 면접 자리가 아니니 간단하게 자신을 소개하면 된다. 직업이나 나이나 사는 지역 정도? 너무 적다고? 대화를 하다 보면 길어진다. 오히려 대화를 잘라야 할 정도로 말이다. 독서모임은 그날 서로 생각을 공유하기 위해 사전에 주제를 공지한다. 저자가 말하고자 하는 의도와 자신이 느낀 점, 지금 현실과 차이에 대한 부분으로 이루어진다. 더 재미있게 구성하는 모임도 있다.

기본적인 질문에 한 명씩 돌아가며 얘기를 한다. 다 끝날 때까지 말을 끊지 않는 게 규칙이다. 그렇게 다 말하고 나면 운영자가 질문을 던진다. 그리고 서로 대화하는 시간을 갖는다. 자유로운 대화 시간이 이어진다. 어색했던 분위기는 사라지고 서로의 이야기를 들으며 공감한다. 그리고 다음 모임에서 정할 책을 고르고 마친다. 뒤풀이도 있다. 이보다 더 전문적으로 운영하는 곳도 있다. 처음에는 작은 모임으로 시작하는 것을 추천한다.

그렇다면 독서모임을 통해 내가 얻는 건 무엇인가 궁금할 것이다. 혼자 책을 읽다 보면 생각이 편협해질 수 있다. 자신이 공감했으니 남도 공감하겠지 생각할 수 있다. 이렇게 모임을 통해 생각을 공유하면 그런 생각들에서 벗어날 수 있다. 그리고 가장 큰 장점이 있다. 바로 기억되는 독서다. 글을 읽는 것과 쓰는 것과 말하는 것은 차이가 있다. 내가 말을 하기 위해서는 책을 읽어야 히고 생각을 해야 하고 정리를 해야 한다. 그러기에 더 깊이 들어갈 수 있다. 깊이 들어간다는 것은 뇌 새김이 된다는 것이다. 다른 사람에게 자신이 느낀 점을 말하고 상대방의 말을 듣다 보면 자연스레 머릿속에 남게 된다. 억지로 기억할 필요가 없다. 그렇게 새겨진 기억은 오래간다.

그렇다면 매번 내가 읽은 책을 다 그렇게 해야 하는가? 아니다. 독서모임에서 다루는 책은 국한돼 있다. 다루고자 하는 주제가 있다. 개인적으로 읽는 책은 읽고 좋은 글귀는 노트나 스마트폰에 새겨두고 느낀 점을 단 한 줄이라도 어디에 남기면 좋다.

내가 쓰는 서평의 규칙은 책의 구절을 넣지 않는 것이다. 오롯이 내가 느끼고 기억에 남는 부분을 기록한다. 책에 밑줄도 치지 않는다. 사진으로 저장한다. 다른 서평과 비교하면 매우 빈약한 서평이 될 수도 있다. 그러나 난 그렇게 생각하지 않는다. 책을 소개하는 서평이 아니라 내가 느낀 서평이기 때문이다. 저자의 연혁이나 출판사가 어디인지도 쓰지 않는다. 난 그 책만 본다. 책을 읽고 느낀 점만 쓴다. 그것이 나만의 방법이다.

독서모임에서 얻는 것만큼은 아니더라도 이렇게 하면 생각의 폭을 넓힐 수 있다. 독서모임은 함께 하는 것이지만 독서는 혼자 하는 것이다. 책과 친해지는 시간이 지나고 나면 왜 책을 읽어야 하는지 고민하게 되고 무엇을 남겨야겠다는 생각을 하게 된다. 그러면 스스로 어딘가에 기록하게 된다. 그리고 지속적으로 독서를 한다. 조금씩 변화하는 자신을 바라보면서 자부심을 느끼게 된다. 다른 사람의 말은 중요하지 않다. 지금은 자신을 바꾸는 시간이다. 자신을 변화시키면 주변이 변한다. 책이 가볍다고 생각하는가? 아니다. 책은 무겁다. 그 무게를 견뎌 내야 비로소 내가 된다. 삶의 무게를 책에 실어 들어 보라. 그리고 그 무게를 줄이기 위해 읽고 생각하라.

책은 그 자신의 무게만 우리에게 부담을 준다. 아주 적다. 그러나 그 무게의 몇 배 몇 십 배를 덜어 간다. 몸은 가벼워지고 생각은 변화하고 행동도 변화한다. 여유가 생기고 올바른 행동을 하려고 노력한다. 관점을 바꾸어 생각하려고 노력한다. 내가 중요한 만큼 상대방도 중요하다고 생각한다. 생각을 변화시키고 행동을 변화시킨다. 책은 그런 존재다.

자신의 일상에서 독서할 시간 찾기

사람들은 저마다 각자 일을 한다. 펀드매니저, 건축가, 시공자, 애널리스트, 컨설턴트, 매니저, 관리자, 대표자 등 다양한 분야에서 다양한 직책을 갖고 일을 하고 있다. 우리나라에 몇 만 가지의 직업이 있다고 한다. 내가 아는 것은 그중에 아주 일부분이다. 그만큼 다양한 일을 하기에 독서를 하려면 다양한 방법이 필요하다. 일과 병행하면서 읽는다는 건 안 된다. 일할 때는 일을 하고 남는 시간에 독서를 해야 한다. 직업이 독서가라면 모를까 현실적으로 그건 맞지 않다. 또한 각자 취향이 다르다. 집중하는 시간대도 다르고 관심도 다르다. 한마디로 제각각이다. 그런데 어떻게 몇 개의 독서법이 통할 수 있을까?

독서를 하려면 가장 먼저 시간이 필요하다. 책을 들고 펼쳐 볼 시간 말이다. 전자책 또한 그렇다. 들고 보고 읽어야 할 시간이 필요하다. 그렇다면 우리는 그 시간을 만들어야 하는 게 첫 번째 과제가 된다. 여기서 잠깐! 사람들에게 시간이 있는지 물어보면 어떤 대답이 나올까? 그렇다. '시간이 없다'고 한다. 내게 독서를 어떻게 하느냐, 언제 하느냐 같은 질문을 하는 사람들이 있다. 나도 그들과 같은 일을 한다. 그런데 누구는 시간이 있고 누구는 시간이 없다. 고로 시간은 만들어야 한다는 게 결론이다.

어떻게 시간을 만들까? 아니 시간을 만든다는 것 자체가 모순이다. 시간은 누구에게나 공평하게 주어지기 때문이다. 정말 그럴까? 시간은 상대적이다. 즉 자신이 어떻게 느끼느냐에 따라 빠르게 또는 느리게 흘러간다. 항상 바쁘다를 외치는 사람들을 관찰해 보라. 은근히 빈 시간이 많다는 걸 알게 된다. 시간을 효율적으로 사용하지 않기 때문이다. 시간이 없다고 말하면서 시간을 계산해 보지 않았기 때문에 바쁘다는 말로 치부해 버린다. 누구의 시간도 아닌 자신의 시간인데도 마치 남의 일처럼 생각하고 말한다.

내 하루 중 비는 시간은 언제일까

자신의 하루를 되돌아보자. 아침 몇 시에 기상하는가? 회사에 출근하는 시간대는 언제인가? 혹시 9시 정각에 다다라서 출근하지 않는가? 쉬는 시간은 지키는가? 아니면 상사가 보이지 않는 곳에서 수다를 더 많이 떠는가? 점심식사 후에는 무엇을 하는가? 외근이 있는 날에는 어떤 교통수단을 이용하는가? 퇴근시간 이후에는 주로 무엇을 하는가? 집에 돌아와 잠자기 전까지 무엇을 하면서 시간을 보내는가?

지금 질문은 매우 평범한 직장인에게 해당한다.

첫 번째부터 생각해 보자. 몇 시에 기상하는가? 아침형 인간에 대한 책이 쏟아지면서 가장 많이 다루는 것이 바로 기상시간이다. 많은 책에서 말하는 시간대는 공통적이다. 최소 4시에서 5시 사이이다. 상상만 해도 기겁할 것이다. 4시? 난 8시에 일어나기도 힘든데? 그렇다. 그럴 수밖에 없다. 왜냐하면 지금 삶에서 벗어나고 싶은 욕구와 변화하고 싶은 간절함이 없기 때문이다. 새벽에 일어나는 사람은 남들보다 하루에 두세 시간을 더 사용할 수 있다. 책을 쓸 때도 대부분 이 시간대를 권한다.

두 번째, 회사에 몇 시에 출근하는가? 내가 다닌 직장에서도 신기하게도 9시 정각에 맞추어 출근하는 사람들이 있었다. 존경스러웠다. 난 절대 그 시간에 출근하지 못한다. 그렇게 시간을 잘 지키는 것이 신기할 따름이다. 그 정도면 책을 충분히 읽지 않을까 생각했지만 큰 오산이었다. 최대한 오래 자고 최대한 늦게 나온 것이다. 난 회사에 8시 전에 도착했다. 아무도 없는 회사에 출근하면 기분이 묘하다. 고요한 침묵 속에서 책을 읽는다. 사람들이 출근할 때까지 이것저것 하고 남은 30분이라는 긴 시간을 독서에 할애한다.

세 번째, 쉬는 시간에는 무엇을 하는가? 쉬는 시간에는 두 눈을 감고 잠시 명상에 잠긴다. 다른 사람들로 인해 어렵다면 잠시 일어나 계단을 오르락내리락한다. 때로는 잡담도 나누지만 그리 오래 나누지는 않는다. 될 수 있으면 두 눈을 감고 가만히 앉아 있기를 권한다. 마음도 안정되고 눈도 정화되어 일에 더 집중할 수 있다.

네 번째, 점심식사 후 시간이다. 상황에 따라 다르겠지만 우리나라 사람은 밥을 빨리 먹기 때문에 의외로 시간이 많이 남는다. 대부분은 이 시간을 맛있는 커피 한 잔과 수다로 보낸다. 사람들과 어울리기 위한 가장 좋은 시간이다. 오전의 스트레스와 그간 일어났던 일들을 서로 주고받기 바쁜 시간이다.

다섯 번째, 업무를 하다 보면 불가피하게 외근을 하게 된다. 차를 몰고 가야 하는 경우도 있지만 그렇지 않은 경우는 대부분 대중교통을 이용한다. 대중교통 이용 시간이 최소 30분 정도는 될 것이다. 각자 생각해 보면 어느 정도 시간이 비는지 알 수 있다. 난 30~60분이다. 갈아타는 시간을 제외하고는 버스나 지하철에서 책을 펼친다. 아주 짧은 시간이라 생각하겠지만 그런 시간이 황금시간대다. 빨리 읽어야 한다는 생각에 글자가 눈에 잘 들어온다.

업무를 하기 위해서 이동하는데 책을 읽는 건 '뭔가 잘못되지 않았나?'라고 생각할 수도 있다. 그렇다. 프레젠테이션을 하는 일이라면 가는 동안 발표할 내용을 숙지하기 위해 시간을 써야 한다. 자신이 발표하지 않는다면 이 시간을 책에 할애하면 좋다. 꼭 책만 읽어야 하는가? 아니다. 다른 것들이 우선순위에 올라간다면 그것을 하는 게 바람직하다. 그런 게 없다면 빈 시간을 허무하게 보내지 말고 책과 함께 보내기를 바란다. 왜? 책과 친해져야 하니까.

마지막으로, 퇴근 이후나 집에 돌아왔을 때 주로 무엇을 하며 시간을 보내는가? 하루의 스트레스를 날리려 술약속을 하는 사람도 있고 자기 계발을 하기 위해 학원으로 향하는 사람도 있고 사랑하는 가족이 있는 집으로 가는 사람들도 있고 사랑하는 연인과 데이트를 하는 사람도 있을 것이다. 우선순위가 무엇인지 생각해 본다. 꼭 해야 할 게 있고 해도 되고 안 해도 되는 게 있고 절대 하면 안 되는 게 있는데, 사분면에 대입해 생각해 보면 내가 지금 무엇을 원하는지 알 수 있다. 난 술과 담배를 끊었다. 자연스레 저녁 약속은 거의 없다. 친구가 없는 게 아닌가? 하는 생각도 할 수 있지만 아니다. 진정한 친구를 가려낼 수 있다. 사회 친구를 만나더라도 좋을 때만 친구인 경우가 대부분이다. 책을 읽기 전에는 몰랐다. 다른 사람들도 나와 같다는 생각을 했다. 아니었다. 난 나고 그들은 그들이었다. 책이 가르쳐 주었다. 그리고 위로도 해 주었다.

나 역시 퇴근하고 집으로 돌아오면 지친다. 철인이 아니기 때문이다. 저녁 식사를 하고 남는 시간에 가족들과 짧은 대화도 하고 일일드라마도 함께 본다. 나도 평범한 사람이다. 책만 보는 사람은 아니다. 그런 시간을 보내고 나면 자연스레 각자 할 일을 한다. 이 시간이 가장 중요하다. 나는 카페며 블로그를 정비하거나 인스타나 페이스북을 하거나 개인 메일을 정리하거나 인터넷 서핑을 한다. 그러면 한 시간 정도 흐른다. 그리고 나서 자기 전까지 책을 읽는다. 물론 그렇지 않은 경우도 있다. 웬만하면 자기 전에 책을 읽으려 한다. 이유는 자기 전에 읽으면 잠도 잘 오고 잡생각이 사라지고 다음 날 아침 일어나 연결해서 읽을 수 있기 때문이다. 기억하기 위해서 읽는 건 아니므로 부담은 갖지 않는다.

이렇게 몇 가지 경우를 예를 들어 보았다. 어떤가? 의외로 시간이 많이 빈다고 생각하지 않는가? 스마트폰을 한번 만지면 최소 30분에서 한시간은 금세 사라진다. 중요한 업무를 제외하고는 대부분 SNS를 하거나 게임을 한다. 그 이후 자신의 상태를 체크해 봐야 한다. 뭔가 허전하거나 허무하다고 생각한다면 그 시간은 자신과 맞지 않는 것이다. 간혹 심심풀이로 한다면 모를까 매일매일 반복한다면 나중에는 헤어날 수 없다. 앞서 아침형 인간은 다른 사람들보다 하루에 사용할 시간을 더 갖는다고 말했다. 왜 그런지 이해가 되는가? 24시간은 똑같이 주어지지만 어떤 사람은 30시간을 사용하고 어떤 사람은 12시간밖에 사용하지 않는다.

시간이 없다고 입버릇처럼 말하고 있다면 자신이 얼마나 많은 시간을 허무하게 버리는지 되돌아봐야 한다. 나 역시도 그랬다. 입에 늘 '바빠'라는 말을 달고 살았다. 도대체 나는 왜 이렇게 바쁠까? 내 시간은 없는 건가? 하는 의문이 들었다. 답은 책에 있었다. 그리고 생각해 보았다. 바쁠수록 시간이 빈다는 결론을 얻었다. 의외로 한가할 때 시간이 없다. 잠을 자고 침대에서 뒹굴뒹굴하다 보면 하루가 금세 흘러간다. 아무것도 안 했던 과거 주말을 생각해 보면 이 말에 동의할 것이다.

시간은 바쁠수록 난다. 그만큼 시간을 계획하며 사용하기 때문이다. 계획이 없다면 시간은 우리가 모르는 사이에 지나가 버린다. 되돌릴 수 없다. 후회해도 소용없다. 이미 지나간 시간은 되돌아오지 않는다. 그렇다고 너무 허무해하지 말자. 우리에겐 지금이 있지 않은가? 영어 'present'는 지금이자 선물이다. 바로 '지금'을 시간이 여러분에게 주는 선물이다. 그러니 기쁘게 받아들이고 자신을 위해 시간을 사용하자. 우선순위를 독서로 한다면 분명 당신도 달라질 것이다.

장소에 구애받지 않는 독서가로 거듭나기

독서를 시작하고 얼마 되지 않은 시절에는 대부분 사람들이 없는 곳에서 책을 읽었다. 내가 책을 읽고 있는 모습이 어색했기 때문이다. 남들처럼 스마트폰을 꺼내는 게 아니라 책을 꺼내는 모습이 낯설었다. 그렇게 난 수줍게 책을 읽었다. 누구 하나 나에게 관심이 없는데 혼자 오버했던 것이다. 내가 뭐라고.

처음 가방에서 책을 꺼내 읽은 곳은 지하철 안이었다. 스마트폰도 지겹고 딱히 할 게 없었다. '에이, 이럴 바에는 책이나 읽자.' 하고 꺼내 읽기 시작했다. 누군가 쳐다보는 느낌이 들었지만 무시하고 읽기 시작했다. 조금 어색했던 건 책을 읽는 사람이 나밖에 없었기 때문이다. 처음에는 책을 읽기 어려웠다. 옆 사람과 거리감이 전혀 없는 공간에서 책을 들고 책장을 넘겨야 하는데 그게 생각보다 쉽지 않았다. 자연스럽게 어깨가 좁아졌다. 그리고 조금 읽다 보니 스르르 잠이 쏟아졌다.

적당한 리듬을 타다 보니 잠이 왔다. 자면 안 된다는 생각으로 내릴 때까지 읽었는데 이건 안 하는 게 좋다는 결론에 다다랐다. 책을 읽어도 잘 기억나지 않는데 어떻게 그 상태에서 기억할 수 있을까? 책은 정신이 멀쩡할 때 읽는 게 가장 좋다. 그래야 잘 읽히고 기억나는 것도 많다.

그렇게 시작한 지하철 독서는 앞서 말했던 버스 독서로 이어졌다. 나도 처음에는 가능할까 싶었다. 가뜩이나 속이 울렁거려 버스를 오래 타는 게 힘든데 그 상태에서 독서를 한다는 건 말이 안 되는 거였다. 처음에는 울렁거렸다. 이리저리 흔들리는 상황에서 책을 읽기 어려웠다. 그래도 꾸준히 했다.

버스 안 독서를 시작한 건 앞서 말했듯이 집에서 한 번에 회사를 가는 버스가 있었기 때문이다. 여기서 이런 생각을 할 것이다. '그러면 그렇지. 그래서 읽을 수 있는 거구나.' 놀라지 마라. 우리 집에서 회사까지 버스로 꼬박 두 시간이 걸린다. 왕복 네 시간이다. 지하철을 갈아타면 한 시간 반이 걸리는 거리다. 어떤가? 쉬워 보이는가?

그렇게 난 독서를 했다. 왕복 네 시간은 하루에 한 권에서 두 권까지 읽을 수 있게 만들어 주었다. 책을 읽으며 가장 힘든 건 바로 엉덩이였다. 오래 앉아 있다 보니 엉덩이가 아팠다. 그래도 견뎠다. 그러니 엉덩이도 단련되어 버렸다. 약 3년을 이렇게 책을 읽었다. 이제는 아무리 먼 곳을 가더라도 내 엉덩이는 견딜 수 있게 되었다.

공부는 엉덩이로 한다는 말이 있다. 독서도 엉덩이로 한다. 지하철이든 버스든 고속버스든 KTX든 어디서든 독서가 가능해졌다. 딱 한 군데만 빼고 말이다. 그 한 군데는 바로 '마을버스'다. 대체로 자리가 많이 없고 커브와 브레이크가 그대로 느껴지기 때문에 읽기에는 가장 부적절하다. 그리고 애매한 천장 높이. 머리가 닿는다. 그래서 난 마을버스를 제외하곤 어느 장소에서나 책을 즐긴다. 누구를 기다리거나 여행을 가거나 출장을 가거나 지금처럼 컨설팅을 갈 때도 책을 읽는다. 지금 내게 왜 책을 읽느냐고 물어본다면 내 취미이자 삶의 오아시스라고 말하고 싶다. 책은 내게 친구 같은 존재다.

책을 고를 때 주의사항

책을 읽어야 한다. 그렇다면 책이 있는 곳으로 가야 한다. 온라인 서점도 좋지만 책은 만져 보고 펼쳐 봐야 한다. 한 장 한 장 넘겨 보는 '맛'이 있기 때문이다. 전자책이 나오면 종이책은 사라진다고 했지만 종이의 '맛'을 아직은 이겨 낼 수 없다.

책 표지도 느낌이 있다. 매끄러운 표지, 텁텁한 표지, 말끔한 표지, 제목만 있는 표지, 화려한 표지, 음각이 있는 표지 등 다양하다. 책 표지는 가장 먼저 다가오는 부분이므로 중요하다. 그래서 직접 만져 봐야 한다.

책 속지도 집적 만져 보자. 각 장이 두꺼운지 얇은지, 뒷장이 비치는지 아닌지, 부드러운지 거친지, 한 장 한 장 잘 잡히는지 아닌지, 광택이 있는지 없는지 따져 봐야 한다. 또한 적절한 두께인지 무게는 어떤지도 중요하다. 왜 그럴까.

나는 책을 대부분 이동하면서 읽는다. 그러다 보니 가방 속에 넣고 다녀야 한다. 책 두 권 정도 들어가면 어깨가 아플 정도로 무겁다. 그리고 다양한 것들을 가방 속에 넣고 다니기 때문에 책이 더러워지거나 구겨질 수 있다. 앉아서 읽을 때는 그나마 괜찮지만 서서 읽을 때는 책의 무게에 따라 손이 점점 내려가는 걸 느낄 수 있다.

책을 펼칠 때도 중요하다. 어떤 책은 종이 두께가 너무 얇거나 잘 붙는 타입이라 한 장씩 넘기기가 어렵다. 신문을 펼쳐 볼 때나 책장을 넘길 때 손에 침을 묻히는 이유다. 그리고 종이에 광택이 들어가 있으면 형광등 불빛 아래에서는 반사돼 읽기 힘들다. 책을 요리조리 돌려 가며 읽어야 하는 해프닝이 벌어진다.

이런 부분들은 온라인에서는 결코 알 수 없다. 어느 정도 책을 읽은 사람이라면 더더욱 오프라인을 좋아할 것이라 생각한다. 그만큼 책의 다양한 모습과 내용 구성을 매우 중요하게 생각하기 때문이다. 아무리 좋은 책이라 할지라도 이런 부분들이 섬세하게 갖추어지지 않는다면 읽기가 불편하다. 이런 느낌을 받기 위해서는 오프라인 서점에 가는 것을 추천한다. 그곳에서 마음껏 즐기고 마음껏 느껴 보라. 책이 주는 힘을.

책을 어디서 어떻게 읽어야 할까?

책 읽는 사람을 주변에 찾아보기 힘들다. 버스나 지하철 안에서 책을 들고 있는 모습을 찾기 힘들다. 그만큼 낯선 행동이기 때문에 자신이 그 많은 사람들 중에 책을 펼치고 글을 읽는다는 행동이 부자연스럽게 느껴질 것이다. 만약 그렇다면 이렇게 해 보자.

첫째, 일단 가방을 들고 다닌다. 의외로 가방을 들고 다니지 않는 사람이 많다. 그리고 들고 다닌다 한들 책 한 권도 들어가지 않는 아주 작은 가방이거나 클러치 백(일명 일수 가방)을 들고 다니기에 책은 아예 상상도 못 한다.

둘째, 버스에서 책을 펼쳐 읽는다. 주의할 점은 처음에는 약간 구역질이 날 수 있다는 것이다. 방향이 일정하지 않고 공기가 좋지 않기 때문이다. 될 수 있으면 창가에 앉아 창문을 열 수 있는 곳에 앉아 속이 좋지 않을 때는 잠시 창문을 열어 두면 좋다.

셋째, 지하철에서 책 읽기. 지하철에서는 간단하다고 생각하겠지만 쉽지 않다. 다리 벌려 앉는 사람들이나 어깨를 한껏 넓혀 앉는 사람들로 인해 책 읽기가 수월하지 않다. 책을 읽다 보면 자신도 모르는 사이에 팔 사이가 벌어지고 힘이 들어가기 때문에 공간이 좁다는 생각이 든다. 이때는 자신의 어깨를 안쪽으로 넣은 뒤 가방 위에 얹으면 좋다. 서서 간다면 한 손으로 책을 들고 한 손으로는 안전 손잡이를 붙잡아야 하는데 이 자세는 매우 힘들다. 속도에 맞춰 다리 사이를 적당하게 벌리고 출발하거나 멈출 때를 대비해 관성의 법칙을 이용해 균형을 맞추면서 책을 읽어야 한다. 또한 책장을 넘길 때는 이 모든 것을 동시에 하면서 손잡이를 잡고 있는 손을 재빠르게 놓고 책장을 펼치고 다시 잡아야 한다. 이보다 더 힘든 건 바로 책 무게로 인한 팔꿈치 통증이다.

위 미션을 수행하고 책을 읽을 수 있다면 이제는 책 읽기의 초급 과정을 마친 것이다. 책을 공공장소에서 펼치고 본다는 것 자체가 이제 독서 대열에 합류했다고 봐도 된다는 뜻이다. 우리는 독특한 사람들이 아니며 책을 통해 자신을 바꾸고 인생을 바꾸려는 사람들이다. 타인의 눈과 말은 우리 인생에 중요하지 않다. 자신의 신념을 지키고 할 수 있다는 자신감과 내면의 목소리를 통해 자부심을 갖기 위해 노력해야 한다. 그것이 책이 가져다주는 가장 큰 선물이다.

수많은 위인들의 과거를 보라. 모두가 책을 통해 세상을 바꾸었다. 물론 그 당시에는 지금처럼 미디어가 발달하지 않았기에 가능한 것이라 말하는 이들도 있다. 하지만 그 당시에도 책을 읽는 자와 읽지 않는 자는 있었고 책을 읽는 자가 세상을 바꾸었다. 창피하다는 생각을 버리고 어디에 있든 책을 펼치고 읽을 수 있는 마음자세를 기른다면 우리도 독서광이 될 수 있다.

8

기분에 따라 읽는 책은 달라져야 한다

읽고 공감하고 실천하는 내 맘대로 독서법

기분에 따라 읽는 책이 달라진다
무료한 시간을 보내야 할 때 - 추리소설
자극이 필요할 때 - 자기계발서
고민이 쌓여 갈 때 - 인문과 철학서
감수성이 부족할 때 - 일반 소설
외로움을 느낀다면 - 에세이 / 수필

독서는 감정에 따라 달라져야 한다. 왜냐하면 인간은 감정의 동물이니까.

기분에 따라 읽는 책이 달라진다

사람은 주변 환경에 따라 그날의 성격이 결정된다. 기분이 좋을 때는 모든 것이 긍정적으로 변했다가 기분이 나쁠 때는 모든 게 부정적으로 변해 버린다. 기분에 따라 행동하면 안 된다고 하지만 어찌 그게 말처럼 쉽나. 그날그날의 컨디션에 따라 읽는 책의 종류도 달라진다.

아무리 좋은 책이라도 그날 컨디션이 엉망이면 글이 눈에 들어오지 않는다. 어떤 사람은 그럴수록 책을 읽어야 한다고 하지만 난 아니다. 때로는 책을 읽지 않을 때도 있어야 한다. 책이 아무리 좋아도 책만 보는 건 바보 같은 행동이다. 책을 읽어야 하는 목적이 책만은 아니지 않은가? 쉬고 싶을 때 쉬고 읽고 싶을 때 읽으면 그만이다. 중요한 건 읽어야 한다는 생각과 항상 책을 지니고 있는 것이다.

난 의도하지는 않았지만 그날그날 기분에 따라 책을 골라 지니고 다닌다. 처음부터 그렇게 한 것은 아니다. 베스트셀러다, 꼭 읽어야 하는 책이다 같은 말에 현혹되어 흥미가 없어도 읽었다. 그때는 아직 책을 고르는 안목이 없었기 때문에 당연했다. 지금도 뭐 딱히 책을 고르는 능력(?)은 없지만 지금은 내가 읽고 싶은 책을 주로 읽는다. 한 주 동안 읽을 책들을 여러 분야에서 고르고 나서 외출 전날 그중에 읽고 싶은 책을 가방 속에 넣는다. 기분에 따라 읽고 싶은 책을 넣기 때문에 대부분 즐겁게 읽지만 그렇지 않은 책들도 있다. 모든 책이 재밌거나 도움을 주지는 않는다고 생각하지만 일단은 끝까지 읽는다.

지금부터 소개할 기분에 따른 선호하는 책들은 지극히 내 취향일 뿐이다. 나와 정반대일 수도 있고 비슷할 수도 있을 것이다. 꼭 그럴 때 읽어야 한다는 건 아니다. 앞서도 말했지만 중요한 건 읽는 것이다. 그러니 너그럽게 생각하고 '이 사람은 이렇게 읽는구나.'라고 느끼기를 바란다.

무료한 시간을 보내야 할 때 - 추리소설

책을 읽다 보면 무료함이 느껴질 때가 있다. 책의 종류와는 상관없이 갑작스레 찾아오는 기분이라 글자가 눈에 들어오지 않는다. 몸에 힘이 빠지고 '내가 지금 무얼 하고 있는 거지?'란 생각으로 만사가 귀찮아질 때가 있다. 무료함이 찾아오면 일단 책을 덮는다. 그리고 잠시 눈을 감고 있거나 지금 있는 장소에서 벗어나 걷는다. 내가 지금 무얼 하고 있었는지 생각해 본다. 지금 책을 읽고 싶은지. 왜 책을 읽어야 하는지 생각하다 보면 조금은 마음의 안정을 찾게 된다.

이렇게 마음이 돌아오면 지금까지 읽었던 책은 잠시 옆으로 치워 둔다. 지금 상황과 맞지 않기 때문에 졸음이 밀려오고 읽고 싶다는 생각도 들지 않기 때문이다. 이럴 때는 책을 읽지 않는 것도 방법이다. 그러나 그 시간이 길어지면 다시 책을 읽기 위한 준비 시간이 오래 걸린다.

읽고 공감하고 실천하는 **내 맘대로 독서법**

이렇게 잠시 쉬었다가 무료함을 달래기 위해 난 추리소설을 본다. 왜냐하면 언제 어디서나 어떤 상황에서나 읽을 수 있는 분야가 추리소설이기 때문이다. 주로 일본 추리소설을 읽는다. 그 이유는 주인공 이름이 그나마 짧고 주변 상황 묘사가 우리나라와 비슷하기 때문이다. 이건 지극히 주관적인 생각일 뿐이다. 어떤 사람은 에세이를 읽거나 일반 소설을 읽거나 자기계발서를 읽을 것이다.

내가 무료함을 달래기 위해서 추리소설을 읽는 이유는 '재미'있기 때문이다. 재미있기 때문에 읽는다. 마치 영화를 보는 듯한 생생함이 전달되기에 무료함을 달랠 수 있어 읽는다. 개인적으로 좋아하는 소설가는 '히가시노 게이고'다. 가끔은 너무 황당한 이야기로 재미가 반감될 때도 있지만 대부분은 재미있게 읽고 있다.

추리소설을 읽고 싶지만 어려워하는 분들의 공통점이 있다. 인물이 너무 많고 다양한 사건들이 엉켜 있어 이해하기가 힘들다는 것이다. 그래서 그런지 요새 나오는 추리소설을 보면 앞부분에 건물 평면이나 인물들에 대한 간략한 소개글이 나올 정도다. 그래도 어렵게 느껴진다면 단편소설을 추천한다. 단편이라고 우습게 보면 안 된다. 의외로 탄탄한 구성을 갖춘 수작들이 많다. 페이지가 적을 뿐이지 내용은 알차기 때문에 재미있게 읽을 수 있다.

난 무료함이 생기거나 지치고 힘들 때나 책이 싫어질 때 추리소설을 읽는다. 이렇게 한두 권 읽다 보면 다시 이전으로 돌아오게 된다. 무료함을 달랜다고 텔레비전을 보거나 게임을 하면 다시 책으로 돌아오는 시간이 길어진다. 특히 이 두 가지는 피한다. 시간도 시간이지만 그 잔상이 깊게 남아 다시 그쪽으로 가고 싶은 마음이 들기 때문이다. 차라리 극장에서 영화 한 편을 보는 게 좋다고 생각한다. 아니면 공원을 산책하거나 어디 공기 좋은 곳에 다녀오는 것도 좋다. 지금 있는 곳이 회사라면 잠시 주변을 한 바퀴 걸어 보는 것도 좋다. 맛있는 차 한 잔을 조용한 곳에서 마시는 것도 좋다. 앞서도 말했지만 중요한 건 손에서 책을 놓지 않는 것과 읽어야겠다는 마음을 버리지 않는 것이다.

무료하다고 모든 게 의미 없어지는 게 아니다. 지금 잠시 지치고 아무것도 하기 싫을 때가 온 것이다. 그러니 마음을 잠시 달래고 자신이 가장 좋아하는 책을 읽기 바란다. 충전이 필요할 때니까.

자극이 필요할 때 - 자기계발서

회사를 다니거나 공부를 하다 보면 공허한 느낌이 들 때가 있다. 무언가 열심히 하고는 있는데 무엇을 하고 있는지 모를 때가 있다. 아무리 열심히 해도 실수는 잦아지고 진도도 나가지 않을 때가 있다. 자신이 작아지고 존재감이 사라진다고 느껴진다. 왜 난 이렇게밖에 할 수 없는 것일까? 무엇이 부족할까? 그러나 당신만 그런 게 아니다. 누구나 그렇다. 단지 그것을 어떻게 넘어가느냐가 다를 뿐이다.

나 역시도 그렇다. 회사를 다닐 때나 나왔을 때도 이런 기분이 들 때가 많다. 심지어 책을 읽고 있을 때도 이런 생각이 든다. 이럴 땐 '자기계발서'가 좋다. 어쩜 그리 제목을 잘 만드는지 모르지만 지금 필요하다고 생각한 것이 제목으로 나와 있는 책들이 많다. 책에 관한 것, 업무에 관한 것, 관계에 관한 것, 리더십에 관한 것 등 다양하고 방대한 자기계발서가 있다.

자극이 필요할 때 자기계발서만큼 좋은 책은 없다. 사라진 목표를 다시 세울 수 있고 자극을 받아 공부를 하거나 업무에 필요한 기술도 배울 수 있다. 자기계발서는 우리의 '자극'을 활성화한다고 생각한다. 자신의 업무와 관련된 지식을 습득하거나 공부에 필요한 지식을 습득하거나 마음을 위로받거나 관계에 대한 해결책을 배울 수 있다. 사람들은 관계에 의해 발생하는 문제들로 괴로워한다. '어떻게 하면 나아질 수 있을까?'가 주된 고민이므로 이럴 때는 자기계발서가 도움이 된다.

자기계발서도 책이다. 그렇기 때문에 읽어야 한다. 자신이 취하고 싶은 주제에 맞게 읽어야 한다. 지금 상황에서 자신에게 가장 필요하다고 생각하는 제목을 찾아야 한다. 그중에는 제목은 잘 지었지만 내용이 제목과 다른 경우도 있다. 실망하지 말고 일단 읽다 보면 그중에서 하나는 배우게 된다. 위로도 받고 상처도 치유하고 용기도 얻게 된다.

난 자극이 필요할 때면 항상 자기계발서를 읽는다. 이럴 때 인문이나 사회, 철학 분야의 책을 읽어야 한다면 어떤 기분이 들 것 같은가? 많은 자기계발서들이 이런 분야의 책들에서 힌트를 얻어 자신에게 맞도록 개발한 것이다. 그래서 근본적인 것을 알기 위해서는 이 분야의 책들을 읽어야 한다.

인생에는 자극제가 필요하다. 뇌는 익숙한 것을 좋아한다. 즉 나태해지기 쉽다. 아무리 좋은 계획을 세우더라도 실천하지 않고 생각만 한다면 그저 망상에 그치고 만다. 행동할 수 있는 자극을 받기 위해서는 자기계발서가 좋다. 책을 읽는 법, 좋은 습관을 기르는 법, 생각을 정리하는 법, 삶을 살아가는 기준을 정하는 법, 관계에서 오는 스트레스를 줄이고 개선할 수 있는 법, 스마트하게 일하는 법, 정리하는 법, 리더십을 기르고 발휘하는 법, 좋은 아빠가 되는 법, 좋은 엄마가 되는 법 등 다양한 삶의 지침을 책을 통해 다짐할 수 있다. 때로는 눈물을 흘릴 때도 있다. 지금 자신이 나태해져 있다면 인생의 자극제가 되어 줄 자기계발서를 통해 마음을 다잡아 보기 바란다.

고민이 쌓여 갈 때 - 인문과 철학서

'고민이 많다'는 건 무슨 말일까? 무엇을 고민하고 있을까? 인생? 일? 가족? 돈? 명예? 관계? 성공? 수많은 생각이 떠오른다. 인간은 하루에 5만 가지 생각을 한다고 하니 이 모든 게 고민일 것이다. 난 이런 고민들이 머릿속을 가득 채울 때 인문고전을 읽는다. 다 이해하지 못할지라도 눈에 들어오지 않더라도 잠이 쏟아질지라도 이런 경우에는 인문고전을 읽는다.

가뜩이나 복잡한데 인문고전을 읽는 건 이상하다고 생각할 수도 있다. 나도 그렇게 생각했다. 하지만 고민의 대부분을 차지하는 것은 바로 사람들과의 '관계'에 대한 것이다. 그런 관계에서 내 자신이 어떻게 행동해야 하는지는 겉이 아닌 속을 들여다봐야 한다. 바로 우리 몸 안에 있는 생각들에 대해 바라볼 수 있어야 문제를 알고 문제를 알아야 해결할 수 있다. 그래서 난 인문고전을 읽는다. 바로 인간에 대한 책이기 때문이다.

살아가면서 고민 없이 산다면 그 사람은 이미 죽은 시체나 다름없다.

고민을 할 수 있었기에 우리는 협력하고 세상을 발전시킬 수 있었다. 고민이 꼭 부정적인 것은 아니다. 고민하고 있다는 것은 그것을 해결하려는 불씨도 포함하고 있다는 뜻이다. 살다 보면 고민하지 않는 날이 없을 정도로 매일매일이 고민에 휩싸여 있다. 고민을 해결해 주는 프로그램이 있을 정도다. 그런 다양한 프로그램이나 책을 읽어 보면 공통적으로 말하는 것이 있다. 바로 상대방은 변화시킬 수 없기에 본인이 변해야 한다는 것이다. 과연 나만 변하면 되는 것일까?

이런 고민은 이미 누군가가 했다. 그것도 아주 진지하게 고민을 했고 나름대로 정의를 내려 해결해 놓았다. 그런 책이 바로 인문고전이나 철학 관련 책이다. 유명한 철학자들은 이미 잘 알고 있을 것이다. 그들이 무엇을 강조하고 있는지도 알고 있을 것이다. '난 철학과 관련이 없어.'라고 말하겠지만 이미 우리 일상생활에 인문고전이나 철학은 깊숙이 들어와 있다. 다만 내가 느끼지 못하고 있을 뿐이다. 그들은 인간에 대해 많은 고민을 했다. 삶에 대해, 관계에 대해, 죽음에 대해. 고민의 이유는 인간이 어떻게 살아야 하는지에 대한 것이다. 지금 내가 고민하고 있는 것들은 이미 책 속에 고민되어 있다는 것이다.

사람들은 인간관계에서 오는 고민이 많다. 상사나 동료, 부하직원과의 소통에서 문제가 발생한다. 이기적인 사람도 있고 일을 차일피일 미루는 사람도 있고 요리조리 빠져나가는 사람도 있고 공을 가로채는 사람도 있고 질투하는 사람, 따돌림을 주도하는 사람도 있다. 이런 다양한 상황에서 발생하는 고민거리는 쉽게 해결되지 않는다. 자기계발서로도 도움이 되지 않을 때가 있다. 이럴 때 난 고전을 읽는다.

고전을 읽는 가장 큰 이유는 사람들이 왜 그렇게 행동하는지를 알 수 있기 때문이다. 그들의 행동을 알 수 있기에 대처할 수 있다. '아, 그래서 그렇게 행동하는구나.' 내가 살아가는 데 있어 이런 고민보다 나를 더 발전시킬 수 있는 고민에 대해 고민하게 만든다. 이 고민은 좋은 고민이다. 타인을 배려하고 존중하는 매너는 기본이다. 기본이 되지 않은 사람들에게 일일이 따져 가며 살 필요는 없다. 그럴 시간에 나에게 무엇이 더 나은 인생을 가져다주는지 고민해 보자. 그러려면 나를 알아야 한다. 인문이나 철학책을 읽는 것은 '나'를 찾기 위한 과정이다. 나를 찾게 된다면 지금까지 했던 고민들의 대부분이 해결된다. 생각과 행동도 달라진다. 물론 한 권으로 모든 게 변하지는 않지만.

고민거리가 많다면 지금 당장 해결할 수 없는 문제라면 조용히 생각을 가라앉히고 인문서나 철학 책들을 읽어 보자. 억지로 이해하려고 하나하나 파고들지 말자. 수많은 주석에 주눅 들지 말자. 일단 읽자. 주석이 말하는 대부분은 우리가 처음 듣는 용어다. 그렇기에 지금은 이해할 수 없다. 그들이 누구와 대화를 하고 그 대화 속에서 어떻게 문제를 해결하고 있는지를 바라보자. 왜 살아야 하는지, 왜 죽는지, 왜 주는 게 받는 것보다 나은지, 왜 목적을 갖고 살아야 하는지 알게 된다. 인문이나 철학을 한마디로 표현한다면 '왜'가 아닐까 생각한다. 지금 왜 고민하고 있는지 생각해 보자. 그럼 인문이나 철학이 궁금해질 것이다. 그래서 난 이런 고민들이 생기면 인문서나 철학 책을 읽는다. 이해는 하지 못하더라도.

감수성이 부족할 때 - 일반 소설

'감수성'이란 단어를 보면서 감수성이 내 안에 아직도 남아 있는지 생각해 본다. 어느 정도 사회물도 먹었고 다양한 경험도 했고 상처를 주기도 하고 받기도 하면서 살아왔다. 실망도 많이 하고 포기도 많이 해 봤다. 이런 시간들 안에 늘 '타인'이 존재한다. 그 타인들로 인해 감정은 메마르고 독해져만 갔다. 공감하는 능력도 떨어졌다. 그러니 점점 이기적으로 변해 버렸다. 이래서는 살아갈 수 없다. 자신에게 이득이 되는 책만 읽는다고 감정이 생기지는 않는다. 그래서 난 이럴 때 소설책을 읽는다. 인간의 삶에서 나 아닌 다른 사람들의 중요성을 알 수 있기 때문이다.

소설책을 읽고 울어 본 적이 있는가? 영화를 보고 울어 본 적은 얼마나 있는가? 남성보다 여성이 공감능력이 뛰어나다고 하지만 나이가 들면 바뀌나 보다. 마흔이 넘어가면 자연스럽게 눈물이 흘러내린다. 책을 보더라도 영화를 보더라도. 호르몬의 효과라고 하지만 난 그것보다는 이제야 여유가 생겨 숨도 돌리고 삶도 돌아볼 수 있는 시간이 주어졌기 때문이라 생각한다. 그동안 자신이 해 왔던 잘못된 일들을 생각하고 후회하고 반성하게 된다. 난 이때가 가장 책이 필요한 시기라고 생각한다. 전문서적이 아닌 감수성을 느낄 수 있는 책이 필요하다고 생각한다. 바로 '소설'이다.

다양한 주제를 통해 사람들의 삶을 엿볼 수 있는 기회가 바로 소설에 있다. 사실이든 아니든 간에 나와 주인공을 동일시하고 그의 입장에서 느껴 보는 시간이다. 삶에서 중요한 것들이 무엇인지 함께 고민하게 된다. 소설책을 읽다 보면 자연스레 자신의 과거가 떠오른다. 난 그때 이렇게 했지 하면서 자신의 경험을 글자를 통해 다시 볼 수 있기 때문에 그 안으로 빨려 들어갈 수 있다.

외로움을 느낀다면 - 에세이 / 수필

외로움을 느낀다면 에세이를 추천한다. 음악도 있고 영화도 있지만 난 외로움을 느낄 때는 에세이를 펼친다. 그들은 어떤 삶을 살아가고 있는지 엿보면서 나를 위로한다. 에세이 종류는 다양하다. 여행기에서 자신의 이야기까지 다양한 주제로 나와 있다. 어떻게 보면 에세이는 일기장 같은 느낌을 준다. 무엇이 되었든 그 사람만의 방식으로 살아가는 이야기를 생생하게 볼 수 있는 게 장점이다. 내가 세상에 혼자가 아니라는 걸 에세이를 통해 바라볼 수 있다. 그들도 이런 생각들을 하는구나, 라는 동일시되는 부분을 찾게 되면 그동안의 외로움이 눈 녹듯이 사라진다.

나는 주로 이동하면서 책을 읽는 걸 좋아한다고 했다. 그러다 보니 여행 에세이를 좋아하게 되었다. 같은 장소 같은 공간은 아니더라도 함께 여행하며 공감하는 것 같은 착각에 즐겨 읽는다. 그들처럼 따라 해 보기도 한다. 책을 잠시 덮고 고개를 들어 주변을 바라보기도 하고 주변 사람들의 모습을 관찰해 보기도 한다. 그들은 무슨 생각을 하고 있을까? 궁금하지만 물어볼 수 없기에 다시 책을 펼쳐 든다.

작가들은 에세이를 통해 그 순간의 감정과 그로 인해 과거에 느꼈던 감정을 새로이 쓴다. 자신의 감정에 솔직해져야 지금의 감정들을 제대로 말할 수 있다. 작은 추억들이 모여 하나의 이야기를 구성하는 방식이기에 마치 일기장 같지만 일기장에서 보지 못하는 세세한 묘사나 순간의 감정들은 나와 동일시하는 중요한 요소가 된다. 그들도 이런 생각을 갖고 있구나. 나와 다르지 않구나. 나만 빡빡하게 살고 있는 게 아니구나 생각하며 스스로를 위로한다.

때로는 수필도 읽게 된다. 에세이와 비슷하지만 뭔가 다른 느낌 때문에 수필도 좋아한다. 한 사람의 이야기가 고스란히 담겨 있다. 한 사람의 삶이 녹아들어 있다 보니 가족이나 친구, 직장에 대한 개인만의 이야기를 하고 있어 공감할 수 있는 부분이 많다. 어쩌면 사람들이 책을 읽는 이유는 또 다른 자신을 찾기 위한 것일지도 모른다. 지금에서 벗어나는 상상, 내가 달라진 상상, 내가 성공하는 상상, 내가 외롭지 않다는 상상을 하기 위해 책을 읽는다고 생각한다. 사랑도 인생도 권력도 돈도 명예도 모두 인정받고 싶은 욕구에서 비롯된 것인지도 모른다. 보이지 않는 꿈을 좇다 보면 길을 잃고 방황할 수 있다. 나 역시도 똑같다. 그래서 난 에세이나 수필을 읽는다. 나의 삶과 그들의 삶은 다르지 않다고 동일시하고 위로받고 싶어서, 읽고 나면 힘이 생기기 때문에 읽는다.

지금 외로움을 느끼고 있다면 에세이나 수필을 찾아보라. 외롭다는 건 혼자라는 것이고 혼자라는 건 생각을 공유할 사람이 없다는 것이다. 그렇기에 나와 다르지만 나와 같은 생각으로 사는 사람들의 이야기를 들어 보면 외로움이 사라진다. 외롭다고 술 마시고 담배 피우지 말자. 그 돈으로 에세이나 수필책을 사서 읽다 보면 술이나 담배보다 더 나를 위로해 주고 감싸 줄 것이다. 나 역시도 그랬으니까. 당신도 느껴 보기 바란다.

9

독서를 통해 이루다.

내 작은 꿈,

읽고 공감하고 실천하는 내 맘대로 독서법

스타벅스에서 컴퓨터만 들고 일하기

사람들 앞에서 강의하기

드디어 강의를 시작하다

내가 잘하는 일로 컨설팅하기

독서 관련 책 쓰기

그리고 새로운 꿈을 꾸다

그동안의 나의 작은 꿈들을 독서를 통해 이루다.

스타벅스에서 컴퓨터만 들고 일하기

나는 꼭 해 보고 싶었던 게 있다. 바로 스타벅스에서 자유롭게 일해 보기다. '그게 뭐 대단한 거라고.' 이렇게 생각할 수도 있다. 그렇다. 그렇게 대단한 건 아니다. 내가 원했던 건 내 시간을 내가 통제하고 자유롭게 일해 보는 거였다. 장소에 구애받지 않고 일해 보기. 왜 사람들은 스타벅스를 좋아하는지도 알고 싶었다.

회사 다닐 때는 몰랐다. 또한 회사를 다니면 이렇게 일할 수 없다. 특히 우리나라는 대부분의 회사가 자기 자리에서 일을 해야 한다는 생각이 강하기 때문이다. 곰곰이 생각해 보았다. 우리가 출근해서 하루 종일 얼굴 맞대고 일하는 시간이 얼마나 될까? 아침에 잠깐의 인사를 통해 일을 시작하고 중간중간 쉬는 시간에 잠시 담화를 나누고 점심을 먹으면서 오후 일과에 대해서 대화를 한다. 오후가 되면 대부분 바빠진다. 전화 통화도 많아지고 미팅도 잦아진다. 이래저래 하다 보면 하루가 끝나 가고 있다. 내가 할 일은 하지도 못한 채 말이다.

내가 다닌 회사는 미팅이 잦은 회사였지만 그것도 전체를 볼 때 일부일 뿐이었다. 그러다 보니 왜 회사를 나와 앉아 있어야 하는지 의문이었다. 좀 자유롭게 일할 수는 없을까? 장소에 구애받지 않고 일할 수는 없는 것일까?

회사에서는 내 꿈을 이룰 수 없었다. 내 꿈은 다른 게 아니다. 바로 스타벅스에 일해 보기다. 따뜻한 커피 한 잔과 함께 노트북 하나만 가지고 무슨 일이든 하고 싶었다. 내 미래를 위해 회사를 나왔다. 미래가 보이지는 않았다. 당연하다. 인간은 현재에 충실하게 살아가도록 만들어진 존재니까. 내 미래는 지금의 내가 얼마나 충실하게 사느ㅑ에 따라 달라진다는 걸 알았다.

독립을 하고 친구의 도움으로 첫 프로젝트를 시작하게 되었다. 처음에는 집이나 도서관에서 일을 해 보았는데 잘되지 않았다. 통화가 자유롭지 않고 너무 편한 공간에서 하다 보니 나태해졌다. 그때 생각이 났다. 내가 해 보고 싶었던 일. 바로 스타벅스에서 일해 보자.

아침에 일어나 준비하고 동네 스타벅스로 갔다. 처음이라 그런지 내 행동이 낯설었다. 남들처럼 자연스럽게 노트북을 꺼내고 코드를 꽂는 과정 자체가 어색했다. 첫날은 그렇게 시작도 못 했다. 동네 스타벅스라 그런지 몰라도 코드가 있는 자리는 금세 채워졌다. 낭패였다. 전원이 없으면 일할 수 없기 때문이다. 아쉬움을 뒤로한 채 발길을 돌렸다. 집으로 가면서 스타벅스 오픈 시간을 검색했다. 평일에는 7시, 주말에는 8시에 연다고 한다. 내일은 일찍 나오리라 다짐하고 집으로 돌아갔다.

다음 날 일찍 일어나 준비하고 스타벅스로 향했다. 도착한 시간은 정확히 7시. 오래 앉아 있어야 할 자리를 찾아 가방을 놓고 커피를 주문했다. 커피가 나오기 전 노트북을 테이블에 올려놓고 전원을 연결하고 마우스를 꽂고 일을 시작했다. 재즈 소리가 다소 크게 들려 이어폰을 꽂고 내가 좋아하는 노래를 들으며 시작했다. 드디어 시작됐다. 내가 꼭 하고 싶었던 일인 스타벅스에서 일하기. 어디를 가든 편하게 일할 수 있고 맛있는 커피도 마실 수 있는 장소. 또 하나 마음에 드는 게 있는데 바로 인터넷 환경이다.

다른 카페에서도 몇 번 일을 해 보았는데 스타벅스보다 빠른 인터넷 환경을 구축한 곳은 없었다. 가끔 지방에도 가야 할 때가 있는데 이때 원격 제어로 일을 할 때가 있다. 먼 곳으로 갈 때는 작은 노트북을 들고 다니는데 급하게 처리해야 할 일이 생기면 집 컴퓨터와 연결해 일을 해야 한다. 이때 인터넷 환경이 좋지 않으면 처리하는 시간이 오래 걸리게 된다. 대구에 내려갈 일이 있어 시도해 보았는데 아주 원활하게 진행이 되있다.

이렇게 일해 보고 싶은 분이 있다면 방법은 간단하다. 원격 제어 프로그램을 실행하고 연결만 시켜 주면 끝이다. 무엇보다 무선 인터넷 환경이 얼마나 잘 갖추어져 있느냐가 관건이다. 왜 사람들이 스타벅스에서 일하는지 조금씩 알게 되었다. 맛도 맛이지만 오랜 시간을 앉아 있을 수 있고 환경이 잘 갖추어져 있어 또 오고 싶도록 만드는 장소라 생각한다. 일이나 미팅 장소로 제격이었다. 어디나 사람들이 많기 때문에 점심시간은 피해서 이용하고 있다.

이렇게 난 내 꿈 하나를 이루었다. 이제는 자연스럽게 앉아 책을 읽거나 일을 한다. 친근한 장소라고 할까? 어디를 가든 비슷한 기분을 느낄 수 있어 좋다. 그동안 그렇게 궁금했던 한 가지를 해소하게 되었다. 사람들이 스타벅스를 찾는 이유가 자유롭고 편안하고 맛있는 커피가 있어서 그러는 게 아닐까 생각해 본다. 커피 값이 비싸다고 생각했는데 이 경험을 통해 자주 이용하는 카페가 되어 버렸다. 가격이 비싼 만큼 자유롭게 이용할 수 있으니 이보다 더 좋은 장소가 어디 있을까?

스타벅스에서 일하기가 책과 무슨 관계가 있을까 궁금하지 않은가? 독립을 하고 어떻게 일을 해야 하는지 미래는 어떤 직업이 살아남을지 무엇을 준비해야 하는지 난 책을 통해 배웠다. 독서를 하지 않았다면 지금의 생활은 이룰 수가 없었다. 억지로 끼워 맞추는 게 아니다. 책을 읽고 내가 하고 싶은 일을 찾았기 때문에 할 수 있었다. 이전의 내 생활과 지금을 비교해 보면 극과 극이다. 지금 느끼는 거지만 참 많이 변했다. 스스로가 이렇게 변하리라고는 상상도 못 했다. 그것도 책을 읽었을 뿐인데. 처음에는 왜 책을 읽어야 한다고 하는지 이해하지 못했다. 지금 삶도 버거운데 어떻게 책을 읽을 수 있는가? 하지만 바뀌었다. 꾸준히 바뀌고 있다. 지금만 바라보고 산다면 아무런 변화가 없다. 앞을 내다보고 남은 인생은 무엇을 하며 보내고 싶은지 자신에게 물어보는 시간을 갖기를 바란다.

스타벅스에서 일하는 게 대수로운 건 아니다. 그렇다. 누구나 할 수 있는 일이다. 하지만 내게는 꿈이었다. 그렇게 일하면서 돈도 벌고 하고 싶은 일을 할 수 있으니까. 시간의 여유는 없지만 마음의 여유가 생겼다. 책을 읽지 않았다면 이런 꿈도 꾸지 않았을 거라 생각한다. 독서를 통해 나를 발견하고 생각하게 되고 결정하고 행동하게 되었다.

내가 가장 잘하는 일은 실천이다. 무엇이든 일단 해 보는 게 내 장점이 되었다. 이렇게 바뀔 수 있다는 게 신기했다. 되는구나. 책을 읽으라고 해서 읽었고 변화할 거라 해서 믿고 했는데 변했고 미래는 스스로가 정하는 거라 해서 지금 만들어 가고 있다.

당신은 지금 어떤가? 지금의 삶에서 벗어나고 싶지 않은가? 그렇다면 지금이라도 책을 읽어라. 읽고 또 읽자. 책과 친해지기 시작한다면 당신도 달라질 수 있다. 모든 건 마음먹기에 달렸다. 그리고 누구나 할 수 있다. 단지 지금 시작하지 않았을 뿐이다. 용기를 내어 시작하라. 내 작은 꿈인 스타벅스에서 일하기처럼 작은 꿈부터 이룰 수 있다. 이보다 간단한 방법이 또 있을까? 시작하자. 책과 친해지기 프로젝트.

사람들 앞에서 강의하기

내 오랜 꿈이 또 하나 있있다. 바로 사람들 앞에서 강의를 헤 보고 싶었다. 그저 막연한 바람이었다. 내가 그동안 배우고 익혔던 기술을 가르쳐 주고 싶었다. 어떤 지식을 어떻게 가르쳐야 하는지는 몰랐다. 그저 꿈이었고 언젠가는 되리라는 생각만 했다. 책을 읽기 시작하며 꿈에 대해서는 잠시 잊게 되었다. 현실에서 부족한 부분을 채우다 보니 꿈보다는 현실에 직면해 있었다. 한동안 바로바로 써먹는 기술에 대한 책들이 유행하기도 했다. 트렌드였지만 도움은 됐다. 내가 그동안 잘 안다고 생각했던 부분에서도 부족한 부분이 많다는 걸 느꼈다.

회사생활을 할 때 가장 부족함을 느꼈던 부분은 '관계'였다. 사람들과 어떻게 친분을 쌓아 가야 할지 몰랐다. 또한 상사로서 어떻게 지시를 해야 하는지도 몰랐다. 그저 선배들을 통해 어깨너머로 배운 것이 전부였다. 그리고 그게 정답인 줄 알았다. 시간이 지나고 내가 그 자리에 앉게 되니 그동안 정답이라고 생각한 것이 한순간에 무너졌다. 관계는 틀어지고 일은 진행이 안 되었다. 매번 싸우기 급급하고 서로 하지 않으려고 노력했다. 어떻게 벗어나야 할까?

답은 책에 있었다. 아무리 혼자서 일을 잘할지라도 협력을 하지 못하면 함께 일하기 힘들다. 혼자서는 일을 잘하지만 함께 하면 실수가 잦고 불화가 생기는 이유는 소통할 줄 몰라서다. 그리고 완벽주의를 추구하기 때문에 발생한다. 이게 비단 나에게만 일어나는 일일까? 아니다. 누구나 그렇다. 어디서나 이 문제는 발생한다. 특히나 내 직업에서는 고질병이라고 할 정도로 심했다.

나는 소통을 하기 위해 책을 읽었다. 소통이 무엇인지부터 어떻게 해야 하는지 방법까지 있었다. 사람들과 어떻게 대화를 해야 하는지, 어떤 자세를 취해야 하는지, 경청은 어떻게 하는지, 시선은 어디다 둬야 하는지 등 다양한 방법이 있었다. 하나하나 실천해 보기 시작했다. 물론 책만 본다고 모든 게 해결되지는 않는다. 그렇지만 바뀌고 있다는 걸 느끼게 된다. 자신의 말투와 행동이 바뀌는 걸 알 수 있다. 조금씩 소통의 문이 열리게 된다. 그렇게 조금씩 대화의 기술을 늘리면서 사람들과 소통해야 한다.

누구도 가르쳐 주지 않기에 난 책을 읽었다. 책 속에 답이 있었다. 그 답을 실천해 보니 부족한 내가 채워지기 시작했다. 지금도 부족하다. 꾸준히 읽고 꾸준히 배우고 꾸준히 익히기 위해 읽고 또 읽고 실천하고 있다. 자신이 바뀌는 모습을 보면 뿌듯한 기분이 든다. 이게 변화의 시작이구나, 라는 사실을 받아들이게 된다.

이렇게 소통을 하려 노력하다 보니 대화에 자신감이 생기기 시작했다. 책을 통해 배운 걸 실천해 보니 적중했다. 그런 시간이 점점 쌓이면서 잊혔던 기억이 났다. 바로 누군가에게 강의를 하고 싶다는 욕심이었다. 그때부터 시작했다. 전문적인 강의는 아니었지만 화이트보드 앞에서 시작했다. 시작하고 나니 의외로 편한 마음이 들었다. 글자를 적고 그림을 그리면서 내 지식을 알려 주기 시작했다. 처음에는 내가 지금 무슨 말을 하고 있는지조차 몰랐다. 두서없이 말하는 게 느껴질 정도로 형편없는 강의였다. 하지만 포기하지 않았다. 하고 또 하다 보니 점점 기술이 늘고 있다는 느낌이 들었다. 아주 미미하지만 더 많은 사람들 앞에서 강의를 할 수 있다는 자신감이 쌓이기 시작했다.

드디어 강의를 시작하다

기회는 우연히 찾아왔다. 인생 처음으로 과외를 시작하고 동시에 학원에서 강의를 시작하게 됐다. 어떠한 검증 절차도 필요 없었다. 그 이유는 그동안 블로그를 통해 내가 가지고 있던 생각을 공유하고 있었기 때문이다. 나는 현장 중심의 노하우를 익혔고 다른 사람들과는 차별성을 갖고 있었다. 같은 분야라도 자신의 상황에 따라 업무가 다를 수 있다. 난 우연한 기회에 그 두 분야를 경험하게 되었다. 서로의 다른 입장을 접해 보니 그 차이를 알 수 있었고 이해의 폭이 넓어졌다. 내가 했던 과외는 3차원 설계 프로그램을 바탕으로, 설계와 현장에서 어떻게 사용하는 게 효율적인 활용인지에 대한 내용이었다.

블로그를 통해 과외를 시작한다고 했을 때 관심을 가질 수 있을지 걱정이었다. 처음에는 아무런 반응이 없었다. 당연했다. 내가 누구인지 사람들은 몰랐다. 그렇게 한 주가 지나가고 연락이 오기 시작했다. 너무나 기뻤다. 말로 표현하기 힘들 정도였다. 나도 가능하구나. 내가 해 오던 일이 사람들도 궁금했던 부분들이었구나. 그렇게 초급반과 고급반을 모집했다. 과외를 시작하는 동시에 지인으로부터 학원 강의 의뢰가 들어왔다. 기쁘면서도 두려웠다. 과연 잘할 수 있을까? 그때부터 주중에는 회사에서 일하고 주말에는 과외와 학원 강의로 쉬는 날 없이 바쁘게 보냈다.

이렇게 내가 하고 싶었던 일을 서서히 이루었다. 그러면서 한편으로는 내가 지금 이 회사를 계속 다녀야 하는지에 대한 고민이 쌓이기 시작했다. 변화하지 않는, 변화할 수 없는 조직에서는 더 이상 내가 하고자 하는 걸 못 할 거란 확신이 들었다. 5년 후가 되어도 같은 생각으로 고민만 하고 있을 것 같았다. 이제는 선택할 시간이란 생각으로 회사를 나오게 되었다. 어쩌면 마지막 회사가 되리라는 생각으로 나왔다. 앞으로 어떻게 살아가야 할지 구체적인 생각은 하지 않았다. 무모하다고 생각할 수도 있지만 뚜렷하게 보이지는 않지만 나아갈 수 있다는 용기가 있었다.

과외와 학원 강의를 시작하고 회사를 관두고 내 일을 하려고 결정을 내릴 수 있었던 용기는 모두 책에서 얻었다. 그게 어떻게 책이냐고 할 수도 있다. 예전 같으면 나 역시도 그렇게 생각했을 것이다. 책이 어떻게 인생을 바꿀 수 있는가. 하지만 바뀌었다. 자신감과 자부심이 생겼다. 결정하는 데 있어 우유부단하지 않게 되었다. 내가 잘하는 일과 잘할 수 있는 일, 하고 싶은 일을 고민하게 되었고 내가 누구인지 알게 되었다. 어떤 한 분야의 책을 읽었다고 바뀐 게 아니다. 다양한 분야의 책을 통해 인생이 무엇인지 배우게 되었고 삶의 방향을 결정하게 되었다.

읽고 공감하고 실천하는 **내 맘대로 독서법**

책이 없었다면 난 아직도 회사에 구속되어 내가 하고자 한 삶을 살지 못하고 있을 것이다.

지금은 책을 읽고 쓰고 있다. 전문적인 강의도 하고 회사 컨설팅도 나간다. 프로젝트도 함께 수행하고 있다. 어느 때보다 바쁜 삶을 살고 있지만 삶은 여유가 생겼다. 회사를 다닐 때보다 더 많이 번다. 시간도 내 스스로 만들면서 살고 있다. 모든 건 내 책임이 따른다. 그런 압박에 스트레스를 받지만 이를 넘어서면 내 자신이 한 단계 업그레이드된다.

점점 발전하는 나를 바라보면서 내 선택이 옳았다는 생각을 한다. 회사를 나오는 게 정답은 아니다. 난 누군가를 이끄는 리더가 되고 싶다는 생각이 강했고 안정적인 삶이 아니라 조금은 불안하지만 그에 따른 보상이 주어지는 삶이 내게 맞았다. 앞으로 어떤 삶을 살아갈지는 아무도 모른다. 그렇지만 책을 읽으면 어떻게 살아가야 할지 알게 된다.

지금 방황하고 있지 않은가? 어떤 전환점이 필요하다고 생각하지 않은가? 이 삶에서 벗어나 무언가를 하고 싶다는 생각에 밤잠을 설치고 있지 않은가? 자신의 꿈이 무엇인지 잃어버리지 않았는가? 혹시 돈을 좇는 삶을 살고 있지는 않은가? 어쩔 수 없다는 생각으로 자기합리화를 하고 있지는 않은가? 이제는 내가 무엇을 원하는지도 모른 채 그저 살아가기 위해 어쩔 수 없이 일하고 있지는 않은가? 앞으로 어떻게 살아야 할지 걱정하고 있지 않은가?

그렇다면 지금부터라도 책을 읽어라. 닥치는 대로 읽어라. 읽고 또 읽어라. 그러면 달라진다. 조금씩 아주 미묘하지만 바뀌게 된다. 나를 보라. 난 아무것도 아니었다. 내가 누구인지도 몰랐다. 무엇을 잘하는지도 몰랐다. 책을 읽고 많은 생각을 했고 결정했다. 내가 하고 싶은 일을 하

자. 불안한 게 아니라 기회라 생각하고 시작하자.

누구나 할 수 있다. 책을 통해 독서근육을 기르고 자신의 내면을 단단하게 만드는 과정을 지나면 달라질 수 있다. 지금 삶에서 벗어나 하고 싶은 일을 할 수 있다. 지금이 정말 안정적인 삶이라 자신하는지 묻고 싶다. 앞으로 5년, 10년 후 어떤 삶을 살고 싶은지 진지하게 생각해 보았는가? 나도 내가 강의를 할 수 있을지 몰랐다. 일단 시작하니 하게 되고 하다 보니 더 잘하려고 하는 내 모습을 볼 수 있었다. 행동하게 되면 우리는 그렇게 생각하도록 되어 있다. 생각만 하고 아무것도 하지 않으면 그저 생각에 불과하다. 일단 책을 읽자. 책과 친해질 때까지 읽자. 책과 친해지면 공감하게 되고 배우게 되고 익히게 된다. 내가 누구인지 찾게 되는 날 희열을 느끼고 그때가 진정으로 달라지는 자신과 만나는 날이다.

내 두 번째 꿈은 그렇게 이루었다. 책을 읽지 않았다면 시작조차 하지 못했을 것이다. 왜냐하면 난 나를 몰랐으니까. 당신의 꿈이 무엇이든 이루고 싶다면 지금 바로 도서관이나 서점으로 달려가라. 책만이 나를 바꿀 수 있다.

내가 잘하는 일로 컨설팅하기

내가 그동안 해 보고 싶었던 직업 중 하나가 바로 '컨설턴트'다. 이와 관련된 책들을 찾아 읽어 볼 정도로 관심이 많았다. 어떻게 하면 컨설턴트로서 내가 다른 사람에게 도움이 될 수 있을까? 혼자 상상의 나래를 펼처 보기도 했다. 이렇게 하면 어떤 반응이 나올까? 사람들은 어떤 게 궁금할까? 업무에 도움이 되는 것이 있다면 무엇일까? 어떤 방향으로 이끌고 나가야 할까? 다양한 상상을 하면서 언젠가는 컨설턴트가 되기를 바랐다.

내 작은 꿈은 그리 멀지 않은 곳에 있었다. 책을 통해 또 다른 삶을 살기를 원하고 이를 위해 퇴사를 하고 새롭게 시작한 내게 기회가 왔다. 그것도 동종업계에서는 메이저에 속하는 사무실이었다. 막상 꿈이 이루어지니 두려웠다. 무엇을 해야 할지, 내가 잘할 수 있을지, 실수하면 어떻게 해야 하는지 오만 가지 생각으로 두통까지 왔다. 그러나 그건 그저 혼자만의 고민으로 끝이 났다. 막상 시작한 컨설팅은 의외로 재미와 동시에 책임감이 느껴졌다.

컨설턴트는 사람들 앞에 서야 하는 직업이다. 자신의 몸 전체를 상대방에게 노출시켜야 한다. 어떤 옷을 입어야 하는지, 시선은 어디로 향해야 하는지, 손은 어떤 자세로 있어야 하는지 하나에서 열까지 모두 고민거리다. 두려움이다.

이 두려움을 벗어나기 위해서 스피치 관련 책을 읽었다. 내가 궁금했던 모든 것이 담겨 있었다. 필요한 건 단지 실천일 뿐이었다. 책에서 말하는 비슷한 상황이 생겼을 때 그대로 실천해 보았다. 결론은 성공이었다. 물론 혼자만의 생각이지만 말이다. 지금은 아주 여유롭게 진행하고 있다. 욕심이라면 다양한 회사에서 해 보고 싶다는 것이다.

내가 이렇게 하고 싶은 일을 할 수 있게 된 계기는 무엇이라 생각하는가? 그렇다. 책이다. 책을 꾸준히 읽고 공감하고 그대로 실천해 보면서 나만의 방법을 만들었기에 가능했다. 책을 읽지 않았다면 아직도 불평과 불만으로 가득한 삶을 살고 있을 것이다. 생각만 하고 있었던 내가 지금은 그 생각을 현실로 나오게 만들었다. 지금 꿈꾸고 있는 것은 그리 멀지 않은 곳에 있다. 아직은 볼 수 없다. 보이지 않는다. 기회는 늘 곁에 있지 않다. 잠시 머물다가 도망쳐 버린다. 그런 기회를 기회로 볼 수 있는 눈을 기르기 위해서는 책을 읽어야 한다. 자신의 꿈을 이루고 싶지 않은가? 그렇다면 지금부터라도 독서를 시작하자.

독서 관련 책 쓰기

지금 쓰고 있는 이 책은 내 인생에 있어 두 번째 책이다. 첫 책은 내가 하는 일을 바탕으로 그동안 경험했던 일을 에세이 형태로 낸 책이다. 분야가 분야다 보니 일반인에게는 별로 호응이 없었다. 그래도 다행인 건 같은 분야에서 일하는 분들이 관심을 가져 주어 어느 정도는 성공했다는 것이다. 참 희한한 일이다. 책을 쓰면 또 책을 쓰고 싶어진다는 말이 사실이었다. 그렇게 허접하지만 책을 쓰고 나니 또 책을 쓰고 싶었다. 책을 읽다 보면 자연스럽게 책을 쓰고 싶은 욕구가 생긴다는 말이 맞았던 것이다. 지금 내가 이 책을 쓰고자 한 이유는 지금의 삶에서 벗어나거나 제2의 인생을 살고 싶은 사람들에게 독서가 가져다주는 효과가 무엇인지 보여 주기 위해서다.

난 지금 또 다른 인생을 꿈꾸고 있다. 하나의 분야에서만 있을 수는 없다. 내가 잘하는 일을 버리고 다른 일을 할 수는 없다. 내가 잘하는 일도 하면서 동시에 하고 싶은 건 바로 책을 쓰는 것이다. 내가 알고 있는

읽고 공감하고 실천하는 **내 맘대로 독서법**

모든 것을 담을 수 있는 책을 꾸준히 쓰는 일이다. 내 전문 분야의 책을 쓰고 싶고 독서 관련 책도 쓰고 싶다. 강연도 나가고 싶다. 사람들 앞에서 독서가 왜 중요한지 알려 주고 싶다. 나중에는 소설도 쓰고 싶다. 무엇을 하든 내가 만들어 가야 한다. 걱정하지 않는다. 내겐 책이 있어 든든하다. 성공이 아니라 성장하고 싶다. 지금의 나에서 다른 나로 변신하고 싶다. 한 번 사는 인생 하고 싶은 거 하면서 살아야 하지 않을까.

앞으로 어떻게 될지는 아무도 모른다. 지금 내가 어떤 삶을 살아가느냐에 따라 내 미래는 달라질 수 있다. 책을 읽고 공감하고 실천하는 삶을 꾸준히 살아간다면 미래에는 지금과 또 다른 삶을 살아가고 있지 않을까? 지금을 추억하면서.

당신도 바뀔 수 있다. 당장은 힘들다. 시간과 노력이 필요하다. 그렇게 하기 위해서는 꾸준함이 필요하다. 괴로운 시간도 온다. 포기하고 싶은 생각도 온다. 인내해야 한다. 그 과정이 지나야 달라질 수 있다. 세상엔 공짜란 없다. 그만한 노력이 있어야 가능하다. 물론 그 과정이 힘들다. 걱정하지 마라. 도와줄 사람은 어디에나 있다. 혼자 하기 힘들면 함께 하면 된다. 같이 하겠는가?

그리고 새로운 꿈을 꾸다

이제 새로운 일에 도전하고 싶다. 바로 작가다. 누군가에게 영향을 미치기 위해서는 작가가 되어야 한다고 생각한다. 사람들의 마음을 흔들어 지금 자신이 누구인지 깨닫게 해 주고 다시 제자리를 찾도록 도와주고 싶다. 아직은 부족하다고 생각한다. 책을 더 많이 읽고 무엇이 이 시대에 필요한가 깊게 생각할 시간이 필요하다. 세상이 돌아가는 맥락을 잡고 이를 어떻게 삶에 적용시켜야 하는지 생각하고 또 생각해 공유하고 싶다. 나의 또 다른 꿈은 독자에서 작가로 성장하는 것이다.

"꿈이 있으신가요?" 예전에는 이런 질문을 받으면 머릿속이 하얗게 변해 버렸다. 참 막막한 질문이었다. 살기 바쁘다 보니 무엇을 생각하기보다 동물처럼 살았다. 앞만 보고 달렸다. 누군가를 배려하거나 내 행동을 뒤돌아볼 여유가 없었다. 어떻게 해서든 일을 빨리 처리하고 성사시키고 능력을 인정받고 승진을 하고 연봉을 높이는 게 목표였다. 가족을 위해서 시작한 일이지만 점점 자신의 만족을 위해서 일을 하고 있었다. 일이 핑계가 되고 모든 게 일과 돈에 맞춰져 버렸다. 무엇을 위해 사느냐고 물어보면 당연히 '성공'이었다.

성공의 정의가 무엇인가? 자신만의 성공의 정의는 무엇인가? 성공은 주관적이다. 객관적으로 성공이라 함은 남들에게 보여지고 남들이 인정하는(대부분 돈이 많거나 승진을 해서 높은 직책에 있거나 대기업에 다니거나) 모습이 아닐까? 내 스스로가 성공했다고 생각하는 '성공'의 정의를 만들어야 한다. 과연 자신에게 성공이란 무엇인가? 스스로에게 질문을 던져 보자.

꿈을 꾼다는 건 어떤 의미일까? 소망일까? 희망일까? 단순히 바람일까? 망상일까? 어쩌면 모두가 꿈일 수도 있다. 자신이 무엇을 하기 바라는 것 자체가 꿈이라 생각한다. 원대한 꿈도 좋지만 작은 꿈도 좋다. 무엇이 되고 싶건 정해진 나이란 없다. 내 나이 마흔이 넘어선 이 시점에서도 꿈을 꾼다. 누군가에게 영향을 미칠 수 있는 사람이 되기를 말이다. 누구나 할 수 있다는 말의 의미를 알게 되었다. 누구나 할 수 있다는 것은 누구나 할 수 없다는 뜻도 포함하고 있다. 그 안에는 시간과 노력이 추가되어야 한다. 그것이 없다면 할 수 없다. '시간과 노력'을 절대 잊지 않아야 한다. 자신의 꿈을 이루기 위해서.

난 오늘도 책을 쓴다. 오늘도 책을 읽는다. 누구를 위한 일이 아니다. 나와의 약속이다. 힘들고 괴롭지만 새벽에 일어나 책을 쓴다. 대단해 보이려고 하는 게 아니다. 왜 새벽에 책을 써야 하는지는 써 본 사람만이 안다. 이 조용한 공간에서 조금은 무거운 공기가 생각을 잡아 주고 아이디어를 발전시키고 자신이 말해야 하는 부분을 말할 수 있도록 해 준다.

하루의 시작을 남들보다 두세 시간 일찍 시작하기에 그만큼 시간의 여유가 생겼다. 쫓기지 않는 삶, 여유를 부릴 수 있는 용기, 긍정적으로 살아가려는 무언의 약속, 말을 내뱉기 전 한 번은 생각해 보는 습관, 내 행동을 항상 조심하기, 매너 있게 행동하기, 배려와 존중이 몸에 배게 만들기. 생각하면 행동한다는 말도 맞지만 행동해야 생각이 되고 그렇게 되도록 생각을 발전시킬 수 있다는 게 더 맞는다고 생각한다.

행동하자. 꿈을 꾸기 위해 움직이자. 더 많이 보고 더 많이 생각하자. 내가 무엇을 하고 싶은지는 나만이 안다. 내 주변과 새로운 환경을 바라보는 기회가 생기면 내가 지금 어디에 서 있는지 알 수 있다. 여행을 하라고 하는 이유가 이것이라 생각한다. 꿈을 꾸는 건 어렵다. 내 맘대로 되지 않는다. 하지만 작은 소망부터 조금씩 이루다 보면 내 꿈을 찾게 되고 무엇을 해야 하는지 스스로 계획을 세우고 실천하고 있는 자신을 발견하게 될 것이다. 그러기 위해서는 책을 읽어야 한다. 무작정 읽어야 한다. 도움이 된다 안 된다는 남이 하는 판단이다. 자신이 읽고 조금이라도 변하는 것을 느낀다면 그만이다. 그렇게 책을 읽으면 된다. 읽고 또 읽고 공감하고 전기가 온몸으로 통과하면 그 전기를 바탕으로 몸을 움직이게 된다. 당장 효과가 나타나지는 않는다. 서서히 아주 천천히 몸속에 있는 세포들이 변하게 된다. 지금은 느낄 수 없다. 세포들이 하나하나 변하기 시작해야 비로소 시작이다.

꿈은 그 세포들로 인해 구체적으로 변한다. 그래서 새로운 꿈을 꾸기 위해서는 책을 읽고 사색해야 한다. 생각을 하다 보면 내가 무엇을 해야 하는지 안개가 걷히듯이 이미지가 보이기 시작한다. 조바심이 일어나면 서서히 잠재워라. 인내하고 또 인내해야 비로소 그 이미지가 선명하게 보이게 된다. 선명한 이미지로 나타날 때까지 책을 읽어야 한다. 지금 꿈이 생각나지 않는다면 아직 자신에 대해 생각하지 않았기 때문이다. 책을 읽고 꿈을 꾸자. 앞으로 내가 무엇을 해야 '행복'하다고 말할 수 있는지를 생각해 보며.

10

독서, 그 후

읽고 공감하고 실천하는 내 맘대로 독서법

나만의 독서법을 찾고 나서 책을 쓰기 시작했다.

도전에 따른 실패를 두려워하지 않는다

지금은 성공시대. 실패를 해서는 안 되는 시대에 우리는 살고 있다. '실패는 성공의 어머니'라고 하면서도 모든 일에 실패는 있어서는 안 된다고 강조한다.

나 역시도 그랬다. 완벽해야만 한다는 생각이 지배적이었다. 실수하면 안 된다는 생각으로 밤낮없이 일했다. 일이 끝나면 수고했다는 말 한마디 없어도 스스로 해결했다는 생각에 안도했다. 과연 누구를 위한 일이었을까? 그래서 지금 내가 완벽한 사람이 되었는가? 아니다. 오히려 더 심플해지고 있다. 그 이유는 내가 할 수 있는 것과 할 수 없는 것이 존재한다는 것을 알았기 때문이다. 그리고 모든 일은 혼자 할 수 없다는 것도 알았다. 팀워크가 중요하다는 사실도 알았다. 나 혼자만 잘 된다고 다 잘되는 게 아니란 것도 알았다. 누가 알려 줬냐고? 바로 책이 가르쳐 주었다.

아무리 완벽해 보이는 사람도 실수를 하게 되어 있다. 사람이기 때문이다. 실수를 통해 자신을 발견하고 똑같은 실수를 하지 않도록 노력한다. 만약 이때 자신의 실수를 받아들이지 못한다면 주변 사람들은 괴로울 것이다. 그 실수를 온전히 책임져야 하기 때문이다. 그리고 다시 도전할 수 있는 기회를 얻기 힘들다. 왜냐하면 실수를 했기 때문이다.

많은 책에서 실수는 회사에서 하라고 한다. 듣는 입장에서 좀 그럴 수 있다. 왜 그런 말을 할까. 회사는 책임지는 사람들이 각 단계별로 있다. 최종 책임은 사장이 진다. 낮은 위치에서 하는 실수는 언제든지 해결할 수 있다는 것이다. 하지만 실수만 하고 개선하지 않으면 안 된다. 똑같은 실수는 실수가 아니기 때문이다. 그렇게 얻어진 경험은 후에 귀중하게 사용된다. 실수를 해 봐서 알기 때문이다.

나도 숱하게 실수했다. 오타에 마침표, 띄어쓰기는 기본이고 발표를 망치기도 하고 스케줄 실수로 욕도 먹었다. 잘못된 그림 한 장으로 회사에 누를 끼치기도 했다. 그래도 계속 도전할 수 있었다. 그렇게 할 수 있도록 주변에서 도와주었기 때문이다. 일부러 실수를 하라는 말이 아니다. 실수는 실수로 받아들이고 다시 도전하여 성공적으로 만들면 된다. 많은 사람들이 이 과정을 견디지 못해 포기하고 만다. 나중에 생각해 보면 아무 일도 아닌데 말이다.

자신이 하고자 하는 일이 있다면 '도전'해야 한다. 도전을 해야 그 일의 본질을 알 수 있다. 화려한 겉모습에 가려진 내면을 바라봐야 앞으로 나아갈 수 있다. 그러기 위해서는 실패를 해 봐야 한다. 한 번에 되는 게 없기 때문이다. 시행착오를 거쳐 그 본질을 알았을 때는 이미 자신은 정상에 오르고 있을 것이다.

실수를 하고 의기소침할 때 필요한 것은 위로도 좋지만 난 책이라 생각한다. 그들은 어떻게 그 난관을 극복하고 성공으로 도약할 수 있었을까. 그들의 도전기를 통해 위로받고 극복하여 다시 도전할 수 있는 나로 만들 수 있다. 연습이 필요하다. 바로 '실수'가 필요하다. 일부러 실수를 하라는 말이 아니다. 언젠가 실수를 할 때 책을 떠올리고 그 순간 책을 통해 자신의 자아를 한 단계 업그레이드하면 된다. 그 과정은 책이 도와줄 것이다. 이미 그런 과정을 거쳤고 헤쳐 나왔기 때문이다.

작은 실수로 인해 모든 걸 망치지 마라. 앞으로 해야 할 것이 더 많다. 똑같은 실수를 하지 않도록 노력하면 된다. 다시 도전하고 또 도전하자. 내가 가장 잘할 수 있는 방법이 될 수 있을 때까지. 책은 그런 자신에게 많은 걸 가르쳐 줄 것이다. 인생의 멘토는 책으로 시작하고 끝에 직접 만나면 된다. 술보다 책이, 담배보다는 책이 더 중요하다고 생각하며 책을 읽자. 당신도 변할 수 있다.

변화의 물결 속으로 나아가다

4차 산업혁명의 시대라고들 한다. 많은 학자들이 4차 산업혁명에 대해 이야기하고 있다. 지금 우리가 하고 있는 일의 대부분이 사라진다고 한다. 특히 단순 업무들이 그렇다. ARS로 해결되는 일들은 모두 사라진다고 한다. 주변을 보면서 실감하고 있다. 은행원들이 점점 사라지고 기계로 대체되고 있다. 텔레마케터가 사라지고 기계음으로 바뀌어 가고 있다. 아파트 안내방송도 사람이 아닌 기계로 바뀌어 가고 있다. 발음은 썩 좋지 않지만 말이다. 이러다 정말 다 사라지는 게 아닐까? 알파고가 이세돌을 이긴 것처럼 스스로 생각하고 판단하는 기계가 나온다면 지금의 직업은 전부 사라지고 말까?

나는 아직이라 생각한다. 4차 산업혁명은 반드시 온다. 그렇게 하도록 부추기고 있기 때문이다. 기존 방식으로는 더 이상 생산성을 맞출 수 없다. 더 많이 만들고 더 많이 팔아야 하는 게 기업의 이치이기 때문에 인건비를 대체할 무언가를 만들려고 노력하고 있다. 그게 바로 기계다. AI라는 인공지능을 탑재한 기계. 인간이 아니지만 인간과 흡사한 로봇을 만들어 산업을 더 키우겠다는 의지다. 이런 책들이 나오는 이유는 그런 산업에서 어떻게 살아남아야 하는가를 생각하도록 하기 위해서다.

지금은 하루가 다르게 변하는 시대다. 신제품도 2개월 또는 6개월이 지나면 중고로 변해 버린다. 또 새로운 제품이 나오고 사람들은 기존 제품을 버리고 재구매를 한다. 지금 문제가 되고 있는 애플의 아이폰은 배터리 효율이 떨어진다는 이유로 성능을 일부러 저하시켰다. 말이 되는가? 배터리만 교체하면 해결되는 일을 그렇게 대처한 것이다. 그 이유는 신제품 구매를 유도하기 위해서다. 그들은 아니라고 한다. 하지만 대부분의 사람들은 그렇게 생각한다. 왜 그런 판단을 했을까? 스티브 잡스가 지금 있었다면 팀 쿡은 어떻게 되었을까?

내가 지금 4차 산업혁명을 말하는 이유가 있다. 그럼에도 불구하고 변하지 않는 게 있어서다. 없어질 거라고 호언장담했던 것이 있었다. 바로 종이책이다. 전자책이 나오면 세상의 모든 책은 데이터베이스에 저장되고 몇 천 권, 몇 만 권의 책을 언제 어디서든 읽게 될 거라고 했다. 그런 주장에 많은 출판사들이 휘청거렸다. 발 빠르게 전차책으로 전환한 회사도 있었다. 그러고 나서 몇 년이 흘렀지만 종이책은 건사하다. 아니 오히려 더 많아지고 있다는 느낌이다. 특히 우리나라는 개인이 책을 쓰는 비율이 현저하게 낮기 때문에 더욱 그렇다.

읽고 공감하고 실천하는 **내 맘대로 독서법**

전자책이 나쁜 건 아니다. 먼 곳으로 출장을 갈 때는 전자책이 오히려 좋다. 많은 책을 담고 수시로 읽다 자신이 좋다고 생각한 구절을 북마크로 저장할 수 있기 때문이다. 그렇지만 난 아직 가지고 있지 않다. 그러나 점점 필요성을 느끼고 있다. 종이책이 좋은 건 만져 보고 냄새도 맡아 보고 얇은 종이를 넘겨 보고 펜으로 줄을 치고 모서리를 접어 보는 맛이 있어서다. 실물이어서 그렇다. 단점은 너무 무겁고 내가 좋다고 한 부분들을 읽으려면 다시 그 책을 찾아보아야 한다는 것이다. 전자책은 그런 단점을 개선했다. 단 한 가지만 빼고 말이다. 단 한 가지는 바로 종이를 넘기는 맛이다. 기술이 점점 발전하다 보면 소리와 넘기는 느낌도 만들어지리라 생각한다. 아마도 그때까지는 종이책이 남아 있을 거라 생각한다.

이런 변화 속에서 책도 디지털화되고 있다. 내가 말하고 싶은 것은 책이 어떤 것으로 변한다 할지라도 본질은 변하지 않는다는 것이다. 그 본질은 읽는다는 행위다. 종이책이든 전자책이든 읽기 위한 도구만 바뀔 뿐 책이 가지고 있는 본연의 성질은 그대로 지니고 있다. 즉 변화가 일어날수록 책을 더 많이 읽어야 한다.

시간은 누구에게나 똑같이 주어진다. 누군가는 읽을 것이고 누군가는 읽지 않을 것이다. 변화의 물결 속에서 견디고 살아남기 위해서는 책을 읽어야 한다. 책만이 답이다. 내가 지금 무엇을 해야 하는지 어떻게 대처해야 하는지 책은 힌트를 준다. 우리는 그저 그 힌트를 자신과 맞추고 적용하고 수정하면 된다. 다가올 미래가 두렵다면 책을 읽자. 그 변화도 책 속에서 탄생했다. 그러니 당연히 책을 읽어야 하는 게 아닐까?

숲을 바라보기 위해서

성공하기 위해서는 숲을 볼 수 있어야 한다고 한다. 혹시 이 말에 의문을 품어 본 적이 없는가? 숲을 바라보기 위해서는 자신보다 더 높은 곳에 있든가 아니면 다른 나무들보다 키가 커야 한다. 그래야 숲을 볼 수 있다. 왜냐하면 그 숲을 이루는 것은 나무들이고 그 나무들 중 한 그루가 바로 자신이기 때문이다. 그렇기 때문에 지금 서 있는 곳에서는 성공을 위한 숲을 볼 수 없다. 보이는 것이라곤 주변의 나무들뿐이다. 어떻게 숲 전체를 볼 수 있을까?

숲 전체를 구석구석 볼 수 있는 방법이 있다. 바로 새처럼 나는 것이다. 그러나 우리는 날 수 없다. 땅에 깊숙이 박혀 있는 한 그루 나무이지 않은가? 그렇다면 어떻게 숲을 바라볼 수 있을까? 그 답은 바로 '책'이다. 각자의 나무들이 자신의 경험과 생각을 공유하게 되면 나무와 나무가 이어지게 된다. 또한 나무와 잠시 거쳐 가는 새가 이어지게 된다. 그렇게 서로 이어져 그들의 눈으로 숲을 바라볼 수 있다.

지금의 자리에서 아무리 발버둥 쳐도 무엇이 변하고 있는지 느끼지 못하는 이유가 바로 전체를 볼 수 없기 때문이다. 내가 아는 게 전부라고 생각하며 살아가고 있기 때문에 변화에 둔하고 다른 사람들의 말에 귀 기울일 수 없다. 세상의 목소리를 들으려 하고 자신의 한계를 알고 살아가야 할 방향에 대한 고민을 하게 되면 변하게 된다. 왜 자신이 변하지 않는지 생각해 보라. 정말 자신에게 당당할 정도로 노력을 해 보았는지 스스로에게 물어보라. 내가 아닌 나를 발견하기 위해서는 한 걸음 떨어져 바라봐야 한다. 내가 얼마나 자랐는지, 내 영향력의 원은 얼마나 큰지 바라보게 된다면 더 넓은 세계에 눈을 뜰 수 있을 것이다.

우리는 모두 숲을 이루는 나무 한 그루다. 숲을 이루기 위해서는 반드시 나무 한 그루 한 그루가 필요하다. 그 나무들 중에서 자신이 서 있는 숲의 크기를 아는 나무는 많지 않다. 숲을 바라보기 위해서는 평범함을 넘어서야 한다. 서로서로 공감해야 한다. 자신의 작음과 세상의 큼을 알아야 한다. 변화해야 한다는 생각을 가져야 한다. 지금보다 더 높이 자라야 하고 더 멀리 손을 뻗어야 한다. 그러나 이것은 한계가 있다. 더 높이 더 멀리 바라보기 위해서는 새처럼 날아야 한다. 그러기 위해서는 새와 공감하고 새를 통해 배워야 한다. 그들의 말을 믿고 세상의 크기를 가늠하며 언젠가는 새로 변하리라는 다짐이 필요하다. 지금 사람들에게 책을 읽어야 한다고 말하는 이들이 바로 새다. 높이 날고 멀리 날아다니면서 자신이 본 생생한 모습을 우리에게 알려 주고 있다.

지금 당장 숲을 바라볼 수는 없다. 지금은 자신의 크기를 키워야 한다. 그 크기를 키우기 위해서는 책을 읽어야 한다. 책을 읽고 공감하고 행동해야 한다. 자신을 더 굳게 더 아름답게 만들어야 한다. 새는 모든 나무에 앉지 않는다는 것을 명심하자. 그들과 소통하고 자신을 변화시키기 위해서는 책을 읽어야 한다. 그들의 생각과 동일하게 만들어야 진정으로 숲을 바라볼 수 있다. 지금 자신이 있는 자리에서 주변을 바라보라. 잔가지만 가득한 나무들만 보인다면 어서 벗어나기를 바란다. 당신은 그런 나무들과 함께 있어야 할 존재가 아니다. 생각을 바꾸고 행동을 바꾸어야 한다.

책을 들고 읽어라. 작은 것이라도 읽어라. 읽다 보면 다른 것에도 관심이 가고 그와 관련된 책을 읽게 된다. 졸리고 힘들고 괴로워도 한 장이라도 읽어라. 그러면 두 장을 읽게 된다. 책을 읽으며 자는 게 얼마나 아름다운 모습인지 알고 있는가? 책을 읽다 지쳐 잠을 자 보면 알게 된다. 그런 꿀잠이 없다. 재미나게도 그렇게 졸다가 책을 덮으면 잠이 싹 달아난다. 그렇게 자신을 단련시키자.

생각의 깊이를 더욱 깊게 만들고 생각의 넓이를 더욱 넓혀 보자. 언젠가는 세상을 바라보는 눈이 생기고 그 안에서 자신이 무엇을 해야 하는지 알게 될 것이다. 우리의 세상은 우리가 살고 있는 숲들이 이어져 만들어진 더 큰 숲이다. 지금 자신이 있는 숲이 맘에 들지 않는다면 그 안에서 벗어나야 한다. 다시 씨앗으로 변해 좋은 땅으로 나가 뿌리를 내리고 자라야 한다. 그 씨앗은 자신이고 좋은 땅을 제공해 주는 것은 책이다. 책을 읽으면 그렇게 할 수 있다. 단 아주 단시간에 될 수는 없다. 시간과 노력이 필요하고 지속할 힘이 필요하다. 두려워하지 말자. 누구나 할 수 있으니까. 지금 숲에 대해 고민하고 있다면 책을 통해 그 모습을 보기 바란다.

새벽 4시에 하루를 시작하다

책을 쓰기 위해 4시에 일어나기로 했다. 외출했다 집에 돌아오면 시간은 많지만 체력이 떨어져 생각이 정리가 되지 않았다. 그때 느꼈다. '아… 그래서 새벽에 일어나 책을 쓰라고 하는 거구나.' 솔직히 힘들다. 말이 4시지 눈조차 떠지지 않는 시간이다. 이렇게 일찍 일어나는 게 가능한가 할 정도다. 이렇게 일어나면 하루 종일 졸리진 않을까 걱정이 된다. 걱정. 그런데 왜 걱정을 할까? 누구의 강요에 의해 시작한 일이 아닌데 걱정을 한다? 그렇다. 이건 나와의 약속이었다. 걱정할 필요가 없었다. 졸리면 잠시 눈을 붙이면 되니까.

알람은 4시로 맞췄지만 4시 반에 일어나 아침 준비를 한다. 아직은 적응 단계라 그런지 4시에 벌떡 일어나지는 못한다. 매일매일을 놀이동산 가는 기분으로 살 수는 없다. 그렇게 살도록 노력할 뿐이다. 의지가 약해서 열정이 부족해서 간절함이 없어서 그렇다고 말하지 마라. 난 독서를 통해 변하고 있다. 일부는 변했고 일부는 변하고 있는 중이다. 그리고 지금은 책을 쓰고 있다. 책을 쓸 시간을 벌기 위해 일어나는 것일 뿐이다. 회사를 다니면 불가능하다고 생각할 수도 있다. 회사는 다니지 않지만 매일매일 컨설팅을 하러 나가기 때문에 예전보다 더 이른 시간에 움직인다. 내 평상시 기상 시간은 5시 반이다.

새벽 4시에 하루를 시작하는 기분은 어떨까

새벽 4시에 일어나는 일은 아직 익숙하지 않다. 처음에는 무지 괴롭다. 눈이 떠지지 않는다. 목은 잠겨 있고 몸은 굳은 상태다. 어서 일어나야지 자기암시를 하면서 생각을 깨운다. 아직 몸이 굳어 있어 스트레칭을 한다. 눈을 비비고 벌떡 일어나 커피 한 잔을 한다. 조용히 앉아 커피 한 잔을 마시면 서서히 깨어나는 기분이 느껴진다. '아, 이제 준비하자.' 욕실에 들어가 씻고 화장을 하고 옷을 입고 책상에 앉는다.

일어나서 책상에 앉기까지 30분 정도 걸렸다. 점점 줄여야겠다는 생각을 하면서 책을 쓴다. 책을 쓰려면 새벽 4시에 일어나야 한다는 말을 실천하고 있다. 조금 피곤하고 몸에 힘은 없지만 한 가지는 깨달았다. 주위가 고요하다. 아무도 없는 것처럼 느껴진다. 지금부터 시작하니 하루에 한 시간을 더 사용할 수 있다. 오로지 책을 쓰기 위해서다.

이 시간에는 집중이 잘된다. 또한 외출하기까지 여유를 부릴 수 있다. 일어나 부랴부랴 준비해서 나가지 않아도 된다. 아무리 피곤해도 이 시간에 벌떡 일어나 준비하려고 한다. 가능한지 아닌지를 몸소 체험해 보았으니 당신도 할 수 있다. 한 가지만 명심하면 된다. 내가 일어나야 할 이유를 계속 상기하면 가능하다. 생각을 해야 행동이 바뀔 수 있으니까.

이렇게 행동하는 게 가능한 이유를 생각해 보자. 이전에 나를 생각하면 말도 안 되는 상황이다. 겨우겨우 일어나 출근하기 바빴던 내가 달라졌다. 책을 통해서 바뀌었다. 책을 읽기만 한다고 인생이 달라지는 건 아니라고 말하는 이들이 많다. 맞기도 하고 틀리기도 하다. 난 다르다고 생각한다. 사람마다 다른데 어떻게 한 가지로 규정할 수 있나. 책만 읽어도 달라진다. 아니 달라지고 있다. 그저 느끼지 못할 뿐이다. 책을 읽는 것 자체가 변화하고 있다는 증거다. 책 한 권을 읽었다고 생각이 커지고 의식이 확장되고 태도가 변하고 습관이 한순간에 변하지는 않는다. 서서히 변화한다. 우리가 감지하기에 너무 작기 때문에 느끼기 어려울 뿐이다.

나 역시도 그랬다. 조급한 마음에 아무것도 변한 게 없다 보니 그들의 말이 거짓말이라 생각했다. '뭐야? 이렇게 읽고 있는데 뭐가 변한다는 거지?' '자기들만의 방법을 강요하는 건 아닐까?' '그냥 포기할까?' 많은 생각을 했다. 하지만 포기하지 않고 꾸준히 읽었다. 언젠가는 바뀔 거라는 희망으로 말이다.

시간이 흐르고 다양한 책을 다독하다 보니 조금씩 달라지고 있다는 느낌을 받았다. 내가 생각을 하고 있었다. 책에서 말하는 내용을 생각하고 있었고 그에 대해 비판하고 있었다. 좋은 문장은 한 번 더 읽기 시작했다. 대인관계도 바뀌어 갔다. 물론 누구에게나 친절하고 잘 지내야 한다는 생각은 버렸다. 그건 오히려 나를 피곤하게 만드는 일이다. 이것 또한 책에서 배웠다. 한 권이 아닌 여러 권을 읽으면서 배웠다. 생각의 기준이 달라지고 삶의 우선순위가 생기고 목표가 생겼다.

사람들은 뭐든 이 핑계 저 핑계를 대면서 왜 못 하는지를 열변한다. 안타깝다. 그린 열정의 일부만이라도 할애해 책을 읽으면 좋으련만. 그저 속으로 생각한다. 그런 말을 하면 참견으로 변질되어 버리니까. 나도 그런 사람 중 한 사람이었다. 그런 말을 하면서 변하고 싶었다. 그런 마음이 조금 더 강했기에 책을 읽었고 실천이 가장 중요하다는 걸 알게 되었다. 지금 이렇게 해도 바뀌지 않는데 실천해 본다고 손해 보는 건 아니라는 판단하에 시작했다.

처음엔 작심삼일이었다. 작심삼일도 매번 하다 보면 한 달을 할 수 있다고 하는데 난 반대다. 똑같은 방법으로는 안 된다. 해 보고 안 되면 바꾸고 또 안 되면 바꾸고 도전하고 실패하고 도전하고 실패하면서 자신을 알아 가야 한다. 점점 시도 횟수가 잦아지다 보면 자신이 무엇을 원하는지 알게 된다. 아니 느끼게 된다. 이 정도면 '내 몸도 거부하지 않고 나도 크게 스트레스를 받지 않는구나.'라고 말이다.

지금은 새벽 5시 반이다. 내가 이 시간에 책을 쓰고 있다. 이것도 한

번 해 보자고 나와 약속을 하고 알람을 설정하고 시작한 일이다. 이유는 저녁에 책을 쓰려니 몸이 지쳐 아무것도 할 수 없었기 때문이다. 저녁에 안 되면 새벽에 하면 된다. 너무 많은 고민은 몸에 해롭다. 다른 사람들의 말에 휘둘리지 마라. 그들은 그들의 방법이 있고 난 나만의 방법이 있다.

　책을 읽다 보면 이런 말들을 많이 듣게 된다. '내면의 목소리가 시키는 대로 해야 한다.' 그게 쉽다면 누구나 바뀌었을 것이다. 나는 그것을 듣기 위해 꾸준히 책을 읽었다. 그건 목소리가 아니었다. 생각이었다. 다른 생각과는 달리 구체적이고 실천하게 만드는 생각이었다. 어떤 생각이 머리를 스치고 가면 '아! 맞아. 그렇게 해야 하는 거야.' 하고 공감하고 이를 실천하려고 노력한다. 안 되면? 앞서 말한 것처럼 다른 방법을 쓰면 된다. 한 번에 성공할 수는 없다. 항상 시간과 노력이 필요하다. 자기 성찰까지는 아니더라도 되새김 독서를 해야 한다.

　새벽에 일어나 책을 쓰지 않아도 된다. 그 시간에 책을 읽어도 된다. 하루에 10분씩 독서를 해도 된다. 그것이 불가능하다면 일찍 일어나 책을 읽어라. 졸음이 몰려오면 세수를 하고 커피 한 잔을 마시고 읽어라. 읽다 보면 읽힌다. 무슨 뜻인지 알려고 하지 마라. 일단 읽자. 읽고 또 읽자. 책 한 권을 다 읽었는데 기억에 남지 않는다고 슬퍼하지 마라. 그게 정상이다. 꾸준히 해서 습관으로 만드는 게 중요하다. 그 시간들이 쌓이면 서서히 달라진 자신을 볼 수 있다. 그때가 진짜로 독서를 할 시간이다.

마지막으로

난 책과는 담을 쌓은 사람이었다. 세상에 중요한 건 돈밖에 없다고 생각했고 가정보다 일이 더 중요했다. 지금까지 열심히 일만 해 왔다고 해도 과언이 아닐 것이다. 자신에게 일을 빼면 무엇이 남는지 생각해 보라. 아무것도 남지 않는가? 그래서 더 일에 미치는 거다. 자신의 존재감을 나타내기 위해. 자신이 이만큼 할 수 있다는 것을 보여 주기 위해. 난 아직 죽지 않았다는 것을 보여 주기 위해. 그래서? 뭐가 남는가?

시간이 지나면 모든 게 변한다. 자신이 해야 할 일과 자신이 앉아 있는 자리가 변하게 된다. 그동안 해 왔던 모든 것들이 변했는데 유일하게 변하지 않는 게 있다. 비로 '자신'이다. 자신만 유일하게 변하지 않았던 것이다. 일이 바빠 그런 것이라는 핑계만 댈 뿐이다. 정말 그런 것인가? 아닐 것이다. 알면서도 회피했을 것이다. 지금이라도 자신을 챙기고 미래를 위해 준비해야 할 시간이다. 무엇을 하겠는가? 독서를 해 보지 않겠는가?

지금까지 어떠셨나요? 독서에 자신감이 생겼나요? 아직은 잘 모르겠다고 생각하신다면, 네, 정상입니다. 어떻게 이 책 한 권으로 달라질 수 있겠습니까? 모든 건 시간과 노력이 필요합니다. 사색도 필요하고 성찰도 필요합니다. 어렵다고 생각해서 피하기만 한다면 달라지는 건 아무것도 없습니다. 조금씩 조금씩 앞으로 니이기야 합니다. 그래야만 달라질 수 있습니다.

간절함요? 전 잘 모르겠습니다. 죽음의 문턱도 경험하지 못했고 부모님과 장인·장모님도 다 건강하십니다. 그럼 왜 책을 읽을까요? 그건 여러분이 생각해 볼 문제입니다. 전 제가 평범한지도 몰랐습니다. 왜 아무도 날 알아주지 않는지 불만만 가득했습니다. 그때까지도 전 제 자신을 모르고 있었던 것입니다. 여러분은 자신을 얼마나 알고 계신가요?

이 책을 통해 저처럼 평범한 사람도 책을 꾸준히 읽고 실천하면 달라질 수 있다는 걸 느꼈기를 바랍니다. 제 작은 꿈을 조금씩 이루어 나가면서 내가 잘하는 일로 먹고사는 문제를 해결하고, 하고 싶은 걸 하면서 인정도 받고 있습니다. 누군가에게 제 지식을 가르쳐 주기도 합니다.

이제는 남들 앞에 서는 게 두렵지 않습니다. 여러분도 할 수 있습니다. 나이는 중요하지 않습니다. 가진 것도 중요하지 않습니다. 환경도 중요하지 않습니다. 하고자 하는 마음이 중요합니다. 그런 마음을 갖고 고통을 이겨 내면 바뀔 수 있습니다. 시선을 조금만 다른 곳으로 옮겨 바라볼 수 있다면 가능합니다.

미래는 알 수 없습니다. 미래는 지금 이 순간을 어떻게 살아가느냐에 따라 달라집니다. 4차 산업혁명으로 인공지능이 발달하고 로봇이 인간화되면 직업이 사라지고 인간은 무력해진다고 하는데 전 그렇게 생각하지 않습니다. 반복적인 직업은 사라질 수 있지만 인간 고유의 직업은 사라질 수 없다고 생각합니다. 그러니 미래를 위해서 자신에게 투자를 해보시기를 권합니다. 독서가 제2의 삶을 살아가는 토대가 되기를 희망하며 마치도록 하겠습니다.

여기까지 읽어 주신, 독서를 희망하는 분들에게 감사한 마음을 전달하고 싶습니다. 이 책으로 끝나지 않습니다. 블로그나 SNS를 통해 언제든지 소통할 수 있습니다. 우리는 스마트한 시대를 살아가고 있으니 스마트하게 살아야죠. 그럼, 다음에 또 뵙겠습니다. 수고 많으셨습니다. 오늘부터 독서 시작!